부는 저절로 오지 않는다.
부자가 되고 싶다면 자신의 태도부터 점검하라!

바로 오늘이야말로
꿈을 시작할 절호의 순간이다!

승자의 지침만 얻어라.
목표를 달성한 사람들의 태도와 행동을 연구하라.

Dare to Be
Different

부의 선택

and
Grow Rich

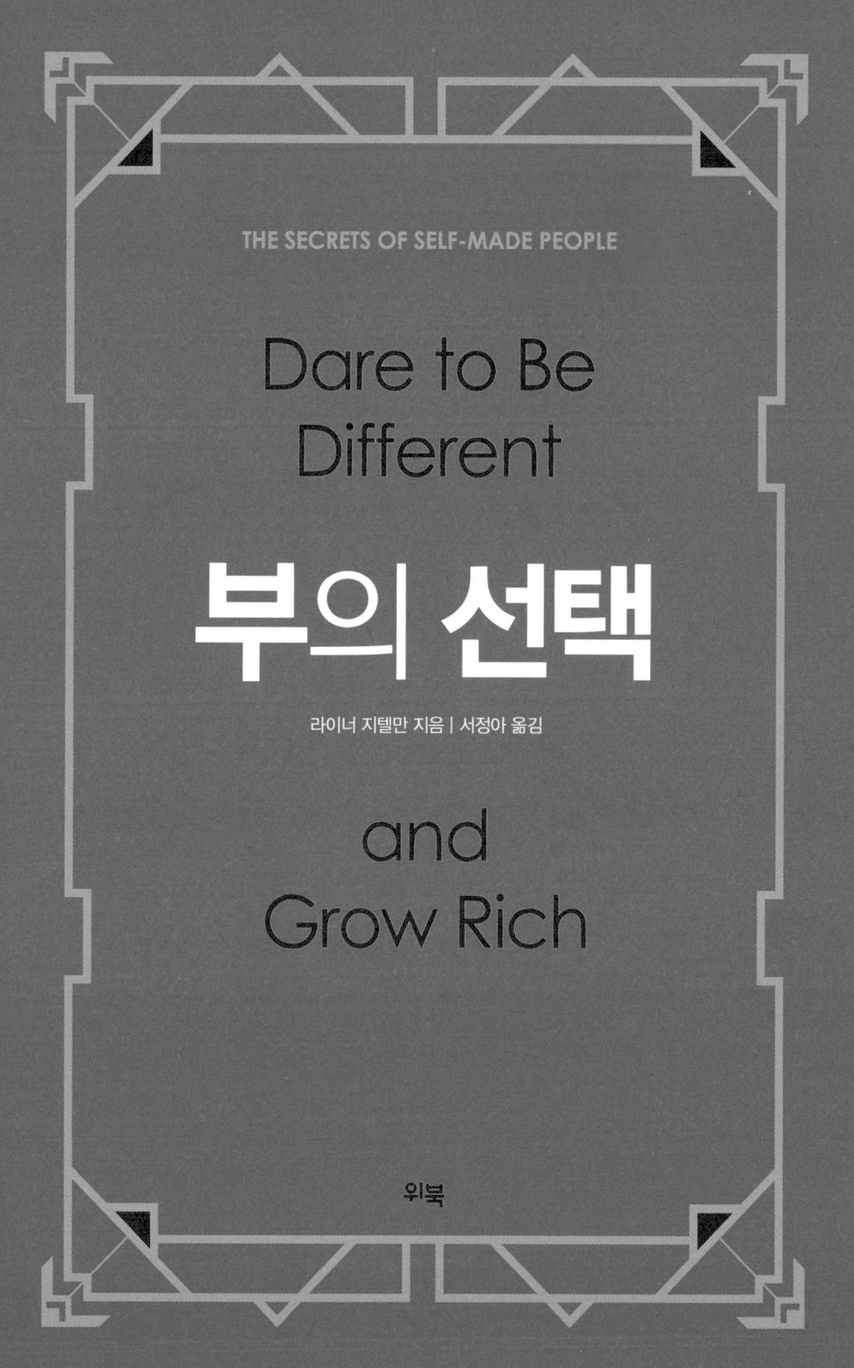
THE SECRETS OF SELF-MADE PEOPLE
Dare to Be Different
부의 선택
라이너 지텔만 지음 | 서정아 옮김
and Grow Rich
위북

이 책에 쏟아진 찬사

"성공한 사회학 박사이자 기업가인 지텔만은 아무것도 없는 상태에서 오직 자신의 능력으로 성공을 거두고 부를 이룬 사람들의 흥미로운 이야기를 통해 어떻게 하면 성공할 수 있는지를 현실적으로 조언한다. 저자의 통찰력과 실용적인 방법이 이 책의 신뢰성을 더한다."

리처드 스미스(Richard Smith) **박사,**
《쌤통의 심리학》 저자/켄터키 대학교 심리학과 교수

◇

"이 책을 읽고 나면 성공한 기업가가 되어야겠다는 의욕을 느낄 것이다. 경이로운 성공을 거둔 사람들의 삶을 통해 무엇이 가장 중요한지를 알려준다."

디르크 로스만(Dirk Rossmann)**,**
자산 규모 10억 달러의 사업가/독일의 약국 체인 로스만 설립자

"기업의 본질과 목표는 수익을 올리고 고객을 만족시키는 제품과 서비스를 제공하는 것임을 새삼 깨닫게 해준다. 부와 성공을 이루기 위해서는 이 점을 명심해야 한다. 저자는 세계적으로 성공한 기업가들이 그 목표를 어떻게 달성했으며, 어떠한 방법과 사고방식이 성공을 이끌었는지를 분석한다."

테오 뮐러(Theo Müller),
성공한 억만장자/뮐러밀히 설립자

◇

"성공이 무엇인지, 성공을 이루기 위해 무엇이 필요한지를 명확하게 알려준다. 용기를 가지고 새로운 길을 열어나가 위대한 업적을 이룬 사람들에게서 부의 필요조건이 무엇인지 알게 된다. 그들을 본받아 지금까지와는 다른 삶을 살아야겠다는 동기부여가 가득 차오를 것이다."

매드슨 피리(Madsen Pirie) 박사,
영국의 애덤스미스 연구소 소장

"분석적이고 과학적이며 창의적으로 우리 시대 부에 대한 오해를 명쾌하게 다루고 있다. 더 이상 부는 신화적인 스토리의 소재가 아니다. 남다른 부와 성공을 거둔 사람들도 보통 사람들과 같이 지극히 현실적인 문제에 부딪혔다. 그리고 누구나 조금만 다르게 생각하면 어마어마한 성공을 가져다주는 해결책을 찾을 수 있다."

크리스천 메이(Christian May),
영국 온라인 경제지 〈시티 에이엠(City A.M.)**〉 편집장**

◇

"부자의 의미와 부자가 되는 데 가장 중요한 것이 무엇인지를 가장 명확하게 전달하고, 누구나 지금 당장 실천할 수 있는 유익한 조언을 담고 있다. 걸출한 기업가들의 알려지지 않은 속내와 흥미로운 정보는 덤이다."

크리스티안 니미츠(Kristian Niemietz) **박사,**
영국의 경제문제연구소(Institute of Economic Affairs)
경제정책 부문장

"부와 성공을 이루는 비법을 알려주는 책은 수도 없이 많다. 그 중 대부분의 책이 상투적이고 지루하다. 그러나 라이너 지텔만은 부와 성공이라는 주제에 체계적이고 논리적이며 일관성 있게 접근한다. 더욱이 그 자신이 성공한 기업가라는 사실이 더욱 설득력을 발휘한다."

대니얼 해넌(Daniel Hannan), **유럽의회 의원**

부자의 길을
선택하는 것에서 시작하라

창의력을 마음껏 발휘하고 자신만의 꿈을 실현하기에 지금만큼 좋은 시대가 없다. 특히 한국과 같이 경제적으로나 정치적으로 자유로운 나라에서는 누구나 꿈을 꾸고 목표를 추구할 수 있다. 더구나 한국의 젊은이들은 그 어느 나라보다 성공하고자 하는 야망과 열망이 크다고 생각한다.

이 책은 과감한 목표를 세우고 그것을 달성하는 방법을 담고 있다. 부자가 되고 싶은 사람이든 위대한 목표를 이루고 싶은 사람이든 이 책에서 본보기를 찾고 영감을 얻을 수 있다. 꿈을 이루고자 할 때 가장 큰 위험은 지나치게 높은 목표를 세우고 실패하는 것이 아니라 지나치게 낮은 목표를 세우고 적당히 성공하는 것이다.

나이가 들었을 때 젊은 시절 더 과감한 목표를 세웠더라면 더 많은 성취를 이룰 수 있지 않았을까 하는 후회가 든다면 어떻겠는가? 대부분의 사람들이 큰 성공을 이루지 못하는 까닭은 과감한 목표를 세우지 않았기 때문이다. 충분히 이룰 수 있는 목표보다 남들이 보기에 불가능할 것 같은, 지나치게 과감한 목표를 세워야 한다.

더 큰 목표를 세우지 않는 까닭은 무엇일까? 실패할까 봐 두려워서일까? 그런 사람들은 사실상 이미 패배한 것이나 다름없다. 자신이 세운 목표보다 더 큰 성취를 이루는 사람은 극히 드물다. 즉, 과감한 목표를 세우지 않고 큰 성공을 거두기는 거의 불가능하다.

작은 성공을 많이 거두는 사람은 승자가 아니다. 그보다는 불가능해 보이는 목표를 세우고 시도하는 사람이 승자다. 승자는 성공이 보장되는 것을 시도하지 않는다. 승자는 대부분의 시도가 실패로 끝난다는 것을 잘 안다.

워런 버핏처럼 뛰어난 투자가도 해마다 자신이 잘못 판단한 투자에 대해 보고한다. 항상 옳은 선택을 할 수도 없고, 그럴 필요도 없다. 틀릴 때보다 옳을 때가 더 많기만 하면 된다. 새로운 것을 과감하게 시도하고 그다음 단계를 두려워하지 않는다면 이후로는 아주 쉽게 느껴질 것이다.

패배했을 때 고통스럽지 않은 사람은 없다. 심각한 좌절이나 도전에 맞닥뜨릴 때 얼마만큼 빨리 포기하느냐로 승자와 패자가 나뉜다. 실패하면 누구나 낙담하고 우울해한다. 다만 패자는 거기에서 빠져나오지 못하고, 승자는 재빨리 원래 상태를 회복한다. 실패했을 때 자신감을 잃고 좌절감을 느끼는 것은 당연하다. 당신은 얼마만큼 오랫동안 그 상태에 머물러 있는가? 얼마만큼 빨리 우울함과 좌절감을 던져버리고 승리하고자 하는 의지를 품는가? 바닥에 쓰러졌을 때 얼마만큼 빨리 다시 일어나는가?

이 책을 통해 훨씬 더 큰 목표를 세우겠다는 동기부여와 과감한 시도로 남들과 달라져야 한다는 영감을 얻기를 바란다. 부자가 되거나 다른 야심 찬 목표를 세우고 성공을 향해 나아가는 여정은 사고방식을 전환하는 데서 시작된다. 이 책에 등장하는 많은 성공한 사람들의 삶과 경험이 사고방식의 전환을 도울 것이다.

2020년 3월

라이너 지텔만

누구나 부를 선택할 수 있다

그들은 우리와 무엇이 다른가?

스타벅스의 창립자 하워드 슐츠는 1953년 뉴욕 브루클린에서 막노동꾼의 아들로 태어나 빈민가에서 자라났다. 그런 슐츠는 스타벅스를 전 세계 3만 1천여 개 지점을 거느린 세계 최고 브랜드로 탈바꿈시켰다. 그는 1997년 자서전 서문에서 이렇게 조언했다. “다른 사람들이 현실적으로 생각하는 것 이상을 꿈꿔라. 다른 사람들이 가능하다고 생각하는 것 이상을 기대하라.”

구글의 창립자 래리 페이지는 “불가능을 생각하지 마라. 다른 사람이라면 절대 하지 않을 일을 시도해야 한다”고 말했다. 또한 한때 세계 최대 기업이었던 월마트의 설립자 샘 월튼은 성공의 비결을 이렇게 말했다. “나는 항상 스스로에 대한 기준을 매우 높게 잡았다. 도무지 달성할 수 없는 목표를 말이다.”

전설로 남을 만한 기업가이자 억만장자인 리처드 브랜슨은 이렇게 강조했다. “인간이 도달하지 못하는 목표는 없으며, 비전

과 자기 확신이 있는 사람들은 불가능한 일도 가능하게 만든다."

이 책에서는 이러한 이야기를 하려고 한다. 최고경영자와 운동선수를 비롯해 이례적인 성공을 거둔 사람들의 삶을 분석하고 가장 두드러진 특징을 발견했다. 무엇보다 그들은 남들과 달라질 수 있으며 관습적인 사고방식에서 벗어날 수 있는 용기를 가지고 있었다. 그런 사람들은 다른 사람에 비해 높은 목표를 잡았고 야망도 컸다.

스티브 잡스, 빌 게이츠, 조지 소로스, 워런 버핏의 결정적인 성공 비결은 무엇일까? 그들은 어떻게 훨씬 더 높은 목표를 잡을 수 있었는지, 어떻게 해서 가능하다고 생각했던 것보다 훨씬 더 많은 것을 달성할 수 있었는지 살펴볼 것이다.

대부분의 사람들은 진정한 목표를 하나도 세우지 않은 채 살아가거나 너무 쉬운 목표를 세운다. 나는 사람들이 더 많은 것을 이루지 못하고 잠재력을 충분히 발휘하지 못하는 이유가 바로 여기에 있다고 생각한다.

어떤 사람이 남들보다 성공하는 비결은 무엇일까? 그들이 더 많은 교육을 받았다거나 사회적 특권을 누렸기 때문은 아니다. 이 책에서 다룬 사람들은 대부분 힘든 유년 시절을 보냈다. 패션 디자이너 코코 샤넬, 오라클 설립자 래리 엘리슨, 애플 설립자 스티브 잡스가 대표적인 사례다. 이들은 친부나 친모를 한 번도 만난 적이 없다. 자수성가한 억만장자 가운데 고졸이나 대학 중퇴의 비율은 사회 전체보다 훨씬 더 높다.

실패한 사람들은 '운이 좋아야 성공한다'고 말한다. 이 말이 사실이라면 대기업 경영진이 제비뽑기에서 당첨된 사람들로 채워져도 무방할 것이다. 1등에 당첨된 사람은 최고경영자로 승진하고, 당첨되지 못한 사람들은 지하에서 우편물이나 분류하는 것이다.

물론 어느 정도는 '운'이 따를 수도 있다. 하지만 운이 절대적인 것은 아니다. 그 누구도 행운이나 불운을 연달아 겪지 않는다. 몇 년 또는 몇십 년이 흐르면 행운과 불운은 비슷비슷하게 찾아온다는 것을 알 수 있다. 순전히 운으로 백만장자가 된 사람들은 대부분 재산을 탕진했다. 어마어마한 복권에 당첨된 사람들 중 80퍼센트는 2년 뒤에 당첨 직전보다 훨씬 더 어렵게 살고 있다. 왜 그럴까? 이들에게는 부를 쌓고 유지하는 데 반드시 필요한 정신적 유연성이 없기 때문이다. 반면 열심히 일해서 번 돈을 모두 날린 사람들이 불과 몇 년 후에 다시 재산을 쌓는 경우도 무수히 많다.

부자들의 성격부터 사소한 습관까지

성공한다는 것은 평균보다 훨씬 더 나은 결과를 얻고 목표를 이룬다는 뜻이다. 성공한 사람들의 공통된 태도와 사고방식은 무엇일까? 월마트 창시자 샘 월튼은 자서전에서 이렇게 고백했다. "내가 시도한 일은 대부분 다른 사람이 한 일을 모방한 것이다."

성공을 거둔 적이 없는 사람의 조언을 듣지 마라. 승자의 지침만 얻어라. 목표를 달성한 사람들의 태도와 행동을 연구하라.

성공한 사람들의 자서전이나 전기를 체계적으로 분석한 끝에 발견한 사실은 다른 사람들이 불가능하다고 생각하는 것을 해낼 의지와 용기가 있었다는 것이다. 성공을 거둔 사람들은 단 한 번도 실패하지 않고 계속 성공을 이어온 것처럼 보인다. 그들도 뛰어넘을 수 없을 것만 같은 장애물을 극복했다는 것을 기억하지 않는다. 그들은 실패와 좌절을 겪었지만, 거기에서 오히려 목표를 더 높이 세워야겠다는 자극을 얻었다.

성공한 사람들은 모두 고정관념을 탈피하는 방식으로 문제를 해결하는 용기가 있었다. 그들은 보편적이지 않은 견해를 취할 수 있는 용감한 사람들이었다. 흔히 적절하다고 생각하는 관행을 따르는 것이 아니라 완전히 다른 방식으로 경쟁자들과 차별화한 것이다. 지금 현재 어떤 장애물에 직면한 사람은 이들의 이야기가 큰 자극제가 될 것이다. 또한 언뜻 불가능해 보이는 문제를 해결할 수 있었던 의지력이 어디서 나왔는지도 알 수 있다.

성공은 대부분의 사람들이 '타당하다'고 생각하는 수준을 뛰어넘는 목표를 세우는 데서 시작된다. 장기적인 목표가 없으면 하루하루를 살아가는 데 급급할 뿐이다. 그러다 보면 자신이 하고 싶은 일을 하면서 부를 이루는 성과를 거두지 못한다. 성공한 사람들은 오랜 시간 인내를 가지고 달성해야 할 거대한 목표가 있었기에 단기적인 실패를 대수롭지 않게 극복할 수 있었다.

부의 게임, 승자들의 지침을 따르라

그렇다면 우리는 직업을 선택하듯이 부를 선택할 수 있을까? 사람들은 누구나 부자가 되고 싶다고 말한다. 하지만 여기에서 그친다면 부는 막연한 기대에 지나지 않는다. 대부분의 사람들은 부자를 운명으로 받아들인다. 시쳇말로 부자가 될 사람은 타고났으니, 나하고는 거리가 먼 이야기라는 것이다. 그러나 자신의 분야에서 성취하고 부를 이룬 사람들은 한결같이 누구나 자신들처럼 성공하고 부자가 될 수 있다고 말한다. 왜냐하면 그들도 부자가 되기 전까지는 그저 평범한 사람에 지나지 않았기 때문이다. 오라클의 창립자 래리 엘리슨은 성공하기 전까지 주위 사람들로부터 평생 성취라고는 해본 적이 없는 사람이라는 평가를 받기도 했다.

성공해서 부를 거머쥔 사람들은 부자가 되고 싶다는 기대를 넘어서서 '부자가 되어야겠다'고 마음먹었다. 부를 선택한다는 것은 '부자가 되어야겠다'는 열망을 품는 것을 의미한다. 생각해보라. 부자가 되고 싶다는 말은 많이 했지만, 과연 부자가 되어야겠다고 결심한 적이 있는가? 사과나무에 조금 높게 걸린 사과를 보고 단지 먹고 싶다고 생각하며 바라보기만 하는 것과 '저 사과를 꼭 먹어야겠다'고 생각하는 사람의 행동이 같을 수 있을까? 사과를 꼭 먹어야겠다고 결심한 사람은 어떻게든 사과를 딸 수 있는 방법을 생각해낼 것이다. 이대로 평범하게 살아갈 것인가, 아니면 성공해서 부자가 될 것인가? 둘 중에 하나를 선택하는 것은 오직 자신의 몫이다. 부자가 되기 위한 준비 과정에서 맨 먼저 해야 할 일이 목표를 세우는 일이라는 것도 결국 선택의 문제다.

이 책에서 제시한 기본 원칙을 따르고 성공의 법칙을 적용하면 틀림없이 부를 거머쥘 수 있을 것이다. 엄청난 성공을 거둔 사람들은 대다수가 끊임없이 독서를 한다. 금융 역사상 가장 큰 성공을 거둔 투자가 워런 버핏은 성공의 비결이 무엇이냐고 묻는 질문에, "읽을 수 있는 것은 모조리 읽어라"고 대답했다.

네브래스카주 오마하에 있는 버크셔 해서웨이의 회의에서 버핏은 투자 전략의 윤곽을 결정하고 향후 50년간 거둔 전례 없는 성공의 기초를 다진 요인은 바로 성장기에 읽은 책 덕분이라고 말했다. "열 살이 될 때까지 오마하 공공도서관에서 제목에 금융이라는 단어가 들어간 책은 모조리 읽었다. 어떤 책은 두 번이나 읽었다."

버핏은 금융에 관한 책만 읽은 것이 아니다. 그는 데일 카네기의 《카네기 인간관계론(How to Make Friends and Influence People)》을 읽고 거기서 얻은 조언을 실행에 옮기기 위해 직접 시스템을 고안하기도 했다. 많은 사람들이 카네기의 책을 읽는다. 그러나 읽는 것만으로는 성공이 보장되지 않는다. 버핏은 카네기의 처세술을 직접 응용해보면 어떤 결과가 나타날지 검증하기 위해 통계분석을 시도하기로 결심했다.

"그는 사람들의 반응을 관찰했다. 그러나 주위 사람들은 그가 자신들을 상대로 실험을 하고 있다는 사실을 몰랐다. 그는 통계 수치가 입증한 결과를 보고 만족했다. 카네기의 원칙이 효과가 있었던 것이다."

버핏의 가까운 동료 찰스 멍거는 그와 함께 몇십 년 동안 수십억 달러의 제국을 건설한 사람이다. 성공한 인물에 관한 책을 손에서 놓지 않았던 그는 자녀들에게 '다리 달린 책'이라는 별명을 얻을 정도였다. 멍거는 하루에 한 권씩 책을 읽는다고 한다.

이 책은 걸출한 인물들의 대표적인 일화를 통해 성공 비결을 파헤칠 것이다. 특히 성공하기까지 맞서야 했던 어려움과 그것을 극복하는 방법들을 살펴본다. 버핏처럼 그들의 일화에 담긴 원칙과 패턴을 연구하는 데 그치지 않고 직접 실천한다면 저절로 성공의 비결을 터득할 것이다. 이러한 조언을 실천할 수 있는 절호의 기회는 바로 지금이다.

라이너 지텔만

CONTENTS

기회는 반드시 온다.
부자가 될 준비가
되었는가.

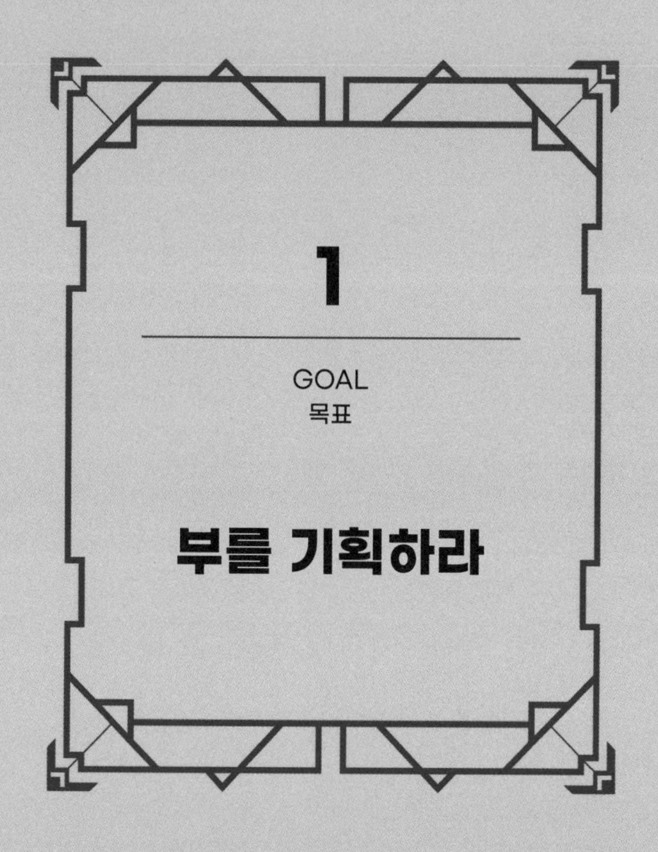

1

GOAL
목표

부를 기획하라

언제부터 부를 꿈꿔야 하는가?

"저 회사에 한번 가봐야겠어. 대체 어떤 일이 벌어지고 있는지 궁금해서 말이야." 가전제품 회사에서 영업 책임자로 일하던 하워드 슐츠는 판매 기록을 살펴보던 중 특이한 것을 발견했다. 시애틀에 있는 아주 작은 가게가 꾸준히 특정 커피메이커를 대량으로 주문하는 것이었다. 보온병 위에 플라스틱 원통을 세워놓은 모양의 커피메이커였다. 이를 의아하게 생각한 슐츠는 그곳에서 무슨 일이 벌어지고 있는지 확인해보고 싶었다. 동부에서 서부의 시애틀로 간 하워드 슐츠는 작은 가게 스타벅스에 들어선 순간 영감이 떠올랐다.

당시 스타벅스 매장은 오늘날과 달리 원두만 판매했다. 이탈리아의 노천카페에서 주문한 커피가 만들어지는 과정을 지켜보던 슐츠는 갑자기 계시와 같은 깨달음을 얻었다. "스타벅스가 놓치고 있던 것이 바로 이거야. 이 중요한 사실을 완전히 놓쳤어."

그는 이탈리아 사람들처럼 커피를 만들어서 팔면 크게 성공하리라는 가능성을 본 것이다. 오늘날에는 당연한 얘기지만 그때는 혁신적인 발상이었다. "성령에 씐 것만 같았다. 너무도 급작스럽고 당연한 생각이 떠올라 몸을 부들부들 떨 정도였다."

스타벅스의 설립자들은 시애틀에 있는 매장 다섯 곳이면 충분하다고 생각했다. 하지만 이 커피 전문점의 잠재력을 간파한 하워드 슐츠는 전국적으로 지점을 확장하는 구상을 했고, 세계 최대의 커피 전문점 체인으로 바꿔놓았다. 그렇기에 원래 설립자들은 잊혀지고 슐츠가 스타벅스의 창시자로 인정받는 것이다.

2019년 스타벅스는 세계 각국에 3만 개 이상의 지점을 운영하고 있는 글로벌 브랜드이며, 2018년에는 순이익 45억 2천만 달러(약 5조 4천억 원)를 기록했다. 그러나 이처럼 대대적인 성공을 거둔 기업도 처음에는 초라하게 시작되었다.

하워드 슐츠는 뉴욕 브루클린의 빈민가에서 막노동꾼의 아들로 태어났다. 청년 시절 그는 악명 높은 동네에 산다는 사실을 부끄러워했다. 뉴욕의 다른 지구에 살고 있는 여자 친구의 집을 찾아갔을 때 슐츠는 그녀의 아버지와 짤막한 대화를 나눴다. "자네는 어디 사나?" "브루클린에 삽니다." "브루클린이 어디지?" "캐나시(Canarsie)입니다." "캐나시 어디 살지?" "베이뷰 주택단지요." "음……."

여자 친구의 아버지는 눈에 띄게 불쾌한 표정을 지었다. 훗날 슐츠는 "비난하는 듯한 기분이 들어서 몹시 짜증이 났다"고 회고했다.

슐츠는 변변치 못한 집안 출신이었지만 그 누구보다 야심만만했다. 가족 중에 대학을 들어간 사람은 슐츠가 처음이었다. 대학 졸업 후 그는 복사기 회사 제록스에 들어갔다. 그 뒤에는 스웨덴의 주방용품 회사인 해마플라스트(Hammarplast)에 들어갔다.

영업 책임자로서 처음 스타벅스 매장에 들어선 슐츠는 '커피를 숭배하는 신전'에 온 느낌을 받았다고 했다. 반들반들 닳은 목재 카운터 뒤에는 수마트라, 케냐, 에티오피아, 코스타리카 등 세계 각국의 커피콩을 담은 통이 진열되어 있었다. 그때만 해도 미국인들은 작은 알갱이 인스턴트커피만 마셨고, 커피가 콩에서 추출된다는 사실을 아는 사람도 거의 없었다. 그 매장의 커피는 미국인의 입에 길들여진 커피 맛과는 확연히 달랐다. 슐츠는 이내 그곳 커피에 빠져들었다.

그 당시 스타벅스 매장은 전부 합해서 다섯 곳밖에 되지 않았다. 그러나 슐츠는 원래 소유주가 알아보지 못했던 성장 잠재력을 감지했다. 그는 다니던 회사를 그만두고 시애틀로 옮겨 스타벅스에서 일하려고 했다.

"스타벅스에서 일하려면 연봉 7만 5천 달러와 체면, 자동차, 복지 혜택을 모두 포기해야 했다. 친구와 가족은 동부에서 서부까지 5천 킬로미터나 건너가 커피 매장이 다섯 곳밖에 없는 영세기업에서 일하려는 이유가 뭐냐며 전혀 이해할 수 없다는 반응을 보였다. 특히 어머니가 크게 걱정했다."

슐츠는 1년 동안 스타벅스에 취직하려고 노력했으나 수포로 돌아갔다. 그는 설립자 및 이사와 인터뷰하고 나서 결과가 좋으리라 생각했다. 그러나 스타벅스에서 걸려 온 전화를 받고 충격에 빠졌다. "안 좋은 소식을 전하게 되어 미안하네, 하워드. 자네의 계획은 멋지지만 우리가 생각하는 비전은 아니야." 스타벅스의 소유주 3명은 오랜 의논 끝에 슐츠를 채용하지 않기로 결정했다. 그는 도무지 믿을 수 없었다.

슐츠는 '안 된다'는 대답을 단박에 거부했다. "스타벅스의 미래를 확신했기 때문에 '안 된다'는 말을 최종적인 대답으로 받아들일 수 없었다." 결과적으로 그는 소유주를 설득하여 스타벅스에 입사했다. 훗날 그는 자신에게 이런 질문을 자주 했다고 한다. "설립자의 결정에 승복했다면 어떻게 되었을까? 대부분의 사람들은 채용 심사에서 탈락하면 곧바로 포기한다."

그의 혁신 방안이 거부당한 것은 그때뿐만이 아니었다. "절대 안 될 일이라는 얘기를 수없이 들을 때마다 혼신의 힘을 기울여 상대를 설득하고 아이디어를 실현하려 했다."

스타벅스 소유주들이 그의 구상을 받아들이지 않은 이유는 스타벅스가 식당이나 술집이 아닌 상점이라는 것이었다. 커피를 판매한다는 것은 새로운 사업에 진출하는 일이다. 어쨌든 스타벅스는 매년 이윤을 내고 있는데, 무엇 때문에 그런 위험에 뛰어들겠는가?

슐츠가 자신의 아이디어를 작게나마 실행할 수 있게 해달라고 소유주들을 설득하는 데 꼬박 1년이 걸렸다. 그들은 마침내 슐츠에게 승복했다. 1984년 4월 시애틀 중심가에 문을 연 스타벅스의 여섯 번째 매장에서 작은 에스프레소 판매대를 운영하게 된 것이다.

아주 작은 변화를 감지하는 능력

맥도날드도 스타벅스의 사례와 비슷하다. 1948년 샌버나디노에 레스토랑을 열어 성공한 맥도날드 형제야말로 패스트푸드 업계에 일대 혁신을 이루어낸 선구자다. 하지만 우리는 레이 크록이 맥도날드를 설립했다고 여긴다. 크록은 맥도날드라는 참신한 아이디어가 지닌 가능성을 누구보다 빨리 발견한 사람이다. 그리고 성장을 멈추지 않는 기업으로 전환하는 과정에서 갖가지 전략을 시도하며 열과 성을 다했다.

1937년 맥도날드 형제는 패서디나 동쪽에 작은 드라이브인 식당을 열었고, 몇 년 후 샌버나디노에 규모가 좀 더 큰 식당을 열었다. 팔각형 모양의 식당은 성공을 거둬 맥도날드 형제는 샌버나디노의 지역 유지가 되었다. 그들은 시내에서 방 25개짜리 호화 저택으로 이사했고, 처음으로 신형 캐딜락을 샀다. 그리고 1948년 형제는 꿈에도 생각지 못하던 부를 거머쥐었다.

그러나 형제의 식당에도 다른 드라이브인 식당과 마찬가지로 험난한 시기가 닥쳤다. 드라이브인 식당은 10대 청소년이 모여서 문제를 일으키는 장소라는 안 좋은 평판이 있었다. 그런 만큼 기물 파손이 잦았을 뿐 아니라 이직률도 높았다. 형제는 도난당하거나 파손된 식기와 나이프, 포크 등을 새로 사느라 계속 큰돈을 지출해야 했다. 그래서 무엇보다 다른 고객층을 끌어들이는 데 집중했다.

당시 이들은 식당의 콘셉트를 바꾸려고 3개월 동안 영업을 중단했다. 이때 형제가 생각해낸 것이 바로 지금의 맥도날드다. 신속하게 대량으로 생산하고 서비스를 제공하기 위해 주방을 다시 설계했다. 형제는 각 과정에 걸리는 시간을 줄일 수 있는 신기술을 도입했다. 메뉴의 품질이 요리사의 솜씨에 좌우되는 일은 더 이상 없었다. 이들은 철저히 엄선되고 한정된 품목만 만드는 혁신적인 방식을 처음으로 도입했다.

헨리 포드가 자동차 생산 공정을 연속적인 자동화 단계로 나눠 자동차 산업을 뒤바꿔놓았듯이 맥도날드 형제도 조리 공정을 여러 단계의 손쉬운 업무로 나눴다. 그렇게 하면 주방 경험이 없는 사람도 조리를 할 수 있었다. 또한 식당의 용도에 맞춰 주방 기기 일체를 새로 개발했다.

주문을 받고 30초 안에 제공하기 위해 음식을 미리 조리해서 포장해놓았다. 그렇게 해서 셀프 서비스, 일회용 식기, 초고속 서비스, 맞춤형 조리를 특징으로 내세운 새로운 유형의 식당이 탄생했다. 이렇게 변화한 식당은 새로운 고객층을 끌어들였다.

10대 청소년 대신 아이를 동반한 가족 단위의 손님들이 찾기 시작한 것이다.

그러나 모든 것이 하루아침에 바뀌지는 않았다. 초기에는 맥도날드 형제가 잘못 판단한 것처럼 보였다. 매출이 변화 이전 수준으로 회복하는 데 꼬박 6개월이 걸렸다. 그러나 형제는 포기하지 않았다. 1955년에 이들은 27만 7천 달러를 벌어들였다. 변화하기 이전의 연간 매출액보다 40퍼센트 증가한 액수였다. 추가로 자동화를 도입한 1950년대 중반에는 매출이 30만 달러로 증가했고, 당시로서는 상당한 금액인 10만 달러의 수익을 올렸다.

맥도날드가 큰 성공을 거뒀다는 뉴스는 삽시간에 퍼졌다. 전국 각지에서 성공 비결이 무엇인지 알아보려고 식당을 찾았다. 자부심으로 충만하던 형제는 방문객들에게 기꺼이 식당을 공개했고, 혁신적인 아이디어를 상세히 설명해줬다. 이들은 방문객들이 식당의 인테리어를 스케치하고 작업 방식에 관해 질문하는 것을 즐겼다. 하지만 그들은 맥도날드의 혁신 비결을 배우고 아이디어를 최대한 모방해봤지만 맥도날드만큼 성공을 거두지는 못했다.

맥도날드 형제는 라이선스를 판매하기 시작했고, 얼마 지나지 않아 맥도날드라는 상호의 식당 12곳이 문을 열었다. 식료품 대기업 카네이션(Carnation)이 전국적인 프랜차이즈 시스템을 만들자는 제안을 하자 맥도날드 형제는 거절했다. "식당 부지와 지배인을 찾느라 전국의 모텔을 전전해야 할 것이다. 그런 식의 체인망을 추진하다가는 분명히 골치를 썩게 될 것이다"라는 이유였다. 존 F. 러브(John F. Love)는 《맥도날드 : 아치 뒤의 비화(McDonald's : Behind the Arches)》에서 다음과 같은 결론을 내렸다.

"맥도날드가 샌버나디노 이외의 지역으로 확장할 수 없었던 유일한 문제점은 현실에 만족했다는 것이다. '벌어들이는 돈을 모두 써버릴 수 없었다. 우리는 편하게 일했고 바라던 일을 하면서 즐거움을 느꼈다. 경제적인 자립이야말로 내가 가장 원하던 것이었는데 그 소원을 이뤘다'고 맥도날드 형제는 말했다."

형제는 훨씬 더 많은 수익을 올리기 시작하면 소득세 신고를 할 때 골머리를 앓을 거라고 생각했다.

물론 겸손하고 검소한 태도가 필요할 때가 있다. 하지만 기업을 건설하려면 그와 다른 태도를 지녀야 한다. 결국 맥도날드 왕국의 영예는 레이 크록에게 돌아갔다.

목표가 소박하면 결과도 소박하다

크록은 당시 매출이 부진하던 밀크셰이크용 믹서를 파는 영업사원이었다. 그러던 어느 날 맥도날드 형제의 식당에서만 유독 믹서를 계속 대량으로 구매하고 있다는 사실을 깨닫고 그 이유가 궁금했다.

샌버나디노에 간 크록은 새로운 아이디어로 이루어진 패스트푸드 식당에 금세 사로잡혔다. 그는 식당이 지닌 엄청난 잠재력을 맥도날드 형제보다 훨씬 빨리 파악했다. 식당에 필요한 제품을 판매하는 영업사원으로 전국을 돌아다닌 크록은 시장 추세와 소비자 수요의 변화를 감지하는 데 뛰어났다. 존 F. 러브는 이렇게 썼다.

"크록은 맥도날드를 전국적으로 확장하면 그 잠재력이 어떠할지 즉각 알아챘다. 본거지에 틀어박힌 맥도날드 형제와 달리 광범위한 지역을 돌아다닌 그는 식당을 세우기에 유리한 대도시와 소도시를 수없이 떠올렸다. 식품 서비스 기업에 대해 잘 알고 있었던 크록은 어떻게 하면 맥도날드 매장이 그들에게 맞설 수 있을지 생각했다."

샌버나디노를 다녀오고 며칠 후 크록은 딕 맥도날드에게 전화해 프랜차이즈 일을 대신 처리할 업체를 찾았는지 물어봤다. 맥도날드가 "아직 못 찾았어요"라고 대답하자, 크록은 "그럼 저는 어때요?"라고 물었다.

그다음 날 크록은 다시 샌버나디노를 찾아가 미국 전역의 프랜차이즈 독점 영업권을 따냈다. 크록은 맥도날드 체인을 맡았고, 형제는 생산관리 권한을 보유하며 수익의 일부를 받기로 했다. 1960년대 초반 맥도날드 형제는 270만 달러를 받고 맥도날드 브랜드에 대한 권한을 크록에게 팔았다.

크록은 프랜차이즈 가맹점도 개별 매장의 홍보 활동과 캠페인을 계획할 수 있도록 시스템을 바꿨다. 이것은 기존 프랜차이즈의 관행과 완전히 달랐다. 프랜차이즈 본사 대다수는 재빨리 수익을 올리기 위해 가맹점에 막대한 사용료를 요구하거나 값비싼 조리 기구와 제품을 강매했다. 하지만 크록은 더 멀리 내다봤다. 그는 프랜차이즈 가맹점을 자신의 고객으로 간주했고, 가맹점의 성공을 위해 지원을 아끼지 않았다. 맥도날드의 성공은 가맹점에 달려 있었기 때문이다.

크록은 다른 프랜차이즈와 달리 가맹점의 감독 및 관리 권한을 강화했다. 가맹점마다 품질이 천차만별일 경우 브랜드 이미지가 쉽게 추락할 수 있기 때문이다. 식품 위생에 주의를 기울이지 않거나 검증된 절차를 생략하는 가맹점은 브랜드 이미지에 심각한 타격을 줄 수 있다.

크록은 타고난 영업의 귀재였다. 시간이 흐를수록 그의 아이디어에 감탄하는 사람들이 늘어났다. 그가 가맹점을 확보할 수 있었던 가장 큰 이유는 정직한 행동과 지킬 수 없는 약속을 하지 않는 태도 덕분이었다. 당시 비즈니스 업계에서는 약속을 남발하는 것이 관행이었다. 크록은 가맹점을 열고자 하는 사람들에게 정확한 정보를 제공했다. "새로운 아이디어를 파는 사람은 사기꾼으로 보이기 쉽다. 하지만 정직하다는 믿음을 주면 얘기가 달라진다."

오늘날 맥도날드는 전 세계 100여 개국에서 3만 8천 개 이상의 매장을 운영하고, 2018년 매출은 210억 달러(약 25조 원)이다. 크록도 수십 년 후에 맥도날드가 세계적인 성공을 거두리라고는 예상하지 못했을 것이다. 하지만 그의 목표와 야망은 분명 맥도날드 형제와는 차원이 달랐다.

우리의 행동은 스스로 세운 목표에 의해 좌우된다는 단순한 진리를 레이 크록의 삶이 그대로 보여준다. 그에 비해 목표가 소박했던 맥도날드 형제는 그 이상을 탈피하지 못했다.

"크록은 사람들을 매료시켜 맥도날드로 이끌었다. 그러한 힘은 결정적으로 크록이 모자브 사막이 끝나는 곳에서 발견한 패스트푸드 레스토랑의 미래에 대한 확고한 믿음에서 비롯되었다. 그것은 바로 1930년대 후반부터 구축하고자 했던 대형 사업체의 근간이 되는 아이디어를 마침내 발견했다는 믿음이었다. 1954년 레이 크록은 52세의 나이에도 기적을 꿈꿨고 마침내 이룰 수 있는 방법을 발견했다. 그것은 30년간의 영업 경력을 활용할 수 있는 일이었다."(《맥도날드 : 아치 뒤의 비화》)

맥도날드 프랜차이즈 시스템을 구축했을 때 크록은 이미 52세였다. 다른 사람들이 은퇴를 생각하거나 새로운 일을 시작하기에는 너무 늦은 나이에도 일주일에 70시간 이상 일했다. 무엇보다 그는 자신이 하는 일을 즐겼다. 쉽게 버는 돈에는 관심이 없었다. 그는 오랫동안 저축과 밀크셰이크용 믹서를 팔아서 번 돈으로 생계를 꾸렸다. 맥도날드 형제와 계약을 체결하고 7년이 지난 1961년까지 맥도날드 프랜차이즈로는 한 푼도 벌어들이지 못했다.

나이와 경험은 중요하지 않다

1984년 열여덟 살이던 마이클 델은 누구나 비현실적이라고 생각할 만한 목표를 세웠다. 아직 학생이던 그는 고작 1천 달러로 PC 리미티드(PCs Limited)라는 회사를 차리고 IT 업계 선두주자가 되겠다고 했다. 이것이 오늘날 델(Dell)의 시작이었다. 당시에는 1924년 설립 이후부터 IBM이 계속 선두를 차지하고 있었다. 2001년 4월 델은 세계 PC 시장에서 12.8퍼센트를 점유하고 경쟁사 컴팩을 앞서면서 선두주자가 되었다. 반면 IBM은 시장 점유율 6.2퍼센트로 4위에 머물렀다.

마이클 델은 항상 목표를 크게 잡는 것이 중요하다고 강조했다. "목표를 높이 잡고 꿈을 이루도록 노력하라. 성실함과 기개와 사랑으로 목표를 달성하라. 매일 꿈을 향해 달려가며 자신의 정체성을 잃지 않는다면 성공할 것이다."

델은 열다섯 살에 컴퓨터에 흥미를 가지기 시작했다. 그는 생애 첫 컴퓨터 애플 2를 사서 내부 구조를 알아내기 위해 완전히 해체했다. 컴퓨터를 만지작거리던 델은 친구와 함께 이웃의 컴퓨터를 업그레이드해주기도 했다.

1983년 델은 텍사스 대학교에 입학했지만 공부에는 큰 관심이 없었다. 그 대신 IBM 컴퓨터를 업그레이드해서 되파는 일에 매달렸다. 이미 1학년 때 매달 5만 달러에서 8만 달러 사이의 소득을 올렸다. 교수보다 높은 소득이었다.

그런 다음 델은 '터보 PC'라는 컴퓨터를 직접 만들기 시작했다. 다른 컴퓨터 제조업체는 소매업체를 통해 제품을 유통했지만 델은 수수료를 절약하기 위해 전화로 직접 판매했다. 이렇게 함으로써 터보 PC의 가격을 IBM보다 40퍼센트 싸게 책정할 수 있었다.

델의 사업은 금세 번창했다. 주문이 밀려들어 몇 달마다 계속 더 넓은 사무실로 옮기고 직원들도 늘려야 했다. 그는 사람들이 소매업체에서 컴퓨터를 사는 것은 별 이득이 없다고 확신했다. 소매업체를 거치면 가격은 당연히 올라가기 때문이다. 더구나 소매업체는 컴퓨터에 관한 지식과 전문 기술이 부족해서 고객에게 어떤 조언을 해줄 수 없었다. 여기에 착안해 델은 유능한 IT 전문가가 전화로 직접 상담을 해주는 아이디어를 생각했다. 그런데 전화로 컴퓨터를 구매하는 것을 꺼림칙하게 생각하는 고객도 있었다. 델은 그런 사람들을 위해 제품에 만족하지 않으면 구입 후 30일 이내에 환불하는 제도를 고안했다. 또한 1년짜리 품질보증서를 제공하고 24시간 상담 전용 번호를 개설해 고객의 각종 문의에 응답하고 해결해주었다.

델은 적은 나이와 경험 부족을 결점으로 생각하지 않았다. 그는 오히려 유리하게 작용했다고 말한다. "내가 모든 일에 정통한 것은 아니었지만 그것이 오히려 강점으로 작용했다. 창업을 할 때는 기존의 관행을 일일이 따르지 않는 태도가 큰 도움이 된다." 자신이 해결할 수 없는 사안을 처리하기 위해 그는 다른 대기업에서 노련한 중역들을 스카우트했다.

델은 얼마 지나지 않아 기업 간 거래의 이득을 알아차렸다. 보잉, 다우 케미칼(Dow Chemical) 등 대기업도 개인 고객만큼이나 낮은 가격과 우수한 고객 서비스를 선호했다. 사업 초기 수년간 신장률 250퍼센트라는 놀라운 성과를 달성한 델은 미국 역사상 가장 빨리 성장하는 기업이 되었다. 이것은 월마트, 마이크로소프트, GE보다 앞선 기록이었다. 1988년 6월 기숙사에서 사업을 시작한 지 불과 4년 만에 델은 상장을 통해 3천만 달러를 추가로 벌었다. 그는 이 돈을 사업 확장에 투자하고 자신은 지분의 35퍼센트만 보유했다.

그러나 델은 갑자기 예기치 못한 문제에 부딪혔다. 256킬로바이트 반도체를 대량으로 구매하자마자 훨씬 더 큰 용량의 1메가바이트짜리 반도체가 출시된 것이다. 256킬로바이트 반도체가 무용지물이 되면서 델은 커다란 손실을 입었고, 설상가상으로 신제품 판매도 저조했다.

당시 처음 소개된 노트북 컴퓨터 시장에서도 델의 제품은 그리 좋은 성과를 거두지 못했다. 델의 노트북은 다른 회사에 비해 경쟁력이 떨어졌다. 그러던 중 델은 우연히 소니의 노트북에 오래 지속되는 신형 배터리가 장착된다는 사실을 알아냈다. 델은 이 신형 배터리를 자사 제품에 장착하고서야 경쟁사에 비해 엄청난 우위를 점할 수 있었다. 주로 여행이나 이동 중에 사용하는 노트북은 오래 지속되는 배터리가 가장 큰 장점이었다.

델은 직접 판매 방식에 인터넷 기술을 적용하면 훨씬 더 많은 기회가 창출되리라고 판단했다. "티셔츠를 온라인으로 주문할 수 있다면 무엇이든 주문할 수 있다. 컴퓨터도 마찬가지다. 더구나 온라인 주문을 하려면 컴퓨터가 필요하다. 우리 사업을 확장하는 데 인터넷보다 강력한 창조물은 없다."

전화 주문에 온라인 판매까지 시도하면서 델은 한층 더 빨리 사업을 확장했다. 1996년 델은 170여 개국에서 10억 달러어치를 판매했다. 델이 보유한 지분은 불과 16퍼센트였으나 1년 후 그 가치는 43억 달러에 달했고, 마이클 델은 미국에서 가장 부유한 사람이 되었다.

물론 델도 위기를 비켜 가지 못했다. 1996년 노트북의 불량 배터리가 터지면서 대규모 리콜을 단행했다. 기업 이미지도 크게 손상되었다. 2006년 델은 대차대조표 조작 혐의로 증권거래위원회(SEC)의 조사를 받았다. 최고경영자에서 물러나 이사회에 합류했던 마이클 델은 회사로 복귀해 난국을 무사히 헤쳐나갔다.

오늘날 델은 세계 3위의 컴퓨터 제조업체이며, 설립자 마이클 델은 개인 재산이 370억 달러로 세계 20위 부자 가운데 한 사람이다. 델이 성공하기까지 얻은 가장 중요한 교훈은 다른 사람들의 부정적인 평가에 귀를 기울이지 말라는 것이다. "당신이 하고 있는 일에 믿음을 가져야 한다. 정말로 훌륭한 아이디어가 떠올랐다면 쓸모없는 아이디어라는 말을 무시해야 한다." 대기업 IBM을 꺾겠다는 열여덟 살 청년의 야망을 진지하게 받아들인 사람이 있을까? 주위 사람들은 좀 더 현실적인 목표를 세우라고 충고했을 것이다.

델은 아버지의 뒤를 이어 의사가 되는 것이 아니라 대학을 중퇴했다. 부모는 아들이 컴퓨터만 만지작거리지 말고 학업에 전념하길 바랐다. 사람들은 소비자에게 직접 제품을 판매한다는 델의 아이디어를 처음에는 미심쩍게 여겼다. 컴퓨터처럼 값비싼 기기를 전화로 주문하는 사람들이 어디 있겠냐고 말이다.

현실적인 목표로는 부자가 될 수 없다

하워드 슐츠, 레이 크록, 마이클 델은 다른 사람들이 보기에 이룰 수 없는 목표를 세웠다. 하지만 성공한 것을 보면 그들이 옳았다는 것이 증명되었다. 덜 과감한 목표를 세웠다면 그만큼 덜 성공했을 것이다.

'가능'하고 '이룰 만'하며 '현실'적인 목표를 추구하느라 일생을 허비하지는 않았는가? 풀숲에 숨어 있는 새 두 마리보다 손에 쥔 한 마리에 만족하고, "현실을 직시하라"는 설득에 넘어가지 않았는가? 언제나 "꿈은 그림자에 불과하다"는 말을 듣지 않았는가? 그렇다면 이제 관점을 바꿀 때다. 델이 그러했듯이 과감하게 큰 꿈을 품고 높은 목표를 추구해야 한다. 이 책을 통해 어떻게 하면 그러한 꿈을 실현할 수 있는지 알게 된다.

무엇보다 꿈꿀 수 있는 용기를 가져야 한다. 자신의 한계를 생각하지 말고 목표를 세워야 한다. '현실적'인 목표를 추구하라며, 당신이 세운 목표를 '비현실적'이며 '불가능'하다고 비웃는 사람들의 조언은 듣지 말자. 그러나 목표를 이루려면 다른 사람들의 도움이 필요하다. 혼자 힘으로는 성공할 수 없다. 그리고 다른 이들의 도움을 받으려면 우선 얻어야 할 것이 있다. 바로 신뢰다.

2

TRUST
신뢰

투자 가치를 증명하라

왠지 믿음이 가는 사람이 돼라

불가능한 목표를 이루는 데 신뢰가 얼마나 결정적인 역할을 하는지 보여주는 사람이 바로 역사상 최대 부호 존 D. 록펠러다. 청년 록펠러는 생애 최초로 창업한 직후 "나이 든 사람들은 나를 보자마자 신뢰한다"는 사실을 통해 성공의 비결을 깨달았다.

록펠러는 경이로운 이력을 쌓는 동안 자신이 부닥친 가장 큰 문제점은 "내가 하고 싶은 사업을 모두 추진할 만큼 어마어마한 자금을 확보하는 것"이라고 말했다. 그에게는 은행과 투자가들의 신뢰를 얻는 능력이야말로 가장 소중한 자산이었다. "내가 살면서 성공을 거둘 수 있었던 요인은 무엇보다 다른 사람들에 대한 신뢰와 그들이 나를 신뢰하도록 만드는 능력이었다."

"록펠러는 사업을 하면서 여러 가지 이유로 비난받았다. 그러나 록펠러는 빌린 돈을 곧바로 갚고 계약은 충실히 이행한다는 것을 자부했다"고 록펠러 전기 작가는 말했다. 구두계약이든 서면 계약이든 모든 계약을 충실하게 지킨다면 다른 사람들의 신뢰를 얻을 수 있다. 체결한 계약 내용과 형식을 재해석하려 들면 신뢰할 수 없는 파트너로 소문이 날 것이다.

그렇다면 어떻게 해야 다른 사람의 신뢰를 얻을 수 있을까? 신뢰 있는 행동도 중요하지만 무엇보다 생각이 정직해야 한다. 정직한 생각에서 비롯된 가치관을 절대 과소평가해서는 안 된다. 사람들은 상대방이 자신을 진심으로 대하는지 아닌지를 곧바로 간파한다.

상대를 진심으로 대하면 누구에게나 신뢰를 얻을 수 있다. 이것은 진리나 다름없다. 사람들은 대부분 진실된 사람을 감지하는 직관이 발달해 있다. 사람마다 각기 다른 신호를 표출하는데, 상대방은 그런 신호를 읽고 해석한다. 물론 그런 신호는 대부분 말로 표현되지 않는다. 그래서 사업을 할 때도 무의식적으로 상대를 평가하며 스스로에게 묻는다. "내가 이 사람을 얼마만큼 믿을 수 있을까?"

사업가들은 중요한 계약을 체결하기 전에 오랫동안 계약 내용과 관련 없는 이야기를 나눈다. 사생활을 세세히 파고들기도 하는데, 이런 대화를 통해 얼마만큼 신뢰할 수 있는지 파악하는 것이다.

정직하지 않고서는 상대에게 신뢰를 줄 수 없다. 그런데 정직해 보이던 사람도 결정적인 순간에 본색이 드러나는 경우가 많다. 진실을 말하기 어렵거나 불필요한 상황에도 정직하게 말해야 신뢰를 얻을 수 있다. 한시라도 빨리 사실을 털어놓아야 한다. 자신 혹은 회사에 피해를 줄 수 있는 정보라도 말이다.

《성공하는 사람들의 7가지 습관》의 저자 스티븐 코비가 이야기한 인상적인 에피소드가 있다. 2005년 로마에서 개최된 마스터스 테니스 대회에서 있었던 일이다. 테니스 챔피언 앤디 로딕과 스페인 선수 페르난도 베르다스코의 경기에서 심판은 베르다스코의 두 번째 서브를 '아웃'이라고 선언했다. 로딕은 관중이 자신의 승리에 이미 박수갈채를 보내고 있는데도 모래 위의 자국을 가리켰다. 베르다스코의 서브가 '아웃'이 아니라는 것을 증명하는 자국이었다. 로딕은 상대에게 승리를 안겨주는 정보를 직접 보여주었다. 그 일을 통해 사람들은 로딕이 언제나 믿을 만한 사람이라고 생각했다.

반면 카레이서 미하엘 슈마허는 로딕과 정반대로 행동했다. 1997년 스페인 헤레스에서 열린 포뮬러 원(Formula One, F1) 결승전에서의 일이다. 슈마허는 자동차 경주 역사상 유례를 찾아보기 힘들 정도로 승승장구했지만 1997년 모든 것이 산산조각 났다. 그는 캐나다 선수 자크 빌르너브의 차를 들이받아 포뮬러 원 타이틀을 박탈당했고 세계 각국의 수많은 팬을 잃었다. 게다가 그로부터 며칠이 지나서야 자신이 소속된 페라리의 압력에 못 이겨 과오를 인정했다. "그때까지는 그 사건의 책임을 빌르너브에게 돌리려고 갖은 애를 썼다. 그런 행동을 보고 슈마허가 1994년 포뮬러 원에서 데이먼 힐의 차를 들이받아 승리를 거뒀을 때도 의도적으로 규정에 어긋나는 술책을 쓴 것이 아닌지 의구심을 품는 관계자들이 많았다."

슈마허가 팬들의 신뢰를 잃은 것은 경주에서 부정한 행위를 한 것뿐 아니라 그 사실을 덮으려고 했기 때문이다. 가장 많은 지지를 보내던 조국 독일의 팬들마저 더 이상 슈마허를 신뢰하지 않았다. 1997년 겨울 슈마허의 캐릭터 상품은 좀처럼 팔리지 않은 채 자리를 지켰다. "국제자동차연맹(FIA, Fédération Internationale de l'Automobile)은 그에게 2등 타이틀과 시즌 동안 거둔 점수를 모두 박탈하기로 결정했다."

직접 나서서 사실을 밝힌 로딕은 경기에서 졌다. 반대로 슈마허는 자신의 잘못을 부정하고 경쟁자에게 책임을 돌리려 했다. 두 선수의 대조적인 행동과 그에 따른 여론을 보면 신뢰란 정직한 행동을 통해 쌓이고 부정한 행동을 통해 무너진다는 것을 알 수 있다.

가장 성공한 광고 전문가 중 한 명인 데이비드 오길비의 말에서도 단순한 진리를 다시 한 번 확인할 수 있다. "나는 항상 잠재 고객에게 우리의 약점을 털어놓는다. 자기가 파는 가구의 흠집을 미리 알려주는 골동품상에게 신뢰가 갔던 기억을 떠올렸기 때문이다."

미국의 전설적인 보험 세일즈맨 프랭크 베트거(Frank Bettger)는 보험 판매에 대해 많은 것을 가르쳐준 동료 칼 콜링스(Karl Collings)의 이야기를 들려주었다. 사람들은 그의 이야기를 듣는 순간 '콜링스야말로 믿을 수 있다. 자기 업무를 잘 알고 신뢰가 가는 사람이다'라고 확신했다.

베트거는 어떤 사건을 통해 콜링스에게 타인의 신뢰를 얻는 보기 드문 재능이 있다는 것을 알았다. 두 사람은 생명보험을 들고자 하는 고객을 만나러 갔다. 베트거는 자신이 받게 될 수수료를 생각하고 기뻐했다. 그러나 며칠 후 건강검진 결과 고객에게 지병이 있다는 것이 드러나 회사로부터 조건부 계약만 가능하다는 통보를 받았다. 베트거는 콜링스에게 물었다. "고객에게 일반적인 계약과 다르다고 꼭 말해야 하나요? 우리가 얘기하지 않으면 모를 텐데요." 그러자 콜링스는 아주 간단히 이렇게 대답했다. "그 사람은 몰라도 내가 알고 네가 알잖아."

베트거는 고객에게 이렇게 말했다. "가입하시려는 보험이 일반형이 아니라고 말씀드려도 그 차이를 눈치채지 못하실 겁니다. 하지만 사실은 그렇지 않거든요. 물론 필요한 보장을 받으실 수 있지만 이번 계약을 신중하게 검토하시는 것이 좋겠습니다." 그러자 고객은 잠깐의 망설임도 없이 계약서에 서명했다. 베트거는 잠시라도 고객에게 정보를 털어놓을까 말까 갈등했던 자신이 부끄러웠다. 그는 콜링스의 짧은 대답을 결코 잊지 않았다. "그 사람은 몰라도 내가 안다." 베트거는 고객의 신뢰를 얻으려면 자신이 파는 상품에 대해 아무리 불리한 이야기라도 진실을 말해야 한다는 교훈을 얻었다.

사실대로 말하는 습관을 들여라

기본적인 가치관과 원칙이 없는 사람들은 진실을 말해야 할지 즉각 결정을 내리지 못한다. 반면 신념이 뚜렷한 사람에게는 조금도 어려운 일이 아니다. 그런 사람들은 빠른 시일 내에 타인의 신뢰를 얻을 수 있다. 진실이야말로 남의 마음을 가장 효과적으로 사로잡는 전략이다.

어느 외국계 회사의 최고경영자에게 크게 감탄한 적이 있다. 나는 독일계 은행과 그를 연결해주려고 했는데, 은행들이 그 회사를 잘 알지 못하는 상태였다. 과거 실적이 상당히 우수하고 재무제표도 견실해 보였으나 우려의 소지가 있었다. 그런데 외국계 회사의 최고경영자는 처음 만난 자리에서 자기 회사의 문제점을 직접 언급했다. 나는 물론 은행 측 참석자들도 감탄했다. 최고경영자의 정직한 태도 덕분에 은행은 그를 신뢰했다. 그는 과장된 정보와 반쪽짜리 진실로 현혹하는 사람이 아니었다.

나는 기업을 상대로 홍보 컨설팅 회사를 운영하고 있다. 좀 더 구체적으로 말하면 기업에 관한 기사가 언론에 실리도록 하는 일이다. 대부분의 기업은 자신들에게 불리한 정보를 축소하거나 미화하려고 한다. 어떤 기업의 상무이사와 언론 보도자료를 놓고 열띤 논쟁을 벌인 적이 있다. 그는 자기 회사에 부정적으로 작용할 수 있는 정보는 보도하지 말라고 했다. 하지만 나는 이렇게 말했다. "사실대로 말하지 않았다는 것을 나중에라도 기자들이 알게 되면 오히려 더 좋지 않을 겁니다. 분명 그들의 신뢰를 잃을 거예요." 그러자 상무이사가 대꾸했다. "거짓말하자는 것이 아닙니다. 그저 한 가지만 이야기하지 말자는 거예요. 어쨌든 그리 중요한 사실도 아니지 않습니까." 나는 이런 말로 그를 설득했다.

"중요한지 아닌지는 기자들이 결정할 문제입니다. 이 정보를 제공하면 기자들이 다른 결론을 내릴 거라는 점을 잘 아시지 않습니까. 그런데 나중에 사실을 알게 되면 뭐라고 말할까요? 자기들에게 사실대로 말하지 않은 이유를 물어보면 뭐라고 대답하실 건가요?"

기업이 언론의 신뢰를 완전히 저버리는 경우도 있다. 기업의 경영자가 기자에게 지극히 사소한 거짓말을 했는데, 의혹을 느낀 기자가 집중적으로 파고들기 시작했다. 그러고는 앞뒤가 맞지 않는 세부 사항에 대한 진실을 상당수 밝혀내 좋지 않은 기사를 쓰기 시작했다. 곧이어 다른 매체들도 해당 회사를 취재하며 부정적인 기사들을 실었다. 그로 말미암아 회사의 평판과 영업 기반이 완전히 무너졌다.

"작은 일에 담긴 진실을 몰라보고 주의를 기울이지 못하는 사람에게는 중요한 일을 맡길 수 없다"는 알베르트 아인슈타인의 명언을 기자들도 아는 듯했다.

남들은 절대 모를 거라고 생각하고 부정적인 것들을 모조리 감추려 드는 사람들이 있다. 운이 좋아 들통나지 않을 가능성은 눈을 감고 길을 무사히 지나갈 수 있는 확률과 같다. 거짓말을 하면 곧 발각된다고 가정하고 행동하는 편이 유리하다. 또한 거짓말이 발각된다면 자신의 평판이 어떻게 될지 스스로에게 물어보라.

속도와 인맥이 중요하다

스티븐 코비는 《신뢰의 속도(The Speed of Trust)》에서 다른 사람의 신뢰를 얻으려면 고결한 인격과 역량 2가지가 반드시 필요하다고 말했다. 정직하고 성실하지만 역량이 떨어지는 사람을 신뢰하기란 어렵다. 코비는 이와 관련된 이야기를 하나 했다.

"최근에 아내 제리는 수술을 받아야 했다. 우리 부부는 사이가 참 좋다. 제리는 나를 신뢰하고 나도 그녀를 신뢰한다. 하지만 그렇다고 해서 제리가 내게 수술 집도를 부탁하지는 않는다." 코비의 아내는 남편을 크게 신뢰했지만 자신의 건강을 남편에게 맡길 수 없다는 것을 잘 알고 있었다.

자신이 정직하고 성실하다는 것을 보여주는 것만으로는 신뢰를 얻을 수 없다. 그것은 필요조건에 해당할 뿐 충분조건은 아니다. 남들이 기대하는 결과를 달성할 역량이 있다는 것을 보여주어야 신뢰를 얻을 수 있다.

다른 사람들의 신뢰를 얻으려면 어떻게 해야 할까? 일단 사실(facts)과 추천서(references)가 필요하다. 뻔한 이야기 같지만 이 점을 간과하고 위험을 자초한 기업이 너무나도 많다. 기업은 과

거의 업적과 미래의 성과를 입증하기 위해 갖은 미사여구와 말 풍선이 가득한 홍보 자료를 만든다. 그러면 마케팅 부서는 광고 책자와 웹사이트를 이용해 자화자찬을 되풀이하면서 자사의 제품과 고객 서비스가 보기 드물게 뛰어나다고 주장한다.

자신의 성과와 업적을 자화자찬하기는 하는데, 이것을 입증할 사실이나 추천서를 제출하지 않은 입사 지원자를 보면 어떤 생각이 들겠는가? 말로만 '최고의 표준', '굉장한 실적', '뛰어난 고객 서비스'를 주장하는 사람을 믿을 수 있는가? 나라면 그런 사람을 채용하지 않을 것이다. 나는 성실성과 정직성을 판단할 때는 직관에 의존한다. 그러나 그 사람의 역량을 평가할 때는 사실과 추천서를 근거로 한다.

스티븐 코비는 기업에 대한 신뢰성은 결코 '소프트' 파워가 아니라 '하드' 파워라는 점을 강조했다. 그래서 고객이나 사업 파트너가 당신을 완전히 신뢰하지 못한다면 당신은 '신뢰 세금'을 치러야 한다. 반면 그들이 당신을 충분히 신뢰한다면 '신뢰 배당금'을 받을 수 있다. 나는 인맥 관리 컨설턴트로 활약하면서 이러한 원칙을 현장에서 자주 목격했다. 자사에 타격을 줄 수 있는 정보를 하나도 빠짐없이 공개하는 기업은 고객이라는 은행에 '신뢰 계좌'를 만드는 셈이다. 기업이 부정적인 정보를 자발적으로 공개할 때마다 '신뢰 계좌'에 예금을 적립하는 것이다. 성공하기를 바란다면 자신의 '신뢰 계좌'에 상당한 금액을 정기적으로 적립해야 한다.

신뢰를 구축하기 위해 또 한 가지 해야 할 일은 인맥을 쌓는 것이다. 낯선 사람을 신뢰하기는 어렵다. 하지만 자기가 믿는 지인이 소개하는 사람을 신뢰하기는 쉽다. 이것은 인간의 본성이다. 전혀 모르는 사람보다 친구가 추천한 사람을 만날 가능성이 훨씬 더 크다. 친구를 신뢰하면 그 친구나 지인도 어느 정도 신뢰할 수 있다.

물론 완전히 낯선 사람을 만나는 일을 두려워할 필요는 없다. 하지만 친구나 지인에게 소개 또는 추천받는다면 인맥을 훨씬 더 쉽고 빠르게 쌓을 수 있다. 그 사람과 직접 대화를 나누기 전에 소개해주는 사람의 신뢰가 어느 정도 이전된다. 기업 세계에서 인맥을 쌓는 것은 필수불가결한 일이다. 인맥으로 신뢰가 높아지기 때문이다.

사람들은 성공하는 데 인맥이 얼마나 중요한지 잘 알고 있다. 부자가 되기 위해 가장 중요한 요인이 무엇이냐는 설문조사에서 응답자 5천 명 중 대다수(82%)가 "알맞은 사람을 알고 지내는 것, 인맥을 쌓는 것"이라고 대답했다. 그러나 사람들은 인맥이 저절로 쌓이는 것이 아니라는 사실을 깨닫지 못한다. 인맥을 쌓으려면 열심히 노력해야 한다.

원대한 목표를 이루려면 인맥을 쌓고 유지해야 한다. 인맥을 쌓는 데 적합한 행동과 사고방식은 신뢰를 얻는 방식과 같다. 매주 또는 매달 당신의 생활을 검토해보라. "새로운 인맥을 쌓고 기존 인맥을 확대하기 위해 어떤 일을 했는가?" "타인의 신뢰를 얻을 수 있는 행동을 했는가?" 두 질문에 '그렇다'는 대답을 할 수 있다면 목표를 이루기까지 순조로운 여정을 시작한 것과 같다.

부와 성공으로 가는 여정에는 극복해야 할 크나큰 방해물이 있다. 성공하면 할수록 직면해야 할 문제점도 점점 더 커진다. 그러나 문제점은 결과적으로 유리하게 작용한다. 문제에 직면하는 연습을 해야 목표를 이루는 데 필요한 힘을 기를 수 있다.

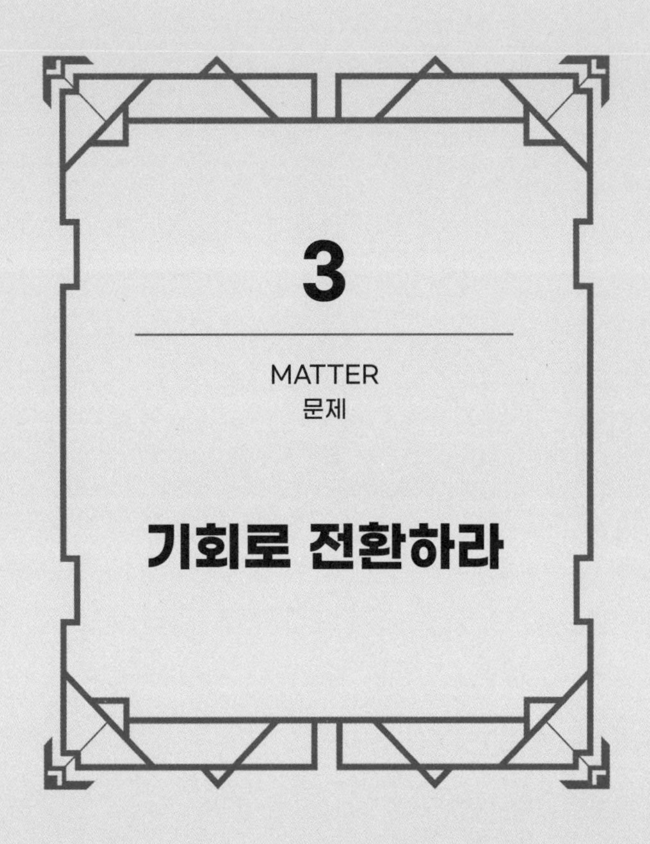

3

MATTER
문제

기회로 전환하라

세계적인 카페를 알아본 세일즈맨

성공한 사람들의 삶을 들여다보면 얼핏 승리만 계속 거둔 것처럼 보인다. 그들이 맞서 싸워야 했던 크나큰 문제들은 간과하는 것이다. 그들이 맞닥뜨렸던 문제들은 언뜻 해결할 수 없는 것처럼 보인다. 보통 사람은 그런 문제에 직면하면 휘청거리다 실패하고 말 것이다.

크나큰 어려움에 직면했으나 이를 기점으로 성공 가도를 달린 사람이 있다. 하워드 슐츠가 스타벅스 인수를 포기했다면 지금 우리는 스타벅스 커피를 마실 수 없을 것이다. 슐츠 자신도 미국에서 가장 큰 성공을 거둔 사람이 되지 못했을 것이다. 계속 영세한 회사에서 직원으로 일했을지도 모른다.

슐츠는 스타벅스 매장을 좀 더 큰 규모로 운영해보기 위해 매일 소유주 중 하나인 제리 볼드윈(Jerry Baldwin)에게 기회를 달라고 애원했지만 볼드윈은 꿈쩍도 하지 않았다. "스타벅스를 더 이상 키울 필요 없네. 드나드는 손님이 너무 많으면 손님의 기호를 정확히 파악할 수 없거든." 그러고는 볼드윈은 슐츠에게 최후통첩을 했다. "미안하네, 하워드. 그 계획은 여기서 끝내게. 우리 결정을 받아들여야 해."

크게 낙담한 슐츠는 결국 스타벅스를 퇴사하고 직접 커피숍을 운영하기로 결심했다. 이름은 일 조르날레(Il Giornale, '일간지'라는 뜻의 이탈리아어—옮긴이)라고 지을 생각이었다. 하지만 자본이 없었다. 원대한 계획을 실현하려면 165만 달러가 필요했다. 슐츠가 접촉한 투자자 242명 가운데 217명이 퇴짜를 놓았다. 그들은 실행 불가능한 계획이라고 말했다.

"일 조르날레? 이름 한번 발음하기 어렵군."

"스타벅스를 그만두다니 참 어리석어."

"대체 그런 아이디어가 먹힐 거라고 생각하는 이유가 뭐지? 커피 한 잔에 1달러 50센트를 쓸 미국인은 없어."

"정신이 나갔구먼. 미친 짓이야. 빨리 일자리나 찾아."

수많은 반대에 부딪히면서도 사기를 잃지 않고 용기를 갖기란 쉽지 않은 일이었다.

"건물주와 임대 협상을 할 때 처음부터 낙담한 모습을 보이면 안 된다. 하지만 한 주에 서너 차례나 아무 소득도 없는 협상이 이어졌다면 어떻게 기운을 낼 수 있겠는가? 그야말로 카멜레온이 되어야 한다. 다른 사람 앞에서는 미치도록 울적한 기분이라도 처음 협상에 임하는 것처럼 활기차고 자신만만한 모습을 보여야 한다."

그런 상황에서도 슐츠는 뜻을 굽히지 않았고 마침내 프로젝트를 진행하기에 충분한 투자자를 확보했다. 그리고 1987년 3월에 전환점이 찾아왔다. 스타벅스의 소유주 제리 볼드윈과 고든 바우커(Gorden Bowker)가 시애틀에 있는 지점과 커피 로스팅 시설, 심지어 스타벅스라는 브랜드 명칭까지 매각하기로 결정한 것이다. 그들은 총 400만 달러를 원했다. 하지만 일 조르날레의 자본금을 구하는데도 그렇게 힘들었던 슐츠가 400만 달러를 모으는 것은 애초에 불가능한 일이었다.

그런데 슐츠에게 투자를 약속했던 한 사람이 스타벅스를 매입하겠다고 선언했다. 이 소식을 들은 슐츠는 얼굴을 한 대 맞은 것처럼 충격에 빠졌다. 그 투자자는 현지에서 내로라하는 사람이었고 시애틀 경영협회에서 이미 지원금을 확보한 상태였다. 그 투자자는 슐츠에게 이렇게 말했다. "내가 스타벅스를 매입한다는 사실을 받아들이지 않는다면 자네는 이 도시에서 활동할 수 없을 테니 포기하게. 어찌 되었든 자네는 매입 자금을 한 푼도 마련하지 못할 것이야. 그야말로 개털이 되는 것이지."

회의 도중 자리에서 일어난 슐츠는 건물 로비 한가운데서 자제심을 잃고 엉엉 울기 시작했다. 그러나 결국은 400만 달러를 끌어모았다. 그는 어떤 압력과 협박에도 굴복하지 않고 버텼다. 그는 자서전에서 이렇게 말했다.

"대부분 꿈이 산산조각 날 정도의 위기를 마주하게 된다. 그러한 순간에 대비하기란 사실상 불가능하다. 관건은 어떻게 대응하느냐이다. 살다 보면 예기치 못한 곳에서 커브볼이 날아와 우리 머리를 강타하고 기회를 앗아가려 한다. 우리가 취약해지는 순간이 찾아온다."

부를 쌓을 최적기를 포착하라

목표를 이루는 과정에서 맞닥뜨린 문제 때문에 오히려 성공한 사람은 또 있다. 존 D. 록펠러는 다양한 기업을 운영하면서 역사상 가장 부유한 사람이 되었다. 오늘날 화폐가치로 환산하면 록펠러의 자산은 2천억~3천억 달러(약 230조~350조 원) 사이로 추정된다. 억만장자인 빌 게이츠와 워런 버핏보다 훨씬 더 많은 자산을 보유한 것이다. 록펠러는 사업 초기에 석유산업을 크게 위협했던 난국을 오히려 교묘히 이용해 부자가 되었다.

록펠러는 원래 식품업에 종사하다 스물네 살에 과외 소득을 얻으려고 석유 회사를 창립했다. 당시에는 석유가 얼마만큼 중요한 자원이 될지 아무도 예상하지 못했다. 석유산업의 호황이 오래 지속되리라고 예측하는 사람도 없었다. 그저 한때 유행일 뿐 이윤을 남기는 사업은 아니라는 것이었다. 왜냐하면 유가 변동 폭이 극심했기 때문이다. 1861년 배럴(약 159리터)당 유가는 10센트에서 10달러 사이를 요동쳤다. 1864년에도 4달러에서 12달러 사이를 오르락내리락했다.

투기꾼들은 석유라는 신생 사업으로 손쉽게 돈을 벌 수 있으리라 내다봤다. 1870년에는 정유소가 우후죽순으로 생겨나 석유 생산량의 3배나 처리할 수 있게 되자 그 가운데 75퍼센트가 적자였다. 록펠러의 주요 경쟁자 중 하나가 자사의 지분을 장부가액의 10퍼센트를 받고 록펠러에게 넘기기도 했다.

이러한 위기에 록펠러도 전 재산을 날리고 말았다. 전기 작가는 당시 록펠러에 대해 이렇게 말했다. "낙천적인 그는 모든 위기에서 기회를 발견하는 사람이었다. 자신의 불운을 한탄하는 대신 상황을 철저히 검토했다. 정유업계 전반에 걸친 파산으로 말미암아 자신도 위태로운 상황이라는 것을 깨닫고 구조적인 해결책이 필요하다고 생각했다."

록펠러는 합자회사 형태로 스탠더드 오일 컴퍼니를 설립하고 "언젠가 모든 원유를 정유 처리하고 생산을 독점할 것이다"라는 원대한 목표를 세웠다. 석유업계를 완전히 지배하겠다는 것이었다. 그는 새로 설립한 회사에 100만 달러를 투입했다. 당시로서는 유례없는 큰 규모였다. 록펠러는 아주 유능한 관리자를 고용해 극심한 경제 위기 상황에서도 공격적으로 사세를 확장해나갔다. 그는 곧 자본을 350만 달러로 늘렸다.

이것이 바로 승자와 패자의 결정적 차이이다. 패자는 상황 자체의 영향을 받는다. 주위 사람들이 침체되면 자신도 그 분위기에 전염된다. 반면 승자는 다른 시각으로 현실을 바라본다. 이들은 모든 사람들이 문제로만 인식하는 상황에서 기회를 발견한다.

또한 그러한 기회를 활용하는 데 온 정신을 집중한다. 이들은 경제적으로 불안정한 시기야말로 기업 쇼핑을 하기에 최적기라는 것을 잘 안다. 다른 기업의 지분을 사들이거나 인재를 확보하는 것이다.

록펠러는 철도회사와의 협상에서 유리한 계약을 체결할 수 있었다. 자사의 원유를 할인된 운임으로 운송하게 되면서 경쟁사에 비해 결정적인 우위를 차지했다. 그러나 뒷거래가 있었다는 소문이 나면서 엄청난 항의와 불매운동이 벌어졌고, 록펠러는 직원의 90퍼센트를 해고할 수밖에 없었다. 뒷거래 의혹이 일어나자 석유업계에는 록펠러가 시장을 독점할지도 모른다는 우려와 불안감이 확산되었다. 아니나 다를까 록펠러는 몇 주 만에 26개 경쟁사 가운데 22개를 인수했다. 1872년 3월 초에는 이틀 만에 6개 경쟁사를 인수했다. 대부분의 정유소가 적자를 입고 있었기에 헐값으로 인수할 수 있었다. 회사 자산의 잔존 가치 정도만 지불한 경우도 많았다.

1873년 미국 경제는 심각한 위기 상황에 처했다. 은행과 철도회사가 줄줄이 파산하고 주식시장도 잠시 문을 닫아야 했다. 경제 위기는 그 후 6년간 계속되었다. 그런 상황에서 누가 석유를 사려고 했겠는가? 유가는 48센트로 폭락했고 어떤 지역에서는 물값보다 석유값이 더 쌌다. 이때 역시 기회라고 생각한 록펠러는 경쟁사를 훨씬 더 싼값에 사들였다. 그렇게 해서 록펠러는 마흔도 되지 않아 정유업계 전반을 장악했다.

그러나 더 큰 문제가 그를 기다리고 있었다. 펜실베이니아주의 유전이 거의 고갈된 것이다. 다른 유전이 어디에 있을지 아무도 알 수 없었다. 그때 카스피해의 바쿠(Baku) 근처에서 사상 최대 규모의 유전이 발견되었다. 바쿠 유정은 하루 생산량이 280배럴이었다. 당시 미국 유정의 하루 생산량은 4~5배럴에 불과했다. 이로써 세계 정유시장에서 미국의 점유율은 급속히 감소했다. 미국 시장의 90퍼센트를 차지하는 스탠더드 오일의 지분이 급감했다는 뜻이다.

이때 록펠러는 비용을 절감하고 거액을 연구에 투자했다. 오하이오주 리마에서 유전이 새로 발견되었으나 원유에 유황 성분이 너무 많이 함유되어 있었다. 스탠더드 오일은 유황을 추출해 내는 공정을 개발해 리마 유정을 활용했다. 1890년대 초반 록펠러의 회사는 세계 석유시장의 70퍼센트 가까이 장악했다.

그러나 위기는 시작에 불과했다. 록펠러는 곧이어 반독점법 위반 및 담합 카르텔 혐의로 기소되었다. 100년 정도 지난 후 빌 게이츠가 처한 상황과 똑같았다. 20년간 법정 투쟁이 이어진 끝에 1911년 5월 5일 미국 대법원은 스탠더드 오일의 분할 명령을 내렸고, 6개월 안에 자회사를 매각해야 했다. 그러나 스탠더드 오일에 판결이 내려진 때는 이미 독점이 해체된 때였다는 것이 아이러니하다.

41년간 구축한 기업이 산산조각 나는 위기 앞에서도 록펠러는 두려움에 떨지 않았다. 그는 천주교 사제와 골프를 치던 중

대법원의 판결 소식을 들었다. 록펠러는 사제에게 이렇게 물었다. "레넌 신부님, 돈 좀 갖고 계세요?" 사제는 고개를 가로저으며 왜 그러냐고 물었다. 72세의 록펠러는 이렇게 말했다. "스탠더드 오일 주식을 사시라고요."

"1911년 당시 순자산이 3억 달러 정도이던 평범한 백만장자 록펠러가 최초의 억만장자라는 타이틀에 바짝 다가갈 수 있었던 것은 반독점 소송에서 패소했기 때문이다. 과거에 그가 보유했던 지분은 25퍼센트 정도였다. 그러나 기업 해체 판결 이후 뉴저지에 새로 설립된 스탠더드 오일의 지분 25퍼센트 이외에도 33개 신규 자회사의 지분을 25퍼센트까지 확보했다."

록펠러의 삶을 들여다보면 난국을 활용해야 성공할 수 있다는 것을 깨닫게 된다. 난국에 직면할 때마다 따라오는 도전 과제를 성공적으로 해결하면 한층 더 강한 사람이 될 수 있다. 살면서 부딪히는 문제들은 더 높은 단계로 올라가기 위해 치러야 하는 시험이다. 문제에 직면할 때마다 록펠러처럼 피하지 말고 받아들여야 한다. 그리고 문제에서 기회를 찾아 활용해야 한다.

문제가 있어야 아이디어가 떠오른다

스웨덴 출신 사업가 잉그바르 캄프라드는 문제에서 기회를 찾는데 통달한 사람이었다. 독일계 농부의 아들로 태어난 캄프라드는 1943년 열일곱 살의 나이에 가구 소매업체 이케아를 설립했다. 2018년 91세의 나이로 사망했을 때 개인 자산과 법인 자산을 합쳐 450억 유로(약 59조 원)로 추산되며 세계에서 가장 부유한 사람 중에 하나였다.

캄프라드는 일평생 돈 버는 데 골몰했던 사람이었다. 어릴 때도 취미로 낚시를 하기보다 내다 팔 수 있는 고기를 잡으려고 했다. 훗날 그는 "물건 파는 일에 중독된 것이나 다름없었다"고 회고했다. 열한 살 때는 우편 주문으로 씨앗을 사서 동네의 영세 농가에 팔았다. "난생처음 진짜 돈을 벌게 해준 사업이었다"고 그는 말했다. 소년 캄프라드는 씨앗을 팔아 얻은 이윤으로 자전거와 타자기를 샀다. 경제 관련 전문 작가 뤼디거 융블루트(Rüdiger Jungbluth)는《이케아 : 스웨덴 가구 왕국의 상상 초월 성공 스토리(Die 11 Geheimnisse des IKEA-Erfolgs)》에서 10대 소년 캄프라드가 그 2가지 물건에 투자한 덕택에 사업을 늘려나갈 수 있었다고 했다.

캄프라드는 어릴 때부터 난독증에 시달렸다. 보통 사람 같으면 성공하고자 하는 꿈을 품을 수 없을 정도로 심각한 상태였다. 그러나 그는 경영과 판매 수완이라는 자신의 재능에 초점을 맞췄다. 기숙학교에 다닐 때도 허리띠, 지갑, 시계, 펜으로 가득 찬 큰 상자를 침대 밑에 보관해두고 물건을 팔았다. 그러다 학교를 졸업하자마자 창업을 결심했다. 자기 이름(Ingvar Kamprad), 부모의 농장 이름인 엘름타리드(Elmtaryd), 자신이 자라난 지역인 아군나리드(Agunnaryd)의 머리글자를 따서 회사 이름을 이케아

(IKEA)라고 지었다.

리처드 브랜슨이나 마이클 델과 마찬가지로 캄프라드는 품질 좋은 제품을 경쟁사보다 낮은 가격에 판다는 사업 원칙을 세웠다. 캄프라드보다 먼저 성공한 사람이든 나중에 성공한 사람이든 대개 이런 전략을 택한다. 품질 좋은 가구를 다른 회사보다 훨씬 싼 가격에 생산하고 유통하는 방법을 알아내는 데는 그리 오래 걸리지 않았다.

경쟁사들은 이제 막 업계에 뛰어든 애송이를 좋아하지 않았다. 특히 덕스(Dux)라는 회사는 캄프라드를 도용 혐의로 여러 차례 고소했지만 기각되었다. 스웨덴 가구 제조업체 협회는 유통업체에 이케아와 계속 거래하면 물건을 공급하지 않겠다고 위협했다. 캄프라드는 다른 이름으로 자회사를 여러 개 설립해서 가구 제조업체의 보이콧을 피했다. 하지만 가구 박람회에서 최종 소비자들에게 직접 물건을 판매하면서 참가 금지를 당하기도 했다.

이케아 제품은 곧 수요를 따라잡지 못할 정도로 큰 인기를 끌었다. 그러나 기존 가구 판매업체의 심기를 거스를까 우려하던 제조업체 상당수가 이케아와의 거래를 거부하면서 문제가 커졌다.

캄프라드는 허를 찌르는 방식으로 대응했다. 폴란드 장관에게 폴란드 가구 판매업체와 제휴하고 싶다는 편지를 보낸 것이다. 그렇게 해서 폴란드 정부의 초청을 받았지만 바르샤바 외곽에 있는 공장 시찰 허가증을 발급받지 못하면서 협상이 시작될 당시에는 조짐이 좋지 못했다. 그런데 캄프라드가 폴란드를 떠나기 직전에 폴란드 정부가 그에게 항복했다.

장기적으로 볼 때 스웨덴 가구업계가 이케아와의 거래를 거부한 것이 결과적으로는 큰 행운이었다. 그는 모든 난국에는 훌륭한 기회가 숨어 있다는 교훈을 얻었다. 이케아와 폴란드 가구 제조업체의 제휴는 결과적으로 큰 성공을 거두었다. 한때 이케아 카탈로그에 소개된 제품의 절반은 당시 사회주의 국가이던 폴란드에서 제조된 것이었다. "위기가 원동력이 되었다. 어쩔 수 없이 해결책을 찾아야 했기 때문이다"라고 캄프라드는 말했다. 그는 "경쟁업체가 정정당당하게 승부를 벌였다면 우리가 이만큼 성공을 거뒀을까?"라고 덧붙이기도 했다.

성공한 사람들은 고난과 난국을 기회로 이용해야 한다는 사고방식을 지니고 있다. 캄프라드가 사업에서 처음으로 얻은 교훈은 난국은 언제나 기회를 제공한다는 것이었다. 또한 그는 "부정적인 전략을 취해봤자 아무 소용 없다"는 결론도 내렸다. 경쟁사의 활동을 막는 데 에너지를 낭비한다면 아무런 소득도 얻지 못한다. 그보다는 건설적으로 경쟁하는 편이 유리하다.

가구 제조업체만 이케아를 적대시한 것은 아니었다. 당시 사회주의 세력의 지배를 받고 있던 스웨덴 정부는 시장 세력을 꺾기 위한 정책을 내놓았다. 캄프라드 같은 기업가들은 파멸할 지경에 놓였다. 세율이 가장 높은 소득군 중에는 자그마치 소득의 85퍼센트를 정부에 갖다 바쳐야 하는 사람도 있었다. 더구나 개인 자산에 부과되는 자본이득세도 캄프라드의 숨통을 조였다.

스웨덴 정부의 근시안적인 경제 정책으로 결국 캄프라드는 고국을 떠날 수밖에 없었다. 1974년에 캄프라드는 덴마크로 이주했고, 다시 스위스로 건너갔다. 2013년에 스웨덴으로 돌아온 그는 2018년 세상을 떠날 때까지 고향 엘름훌트에서 살았다.

사람들은 캄프라드가 성공하기까지 얼마나 많은 장애물과 난국을 극복해야 했는지 알지 못한다. 한번은 텔레비전을 생산하는 기업을 인수했으나 손익분기점을 넘기지도 못했다. 캄프라드는 다른 산업에 도전했으나 크나큰 손실을 보기도 했다. 이케아 자본의 25퍼센트 정도를 투자했지만 끝내 회수하지 못했다.

실수는 결코 잘못이 아니라는 것이 캄프라드의 철학이었다. 그는 직원들에게 종종 이런 말을 했다. "실수를 저지르는 것도 주저하지 않고 행동하는 사람만이 누릴 수 있는 특권이다. 실수를 저지르는 것을 두려워하면 관료주의가 싹트고 혁신이 저해된다. 옳은 결정만 내리는 사람은 없다. 올바른 해결책을 찾으려면 결정한 것을 적극적으로 실행에 옮겨야 한다."

해고되지 않았다면 부자가 되지 못했을 사람들

처음에는 심각한 문제도 지나고 보면 엄청난 성공을 낳는 경우가 많다. 2001년부터 2013년까지 뉴욕 시장을 지낸 마이클 블룸버그(Michael Bloomberg)는 금융 단말기 블룸버그를 개발했으며 금융 정보회사 블룸버그 L. P.와 블룸버그 텔레비전 방송국을 설립했다. 2019년에 그의 자산은 534억 달러로 추정되며 세계 최대 부호 중 한 명이다.

그러나 블룸버그도 처음에는 상당한 불운을 겪었다. 블룸버그는 자서전 《월가의 황제 블룸버그 스토리(Bloomberg by Bloomberg)》에서 이렇게 회고했다. "어느 여름날 아침이었다. 그 당시 월가에서 가장 잘나가던 은행의 상무이사였던 존 굿프렌드(John Gutfreund)와 세계적으로 가장 막강한 영향력을 떨치던 경제 분석가 헨리 카우프만(Henry Kaufman)이 내게 살로몬 브라더스를 떠나라고 말했다." 마른하늘에 날벼락이 따로 없었다. "나는 1981년 8월 1일 토요일 해고되었다. 딱히 아는 정규직 일자리도 없었다. 스트레스가 컸지만 회사 생활을 사랑했다. 일주일에 6일, 하루에 12시간씩 15년을 일한 결과였다. 나는 퇴출된 것이다." 살로몬 브라더스는 그의 첫 직장이었다. 그러나 그날 해고되지 않았다면 지금의 블룸버그가 있었을까?

블룸버그를 해고한 지 10년 후 살로몬 브라더스는 깊은 수렁으로 빠지기 직전이었고, 대주주였던 워런 버핏도 위기에 직면했다. 1986년 말 기업 사냥꾼으로 악명 높은 로널드 페럴먼(Ronald Perelman)이 합병하겠다고 숨통을 조여올 때 버핏은 친구인 굿프렌드를 지원 사격하기 위해 나섰다. 달리 어찌할 줄을 몰랐던 굿프렌드는 버핏에게 전화해 살로몬 브라더스를 살려달라고 애원했다.

위기에 감춰진 기회를 결코 놓치는 법이 없었던 버핏은 15퍼센트 수익을 보장해주는 조건으로 개인 명의와 자신이 세운 버크셔 해서웨이 명의로 7억 달러를 투자했다. 버핏의 동업자 찰스 멍거가 이사회에 합류하는 것도 거래 조건이었다. 잘못하면 버핏까지 몰락할 수 있는 거래였다. 버핏은 인생 최대의 위기 상황에 몸을 내던졌다.

파란만장한 사건이 대부분 그렇듯이 그 심각한 위기도 처음에는 큰 사건으로 보이지 않았다. 1991년 8월 8일 오후 버핏은 여자 친구와 주말을 보내고 있었다. 살로몬 브라더스 법무관리 이사 돈 포이어스타인(Don Feuerstein)이 비행 중인 굿프렌드 대신 전화를 한 것은 버핏이 스테이크 하우스에서 저녁 식사를 할 때였다.

포이어스타인은 문제가 생겼다고 말했다. 살로몬 브라더스의 채권 트레이더 폴 모저(Paul Mozer)가 연방준비제도를 상대로 여러 차례 부정 입찰을 시도했다는 것이다. 그때만 해도 버핏은 모저라는 사람이 누구인지 몰랐다. 살로몬 브라더스는 정부로부터 직접 채권을 사들일 수 있는 국채 전문 금융기관으로 권한이 막강했다. 이런 살로몬 브라더스가 국채 시장을 독점하려 드는 바람에 개별 회사가 입찰할 수 있는 국채의 비율이 35퍼센트로 제한되었다. 그러나 모저는 고객사 두 곳의 이름을 사용해 70퍼센트로 부정 입찰을 시도하고 해당 국채를 살로몬 계정으로 옮겼다.

좋은 소식은 아니었지만 그렇다고 심각한 문제도 아닌 것 같았다. 하지만 시간이 지나면서 상황이 훨씬 나쁘다는 사실이 드러났다. 모저가 비슷한 수법을 여러 번 사용한 것이다. 게다가 모저의 윗사람들도 몇 달 전에 이미 부정 입찰을 알고 덮으려는 시도를 했다. 임원들은 진실을 감추려 함으로써 더 불리한 상황을 자초했다.

연방준비제도는 살로몬 브라더스와의 국채 거래를 전면 중단하겠다고 엄포를 놓았다. 그렇게 된다면 회사는 영영 회복하지 못할 정도로 큰 타격을 입을 수 있었다. 부정 입찰 사실을 알고도 해고하지 않았으니 연방준비제도의 심기가 불편할 수밖에 없었다.

그때 살로몬 브라더스가 파산했다면 17년 후 리먼 브라더스가 무너졌을 때만큼이나 끔찍한 상황이 펼쳐졌을 것이다. 살로몬 브라더스는 자기자본이 40억 달러에 불과했지만 부채는 1,460억 달러에 달했다. 파생상품을 거래한 고객의 돈이 수억 달러나 되었고, 다른 투자은행과의 거래도 얽히고설켜 있었다. 살로몬 브라더스의 대차대조표 규모는 당시 미국 금융시장에서 두 번째로 컸다.

미국 증권거래위원회(SEC)가 조사에 착수하면서 세부 사항이 드러났다. 언론은 매일같이 살로몬 브라더스 스캔들을 다루면서 파산이 머지않았다고 점쳤다. 투자자들이 이탈하기 시작하면서 주가도 폭락했다.

살로몬 브라더스를 구원할 수 있는 사람은 단 한 명뿐이었다. 오랜 세월에 걸쳐 정직하고 솔직한 사람이라는 평판을 쌓은 데다 믿기지 않을 만큼 영리한 투자가, 바로 워런 버핏이었다. 살로몬 브라더스는 그를 임시 회장에 임명하고 회생할 기회를 노렸다. 버핏은 가장 선택하기 어려운 갈림길에 서 있었다. 버핏의 전기를 쓴 앨리스 슈뢰더(Alice Schroeder)는 다음과 같이 묘사했다.

"버핏은 미국에서 두 번째로 부유한 사람이었고 세계에서 가장 존경받는 투자가였다. 그처럼 길고도 끔찍했던 금요일, 그는 문제가 생겼는데도 자신이 아무런 조치를 취할 수 없는 살로몬 브라더스에 투자한 것 자체가 위험한 일이었음을 깨닫고는 가슴이 철렁 내려앉는 것 같았다."

그처럼 심각한 타격을 입은 회사를 구하기는 불가능해 보였다. 버핏은 영웅이 되느냐 실패자가 되느냐 하는 선택의 기로에 놓였다. 그러나 그는 숨을 수도, 회피할 수도 없었다.

결국 버핏은 도전을 받아들이기로 결심했다. 그 소식이 언론 보도자료로 공표되기 몇 시간 전 재무부가 살로몬 브라더스의 국채 입찰을 금지하려는 계획이 사전에 유출되었다. 버핏이 경영권을 잡는 것과 상관없이 회사의 미래는 암울해 보였다.

버핏은 그러한 결정을 내린 재무부 책임자를 알아내 국채 입찰 금지 결정으로 사형 선고를 받는 것은 살로몬 브라더스뿐만이 아니라고 설득했다. 버핏은 세계적인 금융위기가 일어날 것이라고 단언했다. 전혀 희망이 보이지 않는 상황에서도 그는 기꺼이 책임을 떠맡았고 자신의 평판까지 내걸었다. 그에게 평판은 가장 가치 있는 자산이었다.

버핏은 모든 것을 단 한 번의 기회에 걸었고 결과적으로 승리했다. 재무부가 입장을 재고하고 어느 정도 타협하기로 한 것이다. 살로몬 브라더스는 고객사를 대리해서 입찰하는 것이 금지되었다. 하지만 자사의 이름으로는 계속 입찰할 수 있었다. 버핏은 그러한 타협책만으로도 한숨을 놓았다.

버핏에게 가장 어려운 임무는 정직하고 투명한 기업문화를 만드는 것이었다. 그는 임직원들에게 이렇게 말했다. "지금 하려고 하는 행위를 똑똑하고 비판적인 기자가 취재하고 내일 일간지 1면에 실었을 때, 그 기사를 여러분의 배우자나 자녀, 친구가 읽어도 무방한지 자신에게 물어보았으면 합니다."

살로몬 브라더스 직원들은 그가 어떤 말을 해도 기꺼이 따랐다. 그러나 주주들이 처벌을 받는 상황에서 직원들이 보상을 받는 것은 옳지 않다고 본 버핏이 보너스를 대폭 삭감하자 상당수가 새로운 일자리를 찾아 회사를 떠났다. 이로 인해 다시 한 번 회사의 앞날은 불투명해지는 듯했다.

모저가 일으킨 사건이 살로몬 브라더스에 입힌 손실은 벌금, 위약금, 법률 자문료, 매출 손실 등을 포함해 8억 달러로 추산된다. 그러나 살로몬 브라더스가 살아남음으로써 버핏은 훨씬 더 많은 돈을 손에 넣을 수 있었다. 그뿐만 아니라 역사상 가장 뛰어난 금융 귀재라는 명성까지 얻었다.

버핏의 성공담을 보면 단지 운이 좋고, 행운이 계속 따르는 것 같다. 1999년에 버핏이 버크셔 펀드를 발행했을 때 1천 달러를 투자했다면 2018년 1,700만 달러 이상 벌어들일 수 있었을 것이다. 버핏은 〈포브스〉가 선정하는 세계 최고 부자 명단 3위 안에 계속 이름을 올리고 있다.

버핏처럼 엄청난 성공을 거둔 사람들은 크나큰 위기를 끊임없이 겪는다. 심지어 지금까지 이룬 모든 것을 잃을 수도 있는 상황에 처하기도 한다.

그들에게는 기발한 계획이 있었다

월트 디즈니도 예외가 아니었다. 직원 수가 거의 20만 명에 달하는 월트 디즈니는 오늘날 세계 최대 미디어 제국 중 하나다. 그처럼 경이로운 성공의 싹은 1919년 11월에 틔었다. 열여덟 살이던 월트 디즈니와 어브 아이웍스(Ub Iwerks)는 광고대행사에서 만난 동료였다. 얼마 지나지 않아 해고된 두 사람은 아이웍스-디즈니 커머셜 아티스트(Iwerks-Disney Commercial Artists)라는 회사를 설립했다. 하지만 사업은 순조롭지 않았다. 회사를 유지하기 위해 디즈니는 어쩔 수 없이 애니메이션 작업을 직접 할 수밖에 없었다.

1922년 5월 디즈니는 종잣돈 1만 5천 달러를 들여 애니메이션 영화를 제작하는 래프-오-그램(Laugh-O-Grams)을 설립했다. 사업 경험이 없던 그는 대금을 한참 뒤에 받는 지급 계약을 맺는 바람에 1923년 6월 파산 신청을 할 수밖에 없었다. 이후 디즈니는 할리우드로 이주했다. 그의 전기를 쓴 안드레아스 플랫하우스(Andreas Platthaus)는 이렇게 말했다.

"실패한 창업주 디즈니는 래프-오-그램의 지분을 보유한 투자자들을 피해 수천 킬로미터 떨어진 곳으로 떠났다. 채권자가 된 투자자들이 채무를 상환하라고 독촉해대는 캔자스시티에 남았다면 새 출발을 할 수 없었을 것이다."

1923년 10월 디즈니는 형 로이와 함께 디즈니 브라더스 카툰 스튜디오(Disney Brothers Cartoon Studio)를 차렸다. 이때 제작한 영화 가운데 애니메이션과 실사를 결합한 〈이상한 나라의 앨리스〉가 있었다. 형제는 3년도 되지 않아 앨리스 시리즈를 34편이나 제작했다. 그 결과 주인공을 맡은 버지니아 데이비스(Virginia Davis)의 출연료가 너무 올라갔다. 1927년 초 디즈니는 이 시리즈를 중단하고 동물을 주인공으로 한 만화영화를 제작하기 시작했다.

이것은 누구도 시도하지 않은 전략이었다. 이전까지는 만화영화에 등장하는 동물들이 관객의 공감을 이끌어낼 만큼 인간적으로 묘사되지 않았다. 그러나 디즈니가 제작한 만화영화 속 동물은 말하고 웃었다. 처음에 사람들은 말도 안 된다며 비웃었다.

하지만 웃는 토끼 오스왈드(Oswald)가 큰 인기를 끌면서 비웃던 사람들이 틀렸다는 사실이 드러났다. "오스왈드 덕분에 월트 디즈니는 처음으로 재정난에서 벗어날 수 있었다. 그러나 완전히 벗어난 것은 아니었다. 그가 처음 느꼈던 재정적 안정감은 얼마 지나지 않아 환영처럼 무너졌다."

디즈니는 영화 저작권을 배급사가 보유한다는 사실을 크게 신경 쓰지 않았다. 그래서 제작을 다른 영화사에 맡겨도 어쩔 수 없었다. 디즈니는 영화 한 편당 2,250달러에서 2,500달러 정도만 받으려 했으나 배급사는 그것도 많다며 한 편당 1,800달러만 지급하겠다고 했다. 또한 디즈니와 가장 친분이 두텁고 재능 있는 직원 몇 명도 오스왈드 애니메이션을 다른 영화사에서 제작하는 데 동의했다고 알려왔다.

하지만 디즈니는 그러한 압력에 굴복하지 않고 새로운 영화 주인공을 찾아 나섰다. 그렇게 해서 세상에 나온 것이 미키 마우스였다(나중에 미키 마우스는 아이웍스가 창조한 것으로 판명되었다). 미키 마우스가 주인공으로 나온 첫 번째 영화의 제목은 〈미친 비행기(Plane Crazy)〉였다. 시리즈는 계속 이어졌고, 1932년 디즈니는 미키 마우스로 아카데미상을 받았다.

그 이후 몇 년에 걸쳐 디즈니는 1932년 구피, 1934년 도날드 덕과 같은 새로운 캐릭터를 창조했다. 또한 처음으로 장편 만화 영화 〈백설 공주와 일곱 난쟁이〉를 제작했고, 이 영화로 1937년 다시 한 번 아카데미상을 수상했다. 제2차세계대전 직후였는데도 〈보물섬〉과 〈해저 2만 리〉 등 장편영화를 여러 편 제작했다. 그러는 동안에도 여러 차례 재정 파탄 일보 직전까지 갔다가 1950년 〈신데렐라〉의 흥행 성공으로 위기에서 벗어났다.

1948년 디즈니는 영화사 맞은편에 4만 5천 제곱미터 넓이의 미키 마우스 테마파크를 세워 사람들을 끌어들일 계획을 세웠다. 그러나 테마파크를 세우기에는 부지 면적이 터무니없이 좁았다. 새로운 부지를 찾던 중 마침내 로스앤젤레스 부근의 인구 2만 명이 거주하는 소도시 애너하임에서 적당한 곳을 발견했다. 하지만 디즈니랜드라는 새로운 프로젝트에 투자하려는 사람들을 찾기가 쉽지 않았다. 디즈니는 어쩔 수 없이 자신의 예금을 인출해야 했다. 형 로이는 디즈니랜드 프로젝트를 감당하기에는 영화사의 수익이 부족하다며 반대했다.

그러나 디즈니는 형의 조언을 받아들이지 않았고, 자신이 그토록 원하는 프로젝트의 자금을 충당할 방법을 생각했다. 그는 새로 설립된 텔레비전 방송국 ABC 주주들에게 거래를 제안했다. 디즈니랜드에 투자하면 주간 프로그램에 디즈니가 제작한 캐릭터들을 사용할 수 있게 허락해주겠다는 제안이었다.

그야말로 기발한 계획이었다. 디즈니랜드의 자금을 충당할 수도 있고, 영화관에서 더 이상 상영되지 않는 디즈니 단편영화 시장을 개척할 수 있는 기회이기도 했다. ABC는 50만 달러를 투자하고 디즈니랜드의 지분 34.5퍼센트를 보유하는 계약에 서명했다. 이외에도 디즈니는 포드와 GE에도 디즈니랜드에 투자하면 무료로 광고 효과를 볼 수 있다고 설득했다. 디즈니랜드에 해당 기업의 이름으로 명소를 세워주겠다는 것이었다. 디즈니는 동물 캐릭터와 영화의 줄거리를 고안하는 재능뿐 아니라 프로젝트 자금을 끌어오는 데도 천부적인 재능이 있었다.

테마파크는 개장 첫날부터 관람객이 2만 8천 명이나 몰려 엄청난 성공을 거뒀다. 예상보다 1만 7천 명 많은 숫자였다. 하지만 제대로 작동하는 기구가 없어서 많은 사람들이 몰린 것이 오히려 재앙일 수도 있었다. 디즈니랜드가 세워진 17만 제곱미터의 부지는 그 많은 관람객을 수용하기에는 턱없이 좁았다. 더구나 테마파크를 끼고 호텔과 상점들이 들어서면서 "디즈니랜드의 수익을 강탈하고 환상으로 가득 찬 왕국을 만들겠다는 창립자의 꿈을 무산시키려 했다."

그러나 이번에도 디즈니는 굴복하지 않았다. 1960년대 내내 플로리다주 올랜도 외곽의 땅을 조금씩 사들여서 애너하임의 디즈니랜드보다 650배나 큰 부지를 확보했다. 안타깝게도 1966년에 세상을 떠난 월트 디즈니는 1971년 거대한 위용을 드러낸 올랜도의 디즈니월드를 보지 못했다.

그의 발상은 이례적인 성공을 낳았다. 하지만 많은 사람들이 그의 계획을 조롱했고, 자금을 충당하기도 쉽지 않았다. 디즈니월드는 디즈니가 기울인 엄청난 노고 덕택에 성공할 수 있었다. 오늘날 3대륙 4개국의 13곳에 디즈니 테마파크가 있다.

우리의 의지는 늘 시험대에 오른다. 성공을 거둔 창업주, 정상급 운동선수, 여러 분야에서 성공한 사람들은 그런 상황에서 강한 의지력을 발휘했다.

앞으로 크나큰 문제에 맞닥뜨리면 록펠러, 캄프라드, 버핏, 디즈니, 슐츠가 그러했듯이 도전을 받아들여라. 문제에서 기회를 찾아라. 성공이 거듭될수록 그에 따르는 문제도 더 커진다는 점을 받아들여야 한다. 모든 일이 아무 문제 없이 순조롭게 진행된다는 것은 큰 성과를 이룰 가능성도 없다는 뜻이다. 위기가 닥쳐야 새로운 일을 시도해보고 혁신적인 발상을 떠올릴 수 있는 법이다.

사람들은 자신감이 강해야 큰 목표를 이룰 수 있다. 스스로 할 수 있다는 확신을 가져야 한층 더 큰 목표를 세울 수 있다. 점점 더 커지는 문제를 하나하나 해결해나가면 자신감도 커진다.

자신감을 키우는 것은 근육을 단련하는 것과 같다. 근육을 키우려면 무게를 꾸준히 올려야 하듯이 점점 더 큰 문제를 해결할수록 자신감이 자라날 것이다. 잉그바르 캄프라드나 워런 버핏, 월트 디즈니도 그와 같은 자신감을 갖고 태어난 것은 아니다. 그들은 위기를 하나하나 극복해나가고 문제를 정면으로 돌파해나가면서 자신감을 키울 수 있었다.

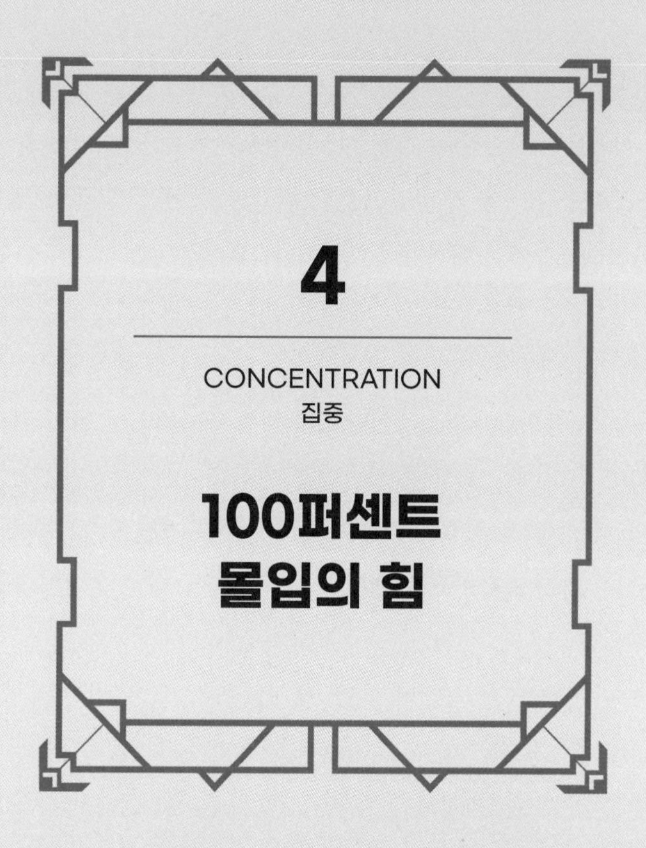

4

CONCENTRATION

집중

100퍼센트 몰입의 힘

집착의 경지에 이르기

1991년 7월 초 빌 게이츠의 아버지는 저녁 식사에 손님을 초대했다. 그중에는 마이크로소프트의 설립자인 아들과 워런 버핏이 있었다. 세계에서 가장 큰 성공을 거두었고 〈포브스〉 선정 억만장자 순위에서 1, 2위를 다투는 두 사람이 한자리에 모인 것이다. 게이츠의 아버지는 "지금의 위치에 도달하기까지 가장 중요한 역할을 한 요인은 무엇이라고 생각하는가?"라고 물었다. 버핏은 "집중력"이라고 대답했고, 게이츠도 그 말에 동의했다.

게이츠는 열세 살부터 컴퓨터에 빠졌다. 게이츠 자신도 "한마디로 나는 컴퓨터 중독이었다. 밤낮으로 몰두했다"고 말했다. 게이츠의 부모는 아들을 걱정했다. "그때 빌은 9학년(한국의 중학교 3학년)이었는데 다른 일을 전혀 하지 않고 컴퓨터에 빠져 밤을 새울 정도였어요." 결국 그의 부모는 아들에게 9개월간 컴퓨터에 손도 대지 말라고 했다.

"빌은 편집광 기질이 있었어요. 무언가에 집중하기 시작하면 그것 하나만 붙들고 있었죠. 그 일을 통달해야 직성이 풀리는 성격이에요." 대학 시절 룸메이트의 말이다. 게이츠의 여자 친구도 그가 항상 극도로 집중했고 주의를 분산시키는 것을 견디지 못했다고 말했다. 집에 텔레비전도 없고 자동차에서 라디오를 떼어낼 정도였다고 한다. 그녀는 이렇게 말하기도 했다. "어쨌든 하루에 7시간만 쉬면 된다고 하는 사람과 관계를 유지하기는 힘들었죠. 마이크로소프트에서 퇴근하는 시간부터 아침에 출근하는 시간까지 고작 7시간밖에 안 된다는 얘기였으니까요."

워런 버핏도 수년, 아니 수십 년 동안 한 가지 목표에 골몰했다. 어릴 때부터 부자가 되겠다는 꿈을 꾸었고《1천 달러를 버는 1천 가지 방법(1,000 Ways to Make 1,000 Dollars)》이라는 책을 들이팠다. 버핏이 가장 좋아하는 그 책의 첫 장 제목은 "기회는 찾아온다"이다. 그 장의 첫 문장은 "자본이 적은 사람이 창업하기에 미국 역사상 지금만 한 때가 없다"로 시작된다.

열한 살의 버핏은 자신이 서른다섯 살이 될 때까지 백만장자가 될 것이라고 선언했다. 이런저런 사업을 해서 열여섯 살에 모은 돈이 5천 달러나 되었다. 오늘날 가치로 환산하면 5만 5천 달러(약 6,500만 원) 가까이 되는 돈으로 열여섯 살의 저축액으로는 굉장히 큰돈이었다. 그리고 어릴 때 예측한 나이보다 5년 빠른 서른 살에 그는 100만 달러를 모았다. 당시 100만 달러는 지금의 가치보다 훨씬 컸다.

《놓치고 싶지 않은 나의 꿈 나의 인생(Think and Grow Rich)》에서 나폴레온 힐은 이렇게 말했다.

“돈의 용도를 아는 사람이라면 누구나 돈을 많이 벌기를 소망한다. 물론 소망만으로는 부자가 되지 않는다. 그러나 돈을 바라는 것이 집착의 경지에 이르러 부를 쌓는 구체적인 방향과 수단을 계획하고, 패배를 인정하지 않는 인내심으로 그러한 계획을 뒷받침한다면 결국 부자가 될 수 있다.”

그렇다고 부정하거나 부당한 관행으로 목표를 달성하라는 얘기가 아니다. 다른 사람에게 해를 끼치거나 법을 어겨서 얻은 성공은 일시적이고 덧없다. 그런 방법으로는 장기적으로 성공을 거두거나 행복을 얻을 수 없다.

장기적인 성공을 거두는 데 필수적인 요소는 목표에 대한 집중력이다. 대부분의 사람들은 목표에 이르는 과정에서 집중력을 잃는다. 이러한 성향은 이력서만 봐도 드러난다. 사람들은 어떤 일을 한 번 시도해보고는 끝마치지도 않고 다른 일을 시도한다. 그러다 문제라도 생기면 바로 낙담한다.

몇 년, 심지어 몇십 년 동안 한 가지 목표에만 집중해야 한다. 운동선수, 음악가, 과학자, 화가, 작가, 사업가, 무엇이든 이루고 싶은 목표가 있다면 이것을 명심하라. 성공이란 하루아침에 찾아오지 않는다. 몇 주 또는 몇 달 만에 성공을 거두는 것은 불가능하다.

테니스 선수 보리스 베커 역시 목표에 집중하는 능력이 남달랐다. 서너 살 때부터 그는 차 트렁크에서 아버지의 테니스 라켓 하나를 집어 들고 테니스 클럽의 벽이나 집에 걸려 있는 블라인드를 향해 공을 쳐댔다. 이를 본 베커의 아버지가 "저 녀석 머리가 어떻게 된 것 같아"라고 아내에게 귀엣말을 하기도 했다.

베커는 여섯 살에 고향인 라이멘의 테니스 클럽에 가입했다. 불과 5년 후인 열한 살에는 독일 테니스 연맹의 청소년팀에 선발되었다. 하지만 전문가들은 그가 결코 정상급 선수가 될 수 없으리라고 내다봤다. "그들은 소위 모니터링 보고서에서 나를 낮게 평가했다. 나는 팀에 적응하지 못했다. 하지만 부정적인 보고서 때문에 나는 오히려 연습에 박차를 가했다. 그들이 잘못 판단했다는 것을 입증하고 싶었다"고 베커는 말했다.

그는 열일곱 살에 윔블던 결승전에서 케빈 커렌을 4세트 만에 꺾었다. 아무도 예상치 못한 승리였다. 베커는 세계에서 가장 중요한 테니스 경기인 윔블던 대회 남자 결승전에 진출한 최초의 독일인이자 최연소 선수였다. 또한 그랜드슬램 토너먼트 전체에서도 최연소 승자였다.

베커는 윔블던 결승전에서 승리를 거둔 가장 큰 요인은 극도의 집중력이라고 말했다. 생애 첫 윔블던 결승전을 치르기 직전, 베커는 탈의실에서 상대편 선수에게 퉁명스레 "안녕하세요"라고 인사하고는 한마디도 하지 않았다. 실제로 베커는 경기 전에 상대편 선수와 절대 대화하지 않는다. 같은 독일 선수 미하엘 슈티히만 예외였다. "경기 전 슈티히와 얘기를 나눴는데 결국 슈티히가 이겼다. 결과는 뻔했다"고 베커는 말했다.

탈의실에 앉아 있을 때면 베커는 "터널에 있는 것만" 같다고 말했다. 시야가 좁아진다는 것이었다. "나는 눈가리개를 하고 그곳에 좀비처럼 앉아 있다. 이것은 경기에 대한 부담감을 덜고 집중하는 방식이다. 그럴 때면 그 무엇도 내 흥미를 자극하지 못한다. 그런 무아지경 상태, 그처럼 완전히 단절된 상태로 빠져들어야 한다."

테니스 코트로 나갈 때면 베커는 늘 "고개를 빳빳이 들고 가슴은 쭉 편 채" 자신만만하고 용감한 상태가 된다고 한다. 베커는 경기 전에 극도로 초조해질뿐더러 두려움에 떤다고 했다. 그러나 코트에 들어서는 순간 그러한 두려움은 거짓말처럼 사라진다. "나는 두려움을 느끼지 않는다. 마치 출발 문에 선 경주마가 된 듯하다. 아직 시작하지도 않은 경기에 온통 집중해 앞뒤가 전혀 보이지 않는다."

전설이 된 1985년 윔블던 결승전 3세트에서 심판은 챔피언십 포인트(매치포인트, 1점만 더 따내면 승리하는 상황—옮긴이)를 선언했다. 1만 3천여 명의 관중이 하나가 되어 환호성을 질러댔다. "내겐 아무것도 들리지 않았다. 물론 소리는 들렸지만 무슨 말을 하는지는 알 수 없었다. 관중석에서 '보리스!'라고 외쳐대는 소리조차 들리지 않았다." 베커는 결승전에서 승리했다. 그랜드슬램에서 6회, 윔블던에서 3회를 포함해 단식대회 타이틀을 49개나 땄다.

베커는 자신이 그처럼 많은 경기에서 이길 수 있었던 요인을 다음과 같이 설명했다.

"그럴 때면 나는 더 이상 심사숙고하지 않는다. 그저 모든 의식을 지워버리고 네트에 닿을 정도로 몸을 내던진다. 심판의 목소리도 들리지 않는다. 득점판도 보지 않고 직접 마음속으로 점수를 합산한다. 이처럼 무아지경의 상태가 절정에 달하면 내게는 오직 관중만 보일 뿐이다." 베커는 관중이 누구를 응원하는지는 신경 쓰지 않았다. "나중에는 경기할 때마다 눈앞에 벽이 보였다. 그때마다 나는 그 벽을 간신히 뛰어넘을 수 있었다. 집중력과 의지력이 있었기에 가능한 일이었다."

베커는 네 살부터 서른두 살까지 30여 년 동안 한 가지 목표에만 몰두했다. 어릴 때는 테니스 이외에 축구도 했다. 돌이켜보면 축구에도 테니스만큼 재능이 있었던 것 같다고 베커는 말했다. 그러나 아주 일찌감치 가장 중요한 목표 한 가지, 바로 테니스에만 집중했다.

빌 게이츠와 보리스 베커처럼 성공한 사람들을 보면 집중력이라는 단어에 2가지 의미가 있다는 것을 알 수 있다. 하나는 한 가지 목표에 수십 년 동안 집중할 수 있는 능력이다. 다른 하나는 다른 사물이 존재하지 않는다고 느낄 정도로 뭔가에 온통 몰두하는 능력이다.

한 가지에 몰입하면 전문가가 된다

집중한다는 것은 삶의 목표를 오랜 세월에 걸쳐 끈질기게 추구하는 것이다. 성공을 거둔 사람들 대다수가 한 가지 목표를 추구하는 데 온 삶을 바쳤다.

워런 버핏은 자신이 하는 모든 일에 집중한다. 버핏은 취미가 몇 가지 없지만 브리지 게임을 즐긴다. 한번은 빌 게이츠가 버핏에게 컴퓨터를 사면 마이크로소프트에서 가장 예쁜 여직원을 보내 사용법을 가르쳐주겠다고 했다. 하지만 버핏은 컴퓨터를 사봤자 어디에 쓰겠냐며 거절했다. 그러다 여자 친구가 인터넷으로 브리지 게임을 할 수 있다고 하자 마음을 바꿨다. 버핏은 브리지 게임을 하는 데 꼭 필요한 기능만 배우면 된다고 고집을 부렸다. 그 외에는 전혀 관심이 없었다. 세금 신고서 작성은 컴퓨터 없이 머리로 하면 된다고 했다. 단지 브리지 게임을 혼자 할 수 있다는 것 때문에 컴퓨터를 살 결심을 한 것이다.

버핏은 곧 엄청난 집중력으로 온라인 게임에 몰두했다. 그 무엇도 그의 주의를 돌리지 못했다. 어느 날 버핏이 방에 틀어박혀 컴퓨터 게임에 빠져 있을 때 박쥐가 날아들어 날개를 푸드덕거렸다. 버핏의 여자 친구는 "워런, 박쥐가 들어왔잖아!"라고 외쳤다. 하지만 그는 모니터에서 눈도 떼지 않고, "상관없어"라고 말할 뿐이었다.

버핏은 세계 브리지 챔피언십에서 두 번이나 우승한 섀런 오스버그에게 배웠다. 이후 오스버그와 함께 세계 브리지 챔피언십에 도전했다. 챔피언십을 한 번도 치러보지 않은 사람으로서는 극히 이례적인 일이었다. 테이블에 앉자마자 버핏은 주위로부터 자신을 완전히 격리한 듯했다. 방 안에 혼자 있는 것이나 다름없어 보였다. 다른 선수들은 그보다 훨씬 더 경험이 풍부했다. "그는 자신의 집 거실에 있는 것처럼 경기에 차분히 집중했다. 그러한 집중력으로 약점을 어느 정도는 상쇄할 수 있었다"고 한다. 연약해 보이는 태권도 선수가 체구 좋은 역도 선수도 힘들어할 만큼 높이 쌓인 벽돌을 깨부술 때의 집중력과 다를 바 없었다. 무술가들은 명상을 하면서 집중력을 연마한다. 집중력은 근력 부족 같은 신체적 약점을 보완할 수 있기 때문이다.

버핏은 처음 출전한 세계 브리지 챔피언십에서 결승전에 올라 모든 사람들을 놀라게 했다. 하지만 초인적인 노력을 기울인 만큼 대가도 컸다. 하루 반나절을 꼬박 경기에 집중한 그는 극도로 탈진해 결승전을 포기할 수밖에 없었다.

버핏은 어떤 일이든 대충 하는 법이 없었다. 고작 취미라도 마찬가지였다. 이케아 설립자 잉그바르 캄프라드는 한술 더 떴다. 그는 회사 임원이 무엇이든 취미 활동을 하는 것을 탐탁지 않게 여겼다. 회사에 집중하지 못할까 봐 우려한 것이었다. 캄프라드는 텔레비전 인터뷰에서 이렇게 말했다. "나는 열의 넘치는 우리 회사 임직원들이 회사와 관련 없는 관심사나 취미에 몰두하지 않기를 바란다."

취미 생활에 대한 의견은 엇갈린다. 우선 한 가지 일에만 집중해야 하며 다른 일에 시간을 너무 많이 허비하면 목표를 달성하는 데 도움이 되지 않는다는 것이다. 반면 목표와 관련 없다 하더라도 관심사나 취미를 가지면 버핏이 브리지 게임을 했던 것처럼 에너지를 재충전하고 새로운 시각을 얻을 수 있다는 의견도 있다.

독일 축구팀을 연구한 스포츠 심리학자는 정상급 운동선수들에게 푹 빠져들 만한 것을 하나 만들라고 조언했다. 그렇게 하면 엄청난 정신적 스트레스에서 벗어날 수 있고, 스트레스를 극복해야 선수 생활을 지속할 수 있다는 것이었다. 다른 활동에 몰두하는 것이야말로 스트레스에서 벗어날 수 있는 가장 효과적인 방법이라는 것이다.

몰입 상태(flow state)라는 말이 있다. 한 가지에 집중함으로써 주위로부터 차단되는 것을 말한다. 성공한 사람들은 남들보다 더 오래, 더 철저히 몰입 상태에 머무는 능력을 가지고 있다.

보통 사람들은 한 가지에 80퍼센트의 집중력을 발휘할 수 있다. 일을 하거나 공부할 때도 마음 한구석에는 나중에 할 일, 오늘 일찍 끝마치지 못한 일, 어제 있었던 일을 생각한다. 이런 사람들은 잠재력의 30~40퍼센트만 발휘할 수 있다. 그 때문에 집중할 수 있는 능력은 성공하는 데 결정적인 전제 조건이다.

작가들도 정신이 산란할 때는 좋은 글을 쓸 수 없다. 글을 잘 쓰려면 글을 쓰는 데만 집중해야 한다. 전화 통화나 이메일, 동료들의 방문으로 주의가 분산되지 않도록 하라. 물론 소방대나 응급 구조 일을 하면 끊임없이 사람들을 상대해야 한다. 하지만 집이 통째로 불타거나 누군가 과다 출혈로 죽는 경우를 제외하고는 몇 시간 동안 전화를 받지 않는다고 해서 큰일이 일어나지 않는다.

축구선수가 공을 차다 말고 사이드라인으로 뛰어가서 세무사의 전화를 받는다면 어떨까? 축구선수는 경기에 이겨야 한다는 한 가지 목표에 100퍼센트 집중한 다음에 세무사와 통화를 한다. 성공을 거둔 사람들은 누구나 이렇게 행동한다.

우리는 휴대전화와 이메일의 발달로 정보 과부하 시대에 살고 있다. 목표를 달성하기에 적합한 환경을 조성하는 것이 무엇보다 중요한 이유가 여기에 있다. 결국 2가지 중 하나를 선택해야 한다. 자신이 목표와 업무 우선순위를 직접 결정하든가, 다른 사람에게 명령을 받든가, 둘 중 하나다. 하지만 직원이라 해도 업무의 우선순위나 자신에게 맞는 작업 리듬을 재정립할 수 있다. 가장 중요한 것은 여러 작업을 동시에 할 수 있는 멀티태스킹 능력이 아니라 결과물이라는 점을 잊지 말자.

목표를 달성하는 데 가장 중요한 요인을 파악하고 나면 거기에 철저히 집중해야 한다. 선천적으로 집중력을 타고나지 않은 사람도 후천적으로 습득할 수 있다. 우리는 주의가 분산되어 일의 우선순위를 잊어버리고 사소한 일에 몰두하는 경향이 있다. 가끔은 한 걸음 물러나 자신의 삶을 찬찬히 돌이켜볼 필요가 있다. "목표에 가까이 다가가는 데 도움이 되는 중요한 일을 하고 있는가?" 또는 "결과적으로 성공하는 데 별 도움이 되지 않는 활동에 시간을 낭비하고 있지 않은가?"라고 자문해봐야 한다.

집중할 수 있는 사람만이 더 큰 목표를 이룰 수 있다. 이때 집중한다는 것은 한두 가지 목표에 오랜 기간 언제나 100퍼센트 전념한다는 의미다.

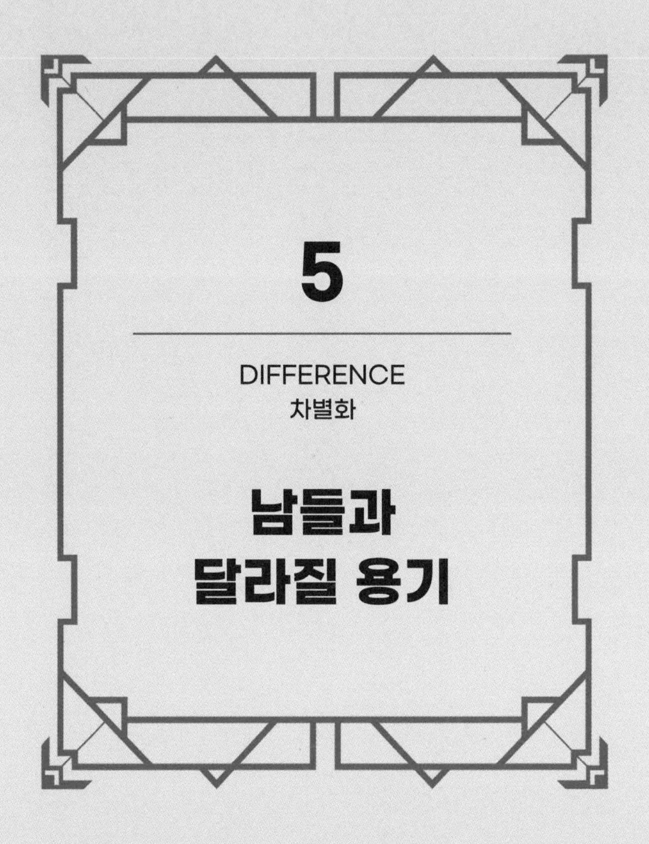

5

DIFFERENCE
차별화

남들과 달라질 용기

다르게 생각하고 다르게 행동하기

놀라운 성공을 거둔 사람은 한 번도 성공해보지 못했거나 미미한 성공만 거둔 사람들과 확실히 다르다. 대부분의 사람들과 똑같이 생각하고 행동한다면 그 정도의 삶에 머무를 뿐이다. 더 큰 성공을 거두려면 남들과 다르게 생각하고 행동해야 한다. 한마디로 남들과 달라질 수 있는 과감함이 필요하다.

대세를 거스르는 용기, 통념에 의문을 제기하는 용기가 필요하다. 왜냐하면 새로운 발상이나 혁신은 다음의 네 단계를 거치기 때문이다. 첫째, 처음에는 무시당한다. 둘째, 조롱당한다. 셋째, 극심한 반대에 부딪힌다. 넷째, 마침내 자명한 것으로 받아들여진다.

성공한 사람들은 남들과 다르게 생각하고 행동하는 용기가 있었다. 워런 버핏, 조지 소로스, 알왈리드도 통념에 저항한 사람들이다. 이들은 경기순환 주기의 흐름을 거슬러서 투자해 큰 성공을 거뒀다. 이번 장에서는 남다른 용기를 보여준 여성을 2명 소개할 것이다. 이들은 각기 다른 시대에 살았고 성격도 달랐다. 하지만 한 가지 공통점을 가지고 있었다. 바로 남들과 달라질 수 있는 용기였다.

대표적인 여성은 프랑스의 패션 디자이너 코코 샤넬이다. 1883년 그녀는 떠돌이 행상이었던 미혼모의 딸로 태어났다. 두 살에 어머니가 세상을 떠나고 샤넬은 고아원에서 자랐다. 원래 이름은 가브리엘이었는데, 여가수 시절에 부른 '코코리코(Ko Ko Ri Ko)'와 '누가 코코를 보았는가?(Qui qu'a vu Coco?)'라는 노래 제목에서 코코라는 예명을 따왔다. 그러나 그녀의 가수 생활은 실패로 끝났다.

1906년부터 1910년까지 샤넬은 콩피에뉴 지방의 루아얄리외에서 살았다. 이때부터 친구들을 위해 여성용 모자를 디자인하다 상점을 열었다. 연인이었던 영국의 부유한 광산업자 보이 카펠에게 가게 보증금을 빌려서 파리에 첫 번째 의상실을 열었다. 5년 후에는 재봉사 300명을 둘 정도로 성공해 카펠에게 진 빚을 모두 갚았다. 그제야 진정으로 독립하고 자유를 얻은 것이다.

20년 후 샤넬은 종업원 4천 명을 거느리며 세계 각국에 고급 의상을 판매하는 디자이너로 우뚝 섰다. 1955년에는 '가장 영향력 있는 20세기 패션 디자이너' 상을 받았다. 이것은 패션계의 아카데미상이었다. 또한 〈타임〉 선정 '가장 영향력 있는 20세기 인물'에 패션 디자이너로는 유일하게 이름을 올렸다. 1921년 샤넬이 만든 샤넬 넘버5 향수병은 현재 뉴욕 현대미술관(MoMA)에 영구 전시되어 있다.

샤넬의 디자인은 획기적이었다. 그녀는 기능에 초점을 맞춰 선이 깔끔하고 장식 없는 스타일을 창조했다. 전기 작가는 그녀의 업적을 이렇게 평가했다. "사상 최초로 요란스럽고 일시적인 유행과 거리가 멀고, 그러한 기존 유행을 본질적으로 타파하는 혁명이 여성 복식에서 일어났다."

1920년대 샤넬은 리틀 블랙 드레스(little black dress)를 만들었다. 상복에만 사용되던 검은색을 여성의 일상복에 적용한 것은 파격적인 혁신이었다. 샤넬의 트레이드마크인 트위드 정장은 세계 각국의 전문직 여성들 사이에서 일종의 제복이 되었다. 그녀의 디자인은 모든 관습을 타파하면서도 시대정신을 완벽하게 반영했다. 샤넬은 이렇게 말했다. "창의력은 예술적인 재능이다. 디자이너와 동시대의 합작으로 창의력이 발휘된다."

무릎에서 10센티미터 내려오는 샤넬 라인 스커트는 처음에 너무 짧다며 논란의 대상이 되었다. 그녀는 여자들에게 바지를 입혔고 발목에 끈이 달린 구두를 신겼으며 편직물 수영복을 내놓았다. 게다가 부드러운 저지(jersey) 천으로 옷을 만들어 여성의 몸매를 드러냄으로써 다시 한 번 금기를 깨뜨렸다.

얼마 지나지 않아 샤넬 스타일을 모방한 제품들이 나타나기 시작했다. 다른 디자이너라면 격분했겠지만 샤넬은 오히려 반겼다. 다른 사람들이 모방한다는 것은 인기를 입증한다는 의미이기 때문이었다. "창조물은 그 모습을 드러내는 순간 익명성을 띠게 되어 있다. 머릿속의 아이디어를 모두 실현할 수는 없기 때문에 다른 사람들이 그 아이디어를 구체화하는 것을 보면 매우 기쁘다. 어떨 때는 내 것보다 더 훌륭한 디자인도 있다. 누가 모방할까 봐 두려워하는 것은 나태함, 상상력이 부족한 취향, 창조에 대한 신념 부족을 보여주는 증표다."

코코 샤넬은 남다른 사고와 행동을 할 수 있는 용기 덕분에 그만큼 성공할 수 있었다. "문화나 학식에 영향을 받지 않고 과거에 구애받지 않는" 용기였다. "그녀의 창조 행위는 체제 전복적이었다." 모든 관습과 통념에 저항하던 샤넬은 다른 사람보다 일찍 시대정신을 감지했다. "선배 디자이너들은 재단사들처럼 매장 뒤편에 숨어 있었다. 하지만 나는 현대적인 삶을 영위했다. 내 옷을 입는 고객들과 취미, 취향, 욕구를 공유했다."

일반적 평판에 휩쓸리지 마라

현대적인 삶을 영위하고 과감히 남들과 다른 행동을 한다는 코코 샤넬의 좌우명을 실천한 여성이 있다. 샤넬보다 75년 뒤에 태어난 마돈나는 3억 8천만 장의 음반을 판매해 세계에서 가장 큰 성공을 거둔 팝가수로 꼽힌다. 그러나 그녀는 단순히 팝가수에 그치지 않았다. 2007년 6월 〈포브스〉는 '세계에서 가장 영향력 있는 인물' 3위로 마돈나를 선정했다. 전해에 마돈나는 7,500만 달러를 벌어들였다.

마돈나는 압도적인 음악적 재능으로 성공을 거둔 것이 아니다. 가수 활동 초기에 마돈나와 함께했던 매니저 카밀 바본은 이렇게 말했다. “마돈나는 간신히 곡을 쓰거나 기타를 칠 수 있는 정도였다. 물론 가사를 쓰는 감각은 뛰어났다. 하지만 중요한 점은 그녀의 성격이었다. 무엇보다 그녀는 무대 매너가 탁월했다.”

마돈나가 노래할 때 반주를 담당했던 앤서니 잭슨은 이렇게 말했다. “마돈나도 자신이 뛰어난 가수가 아니라는 것을 잘 안다. 하지만 마돈나는 곡을 소화할 줄 안다. 자기만의 스타일이 있고 좋은 곡을 선택하는 안목이 있다. 그리고 그 곡을 제대로 표현하는 방법을 안다.” 앤드루 로이드 웨버가 작사 작곡한 뮤지컬을 영화화한 〈에비타〉에서 주인공을 맡은 마돈나는 3개월 동안 노래 교습을 받았다. 웨버가 오케스트라 반주에 맞춘 라이브로 사운드트랙을 녹음하라고 요구했기 때문이다. 이 영화에서 부른 ‘유 머스트 러브 미(You Must Love Me)’로 마돈나는 1997년 아카데미 주제가상을 받았다.

노래 교습을 받던 1995년 가을에도 마돈나는 이미 세계에서 가장 유명하고 가장 큰 성공을 거둔 뮤지션이었다. 그녀가 그만큼 성공할 수 있었던 까닭은 현대 여성의 꿈과 자각을 구현했기 때문이다. 마돈나는 급진적인 페미니스트라는 이미지에 자부심을 느꼈다. 하지만 그녀는 남자를 적대시하는 페미니스트와는 완전히 다르다. 그녀는 여성적이고 성적 매력을 가짐과 동시에 강인하고 호전적이며 자신만만하다. 마돈나는 어떤 유형으로도 분류할 수 없는 인물이다.

관습적인 성 역할을 거부한 마돈나는 여성의 꿈과 욕망을 구현한 본보기가 되었다. 케이 터너(Kay Turner)는 《나는 마돈나를 꿈꾼다(I Dream of Madonna)》에서 마돈나를 동경하는 여성들을 소개했다. 책에서는 다양한 연령층과 사회 배경을 가진 여성들이 마돈나가 자신들에게 어떤 의미가 있는지 이야기한다. 그녀는 해방가로, 투쟁하는 동지로, 요부로 다양하게 비쳐진다. 마돈나야말로 자신을 사로잡은 유일한 여성이라고 말하는 사람도 있다. 마돈나의 전기를 쓴 루시 오브라이언은 이렇게 말했다. "그녀는 다양한 모습으로 변신하는 여자였다. 무엇보다 그녀가 얼마나 널리 영향력을 미치는지 주목할 만하다."

1958년에 태어난 마돈나는 다섯 살에 어머니를 잃었다. 고등학교 때는 연극에 심취했고 무용수가 되려고도 했다. 미시간 대학교 무용과에 입학했으나 곧 자퇴했다. 계속 학교에 다니라고 설득하는 아버지에게 마돈나는 "내 인생은 내가 살 거니까 간섭하지 마세요!"라고 소리쳤다. 그러고는 스파게티 접시를 벽에다 던져버렸다.

마돈나는 30달러만 들고 뉴욕으로 갔다. 웨이트리스로 일하기도 하고 누드 사진 모델도 했다. "그녀는 닳고 닳은 여자애였다. 굶주린 배를 채우기 위해서라면 누구라도 따라갔을 것이다"라고 바본은 말했다. 그러나 마돈나는 "나 스스로 남들이 나를 이용하도록 허락했기 때문에" 착취당한다는 기분은 들지 않았다고 주장했다.

마돈나가 무엇보다 성취하고 싶었던 것은 유명세였다. "스타가 되기 위해서라면 무엇이든 했을 것이다. 그녀는 유명해져야 한다는 사명을 가장 중요시했다"라고 당시 DJ이자 그녀와 사귀던 마크 캐민스가 말했다.

그러나 무엇으로 명성을 얻을지는 마돈나 자신도 몰랐다. 열아홉 살에는 무용수로 인정받고 싶었다. 여배우로 성공하는 상상을 해보기도 했다. 그러다 마침내 음악이야말로 슈퍼스타의 위치에 오르는 직행 티켓임을 깨달았다. "음악은 명성을 얻을 수 있는 최상의 매개체다. 성공만 거두면 그 영향력은 목표물을 맞히는 총알만큼이나 강력하다"고 마돈나는 말했다.

마돈나가 가수를 시작한 지 얼마 되지 않았을 때 한 언론은 이렇게 말했다. "그녀는 멀리까지 내다보는 안목을 가지고 있었다. 자신이 어디로 가고 있는지 똑똑히 알고 있었다. 그녀의 결심은 극도로 확고했다. '탐욕은 선'이라는 1980년대 여피(yuppie) 정신과도 일맥상통했다." 인터뷰에서 마돈나는 어떤 제작자를 선택해야 할지, 어떤 시장을 공략해야 할지, 그리고 앞으로 어떤 사람과 작업하고 싶은지 말했다. 한마디로 "시대를 앞서 생각하는 사람이었다." 텔레비전 프로그램 〈아메리칸 밴드스탠드(American Bandstand)〉의 인터뷰에서 마돈나는 "나는 세계를 지배할 것이다"라고 말했다.

마돈나는 유명해지기 위해 일부러 도발적인 발언을 했다. 사람들의 격분을 불러일으키기 위해 공연 무대에서 성적인 상징과 종교적인 상징을 뒤섞었다. 가톨릭 교회는 마돈나의 콘서트를 가지 말라고 당부했지만 결과적으로 그녀를 도와준 셈이었다. 캐나다 경찰은 음란죄로 그녀를 구속하겠다고 으름장을 놓았다. 1992년 마돈나의 사진집 《섹스》가 출간되자 엄청난 논쟁이 일어났다. 한정판 100만 부가 발간되자마자 매진되었다. 마돈나의 사진집은 상업적으로 큰 성공을 거뒀을 뿐 아니라 언론의 주목을 받았다. 그러나 그녀의 팬들은 모욕감을 느끼고 마돈나의 무대를 멀리하기 시작했다. 인기가 바닥으로 추락했고, 마돈나는 유명해지려고 스캔들을 일으켰다는 비난을 받았다.

하지만 마돈나는 도발적인 행동으로 먹고사는 보통 연예인들과 달랐다. 그녀는 이길 가망도 없는 소모전을 벌이기보다 순순히 패배를 인정했다. 자신이 지나친 행동을 했다는 판단이 들 때마다 순진한 모습으로 공연을 펼쳐 주류 팬층을 달랬다. 1993년 걸리 쇼(The Girlie Show) 투어가 대표적인 예다.

마돈나는 고정된 이미지로 굳어지지 않기 위해 끊임없이 탈바꿈했다. 데뷔 앨범의 성공 이후 그녀는 완전히 다른 시도를 함으로써 음반사인 워너브라더스의 심기를 크게 거슬렀다.

2집 〈라이크 어 버진(Like a Virgin)〉의 드러머 지미 브랄로워는 이렇게 기억했다. "비슷한 스타일의 세 곡이 히트하면 다시 한 번 비슷한 스타일로 나아가게 마련이다. 실패하지 않는 한 바꾸지 말라는 것이 업계의 불문율이다. 그런데 마돈나는 대세를 거슬렀을뿐더러 대세를 꺾으려고 했다."

그녀는 데뷔 앨범의 펑크 스타일에서 완전히 탈피했다. 2집은 라디오 방송에서 자주 틀 만한 대중적인 싱글로 채웠다. 이후 마돈나는 재즈나 R&B를 가미했고 힙합에서 영감을 얻기도 했다. 비슷한 스타일의 음반을 계속 발표하는 것이 아니라 영국의 록 밴드 롤링 스톤스처럼 대중음악의 새로운 트렌드를 끊임없이 받아들여 자기 것으로 만들었다.

이런 전략을 택하려면 엄청난 용기가 필요하다. 라이브 공연 때마다 청중은 예전 히트곡을 부르라고 끈덕지게 요구했지만 마돈나가 그 요구를 받아들인 적은 거의 없다. 그녀는 언제나 도발과 주류를, 또한 최신 트렌드에 편승하는 행위와 기존 트렌드를 무시하는 전위적인 태도를 줄타기 곡예사처럼 오갔다. 마돈나는 다른 음악인의 노래를 '훔친다'는 비난을 자주 받는다. 또한 그 때문에 여러 차례 소송에 휘말리기도 했다. 하지만 그녀는 다양한 스타일을 자신의 노래에 적용하는 일을 멈추지 않는다. 성공한 아티스트의 스타일도 거리낌 없이 모방한다.

무엇보다 마돈나는 언제나 새로운 것을 적극적으로 배우려고 하며 같은 스타일을 계속 유지하지 않는다. 핑크 플로이드와 마이클 잭슨의 곡을 제작한 팻 레너드는 이렇게 말했다. "노래 코치와 나는 마돈나에게 톤을 낮추라고 요구했다. 다른 가수라면 그렇게까지 해야 하냐고 불평했겠지만 그녀는 순순히 따랐다."

그녀는 배우고 변신하며 발전하고 새로운 것을 시도했다. 그리고 관습과 금기를 깨는 데 열과 성을 다했다. 그렇기 때문에 가수 생활 내내 최고의 자리를 유지할 수 있었고, 동시대 그 어떤 여성보다 큰 성공을 거두었다. 그처럼 마돈나는 명성과 부를 얻겠다는 일생의 꿈을 이뤘다.

남들과 다른 행동을 하는 것을 두려워하지 않는 사람은 자신에게 닥친 위기와 문제도 다른 시각으로 접근한다. 다른 사람이라면 절망하고 두려워하는 상황에서도 절호의 기회를 발견하는 것이다. 이들은 일반적인 분위기에 휩쓸리지 않고, 남들과 다른 방식으로 일하는 것을 즐긴다.

대세를 거슬러라

중동의 워런 버핏으로 불리는 알왈리드 빈 탈랄(Al-Waleed bin Talal)도 남다른 시각으로 위기를 넘기는 데 탁월한 사람이다. 1957년 3월 사우디아라비아에서 태어난 그는 2019년에 152억 달러가 넘는 자산으로 세계에서 가장 부유한 50명 중 한 명이었다. 그는 부자가 되려면 대세를 거슬러 나아갈 용기가 있어야 한다는 것을 보여주는 인물이다.

알왈리드는 석유가 아니라 부동산 매매와 개발로 부를 얻었다. 1980년대 말 그는 사우디아라비아 리야드의 올라야 지구에서 개발되지 않은 어마어마한 면적의 땅을 발견했다. 당시 장신구와 전자제품을 파는 가게만 띄엄띄엄 있던 올라야 지구는 한적한 곳이었다. 알왈리드는 땅을 소유한 사람들을 접촉했는데, 그들은 제곱미터당 1,600달러나 불렀다.

1990년 이라크가 쿠웨이트를 침공하자 중동 지역 전체가 공포에 휩싸였다. 다음 침공 목표는 사우디아라비아가 될지도 모른다고 생각한 투자자들은 자본을 해외로 옮기기 시작했다. 부동산 가격도 폭락을 거듭했다. 그러나 알왈리드는 이때 올라야 지구에 점찍어 둔 땅을 제곱미터당 533달러에 살 수 있었다. 원래 부른 가격의 3분의 1이었다.

알왈리드는 부지의 30퍼센트를 사용해서 유럽, 중동, 아프리카를 통틀어 가장 높은 빌딩 킹덤센터(Kingdom Centre)를 지었고, 나머지 땅은 4년 후에 팔아 400퍼센트 수익을 남겼다. 알왈리드는 소유주들이 왜 그처럼 낮은 가격에 내놓았는지 이해할 수 없다고 말했다. "대체 무슨 생각으로 그랬을까? 미국이 이라크를 무찌르지 못하리라 생각한 걸까?"

알왈리드는 언제나 위기에서 투자 기회를 찾았다. 1990년대 초 당시 유럽에서 가장 규모가 큰 부동산 프로젝트 카나리 워프(Canary Wharf)가 영국 런던 동부에서 한창 진행되고 있었다. 그런데 불행히도 34만 제곱미터 남짓하는 사무용 빌딩 단지가 막 완공되었을 때 부동산 가격과 임대료가 폭락했다. 게다가 런던 동부는 인프라가 미비해서 16만 제곱미터나 되는 부둣가의 텅 빈 사무용 건물에 관심을 보이는 투자자가 없었다. 과감한 프로젝트를 시작한 폴 라이히만(Paul Reichmann)은 투자금 전액을 잃었다.

알왈리드 왕자는 카나리 워프 부동산 개발회사의 지분 6퍼센트를 사들였고, 라이히만을 이사회 회장에 임명했다. 4년 후 회사가 상장되었고, 2000년에 주가는 최고점까지 치솟았다. 2001년 1월 그는 원래 6,600만 달러에 사들였던 지분의 3분의 2를 2억 400만 달러에 매각했다. 매입 후 5년에 걸쳐 그는 연평균 47.7퍼센트의 수익을 거뒀다. 1990년대 후반에는 애플 컴퓨터와 루퍼트 머독이 소유한 언론사에도 투자했다. 두 회사 모두 재정난을 겪고 있었지만 알왈리드의 투자로 수억 달러를 벌어들였다.

1991년 알왈리드는 당시 주가가 폭락한 미국의 최대 은행 시티그룹을 매입했다. 그때까지 가장 큰돈을 쏟아부은 투자였다. 위기에 빠진 이 회사에 8억 달러를 투자한 그는 개인으로는 최대 투자자였다. 알왈리드가 매입한 주식의 가치는 10억 달러까지 치솟았으나 2008년 세계 금융위기가 닥치면서 급속도로 폭락했다.

합리적 의심을 습관화하라

대세를 거스르는 방법으로 큰돈을 벌어들인 사람으로 세계에서 가장 유명한 투자가 짐 로저스(Jim Rogers)를 빼놓을 수 없다. 로저스는 예일 대학교와 옥스퍼드 대학교에서 역사학과 철학으로 학위를 받고 1960년대 후반 월스트리트의 금융회사에 취직했다. 그는 미국 주식시장의 불황기에 부와 성공의 토대를 마련하는 데 성공했다.

로저스는 투자은행 안홀드 앤 블라이흐뢰더(Arnhold and S. Bleichroeder)에서 조지 소로스를 만나 그와 함께 퀀텀 펀드(Quantum Fund)를 설립했다. 오늘날에는 헤지펀드가 흔하지만 그 당시만 해도 퀀텀 펀드는 손에 꼽을 정도로 드문 헤지펀드 중 하나였다. 주식보다는 채권이 훨씬 더 인기 있었으며 대규모 원자재 투자나 외환 투자는 거의 알려지지 않았다. 더욱이 미국인 대다수는 국내 증권에만 투자하다시피 했으며 다른 나라의 금융 상품에는 관심이 없었다. 공매도(주가 하락을 예상하는 투자자가 남에게 빌린 주식을 팔고 주가가 떨어지면 싼값에 되갚아 이득을 내는 투자 기법—옮긴이) 역시 오늘날에 비하면 활성화되지 않았다.

로저스와 소로스는 기존의 규칙을 깨고 세계 각국의 주식, 원자재, 외환, 채권을 사들였으며 공매도 같은 투자 전략을 활용했다. 아무도 생각하지 못한 투자를 한 그들은 세계 곳곳에서 새롭고 흥미로운 시장을 발견했다.

로저스는 통념에서 벗어나 궁지에 처한 기업의 주식을 사들였다. 1970년대 후반에는 항공기 제조업체 록히드의 주식을 대량으로 매입했다. 은행가들과 투자자들이 모인 호화로운 만찬석상에서 한 명이 로저스가 록히드 주식을 사들인다는 소문을 들었다. 당시에 록히드와 관련된 갖가지 추문이 신문 1면을 장식하고 주가가 곤두박질치던 때였다. 그 사람은 큰 소리로 "그런 회사에 누가 투자하겠어요?"라고 말했다. 모든 사람들이 그 말을 듣고 웃음을 터뜨렸다. 로저스는 굴욕감을 느꼈다.

그러나 "마지막에 웃는 사람이 가장 오래 웃는다"는 격언이 다시 한 번 들어맞았다. 로저스는 록히드에 대해 철저히 조사해본 결과 긍정적인 전망으로 분석했다. 그의 예측은 적중했다. 록히드의 주가가 치솟았고 퀀텀 펀드는 막대한 이익을 냈다. S&P 500 지수가 47퍼센트 상승한 데 그쳤을 때 로저스와 소로스가 운영한 퀀텀 펀드의 수익률은 무려 4,200퍼센트나 뛰어올랐다. 로저스는 "다른 사람들이 당신을 비웃는다면 제대로 가고 있는 것이다. 당신을 비웃는 사람이 많을수록 옳은 결과를 낼 가능성도 커진다"고 말했다.

로저스는 이렇게 말했다. "젊었을 때는 대세를 거스르는 것을 딱히 즐기지 않았다. 그리고 소수파가 되려고 해도 모든 사람들이 잘못되었다고 말하면 점점 자신감을 잃었다." 로저스도 시장 전반의 공포에서 벗어나지 못한 적이 있다. 그는 이란과 이라크 전쟁이 발발하기 직전까지 원유를 공매도했다. 전쟁이 터져 유가가 폭등하자 그도 공매도를 청산했다. 하지만 그것은 실수였다. 나중에 유가가 폭락했던 것이다.

로저스는 점점 더 많은 경험을 쌓을수록 다른 사람들의 말에 덜 휘둘렸다. "나는 처음에 상황이 불리한 것처럼 보이더라도 내

입장을 고수하고 내가 옳다고 판단한 분석을 믿어야 한다는 사실을 깨달았다. 오늘날에는 정반대 상황이 펼쳐질 가능성이 크다. 모두가 갑자기 내 결정에 동의하면 그것이 옳은지 의심이 든다."

1980년대 〈타임〉은 로저스에게 '월가의 인디애나 존스'라는 별명을 붙여주었다. 대부분의 미국인들에게 알려지지 않은 해외 지역에 투자했기 때문이다. "나는 포르투갈, 오스트리아, 아프리카와 남미에서 주식을 매입했다. 미국 투자자 중 99퍼센트가 그런 시장이 있다는 것도 모른다. 독일에 투자하는 사람조차 드물었다. 나는 제너럴 일렉트릭(GE) 대신 지멘스 주식을 샀다. 그리고 그 결정도 옳았다."

1990년대 후반 신경제(new economy)가 정점에 이르렀을 때 월가의 일류 투자은행 메릴린치가 원자재 거래 부서를 없앴다. 인터넷 스타트업 투자 열풍이 한창이어서 원자재에 아무도 관심을 두지 않은 것이었다. 그러나 로저스는 오랫동안 원자재 시장에 관심을 가지고 있었다. 메릴린치가 원자재 거래를 접은 그해에 로저스는 오늘날 전 세계적으로 가장 널리 알려진 원자재 지수인 로저스 국제 원자재 지수(Rogers International Commodity Index, RCI)를 설립했다.

"인생의 성공과 주식시장에서의 성공은 변화를 예측할 수 있는 능력에 달려 있다"고 로저스는 말했다. 그는 공산주의의 몰락과 중국을 비롯한 신흥국들의 경제적 부상으로 원자재 공급은 지속적으로 감소하는 반면 수요는 어마어마하게 증가할 것이라고 판단했다. 1990년부터 1992년까지 2년에 걸쳐 세계일주를 떠난 로저스와 여자 친구는 오토바이로 6개 대륙에서 10만 마일(약 16만 킬로미터)을 달려 기네스북에 올랐다.《월가의 전설, 세계를 가다(Investment Biker Around the World)》에는 흥미진진한 여행기가 담겨 있다. 1995년 1월 1일부터 2002년 1월 5일까지 로저스는 아내와 다시 한 번 세계일주에 나섰고 이번에는 116개국에서 15만 마일(약 24만 킬로미터)을 달렸다.

젊은이들이 최고의 성공 비결을 물을 때마다 로저스는 역사와 철학을 공부하라고 말한다. "그렇게 말하면 젊은이들은 '저는 당신처럼 돈을 벌어 부자가 되고 싶어요'라고 대답한다. 그들은 경제학이 부자가 되는 데 도움이 된다고 믿는다." 그들의 순진함에 놀란 로저스는 이렇게 덧붙인다.

"나는 역사를 통해 모든 것이 항상 변화하며 흐름을 탄다는 사실을 깨달았다. 오늘날에는 30~40년 전만 해도 대부분의 사람들이 상상조차 하지 못했던 일들이 벌어지고 있다. 소련의 붕괴, 미국의 쇠퇴, 중국의 거침없는 부상, 인터넷을 누가 예상했겠는가? 변하지 않는 것은 끊임없이 변화한다는 사실뿐이다. 이러한 사실을 아는 것이 대학의 경제학 강의에서 가르치는 지식보다 투자자로 성공하는 데 훨씬 더 중요하다."

그는 철학도 아주 유용하다고 말한다. "철학은 내가 건전한 의심을 키우는 데 도움을 주었다. 언론과 전문가들이 뭐라고 지껄이든 모든 것을 액면 그대로 받아들여서는 안 된다. 통념과 지배적인 견해를 거스르더라도 스스로 생각하고 용기를 잃지 말고 자신의 신념에 따라 상황을 파악해야 한다."

2007년 12월 로저스는 뉴욕의 호화 저택을 1,600만 달러 넘게 매각하고 미국을 떠나 싱가포르에 정착해서 지금까지 살고 있다. 2013년 싱가포르에서 만났을 때 그는 19세기와 1920년대에 런던과 뉴욕이 그랬듯이 지금은 아시아가 가장 잘나가는 곳이라고 말했다. 그는 미래가 미국이나 유럽이 아닌 아시아에 있다고 내다보았다. 그는 60대에 낳은 두 자녀가 커서 중국의 표준어를 구사할 수 있으면 좋겠다고 말했다.

시도해보기 전에는 판단하지 마라

워런 버핏, 알왈리드, 조지 소로스 같은 투자자들은 위기와 시장 폭락을 최적의 기회로 삼았다. 다른 투자자들이 쓰라린 패배로 몸부림칠 때 이들은 승승장구했다. 주식시장이 폭락한 공황기만큼 주식을 사들이기 적당한 때는 없다. 버핏은 경영 전략이 괜찮은 회사를 점찍어 두었다가 그 회사 주가가 적당히 내려갔을 때 사들인다. 투자자들의 절망감이 커지고 전반적으로 불안감이 확산될 때 주주들은 가급적 빨리 주식을 처분하려 한다. 그러나 경기순환 주기를 거슬러 투자하는 법을 아는 사람들은 이때를 기회로 본다.

워런 버핏은 9·11테러와 같은 비극적인 상황에서도 기회를 찾았다. 버핏의 회사에서 보험 부문을 총괄하는 아지트 자인(Ajit Jain)은 9·11테러 이후 곧바로 테러 공격에 대비한 보험 상품을 판매하기 시작했다. 그렇게 해서 세계무역센터가 폭파되는 비극적인 상황에서 시장의 공백을 메웠다. 자인은 맨해튼의 록펠러센터와 크라이슬러 빌딩, 남미의 정유소, 북해의 석유 굴착 플랫폼, 시카고의 시어스 타워(지금의 윌리스 타워)에 테러 대비 보험을 판매했다. 또한 미국 선수가 올림픽 출전을 취소하거나 불참할 가능성에 대비하는 보험을 올림픽 운영위원회(IOC)에 판매했다. 솔트레이크시티 동계 올림픽과 월드컵도 버크셔 해서웨이의 보험에 가입했다.

버핏도 다른 미국인과 마찬가지로 테러에 충격을 받았다. 그러나 그는 사사로운 분노 때문에 사업적인 이해관계를 그르치지 않았다. 그는 이렇게 말했다. "위기에 현금과 용기를 결합하면 그 가치를 따질 수 없는 결과를 낼 수 있다."

미국의 대표적인 투자가이며 폴슨앤컴퍼니의 회장인 존 폴슨(John Paulson)도 버핏과 마찬가지로 남들과 다르게 생각했다. 미국인 대다수는 주택 가격이 끝도 없이 상승하리라 믿었다. 하지만 폴슨은 9·11테러 직후에 이미 부동산 거품이 어마어마하게 커지리라 예상했다. 저금리 대출이 시작된 때였는데, 폴슨은 그 거품이 터지기만을 기다렸다.

거품이 터지리라는 것을 예상한 사람은 그뿐만이 아니었다. 하지만 폴슨처럼 수익을 낼 방법을 강구한 사람은 없었다. 그는 부동산 거품이 터질 것에 대비해 어떤 금융상품에 투자할지, 투자 적기는 언제인지 고민했다.

폴슨은 먼저 부동산 개발회사의 주식을 공매도해서 주가 폭락을 통해 수익을 챙기려 했다. 그러나 이 전략이 실패하자 동업자와 함께 부동산 가격의 하락을 좀 더 직접적으로 활용할 방법을 찾았다. 그들이 선택한 방법은 CDS(어떤 채권의 부도 위험을 사고파는 파생상품—옮긴이)였다. 상환 불능 위험이 있는 서브프라임 모기지(비우량 주택담보대출)를 통합하여 보장 상품으로 판매한 것이다. 투자자 가운데 상환 불능 위험이 현실화되리라고 믿는 사람은 없었기 때문에 보험료는 말할 수 없이 적었다.

서브프라임 모기지 채권을 구매한 투자자들은 상환 불능 위험을 산정한 신용평가기관의 등급만 맹신했다. 그러나 폴슨은 그러한 등급에 현혹되지 않았다. 그는 과거 자료를 바탕으로 등급이 매겨졌다는 사실을 알고 있었다. 주택 가격이 계속 상승세에 있고 신용도가 낮은 서브프라임 모기지 대출자의 비중이 훨씬 더 적을 때를 기준으로 채권 등급이 산정되었다는 것이다. 그러한 자료로는 미래를 정확하게 예측할 수 없었다.

그러나 폴슨은 부동산 거품 붕괴의 위험에 투자하려는 투자자를 찾기가 쉽지 않았다. 대부분의 투자자들은 경기순환 주기와 반대로 투자하려 하지 않았다. 물론 당연한 일이다. 모든 투자자들이 역으로 베팅해도 모순이 발생하기 때문이다. 우여곡절 끝에 간신히 자금을 모은 폴슨 앞에 또 하나의 문제가 나타났다.

시장 투자자들이 서브프라임 모기지의 상환 불능 위험을 인식해 CDS의 가격이 올라야 하는데, 반대로 계속 하락한 것이다. 투자자들 상당수가 그의 전략에 의구심을 가지며 투자금을 돌려달라고 요구했다.

폴슨은 동요하지 않고 모기지 시장을 조사해 신용등급이 낮고 위험도가 높은 상품을 찾았다. 낙관주의자들이 기피하는 상품만 찾아다닌 것이다. 그는 미국 부동산 시장을 연구하는 데 많은 시간을 들인 결과 투기와 수상한 모기지 대출 관행으로 주택 공급 물량이 사상 최대치에 이르렀다는 사실을 깨달았다.

미국의 은행들은 소득이나 자산이 없는 사람들까지 무분별하게 대출을 내줬다. 심지어 소득 증빙 자료를 요구하지 않은 경우도 있었다. 대출 초기 2년 동안 서브프라임 모기지 이자율은 매우 낮게 유지되다가 이후부터 급격히 상승했다. 이것은 시중금리가 낮고 주택 가격이 계속 상승할 때만 수익을 낼 수 있는 위험한 도박이었다.

폴슨은 이러한 현상이 그리 오래가지 못하리라 생각했다. 머잖아 대출을 받은 사람들 대부분이 원금을 상환할 수 없는 상황에 빠지리라 확신했다. 폴슨의 예측은 들어맞았다. 부동산 거품이 붕괴되면서 세계적인 금융위기와 경기 불황이 닥쳤다. 폴슨의 펀드에 투자한 사람들은 위기에도 200억 달러를 벌어들였다. 반면 대다수 투자자는 사상 유례없는 재앙으로 크나큰 타격을 입었다. 폴슨 자신은 총수익 가운데 20퍼센트인 40억 달러를 벌었다. 금융 역사상 최대 규모의 거래였다.

다른 사람들이 위기라고 생각한 것에서 기회를 발견하려면 특별한 정신력이 필요하다. 통념을 거스르는 행동을 할 용기가 있어야 하는 것이다. 자신의 전략을 제아무리 확신하는 사람이라도 어느 시점에는 그 전략이 과연 옳은지 의구심을 품는다. 대다수 사람들의 생각이 맞을까? 아니면 내가 무언가에 너무 집착한 나머지 결함을 발견하지 못하는 것은 아닐까? 다른 투자자들이 눈치채지 못한 것을 나만 알 수 있을까?

성공한 기업가와 투자자들은 대세를 거스르는 용기를 지녔다. 하워드 슐츠도 스타벅스를 전국적으로 확대할 계획을 세울 때 비현실적이고 무리한 것은 아닐까, 수도 없이 자문했을 것이다. 아니나 다를까 "첫날부터 스타벅스는 역경에 부딪혔다"고 그는 말했다. 1970년대 초 스타벅스의 본거지인 시애틀은 극심한 경기침체에 빠졌다. 시애틀 최대 기업 보잉은 너무도 큰 손실을 입고 10만 명 규모이던 인력을 3년 동안 3만 8천 명으로 감축했다. 시애틀을 떠나는 사람들도 많았다.

스타벅스 1호점이 문을 열었을 때 공항 근처에 세워진 광고판에 "마지막으로 시애틀을 떠나는 사람은 과연 전등을 끄고 갈까?"라는 우스갯소리가 쓰여졌을 정도였다.

모든 점에서 커피 체인을 시작하기에 불리한 시기였다. 미국 내 총 커피 소비량은 10년 내내 감소하고 있었다. 스타벅스 설립자들도 시장조사를 했다면 낙담했을 것이다. 그러나 그들은 시장조사에 관심도 없었고 자신들의 아이디어가 실패로 끝나리라는 생각조차 하지 않았다.

물론 자신이 세운 목표의 장점과 단점을 가늠해볼 필요는 있다. 하지만 직접 시도해보지 않고서는 그 계획이 성공할지 실패할지 결코 알 수 없다. 시도해보고 실패하는 것이 시도조차 하지 않는 것보다 훨씬 낫다. 시도하지 않는 사람은 이미 실패한 것이나 다름없다.

불리한 환경에서도 유리한 기회를 찾을 수 있다. 1990년대 후반에 불어닥친 인터넷 열풍 속에서 우뚝 솟아오른 구글을 살펴보자. 당시 많은 사람들이 가상공간의 시대가 닥칠 것이라고 예측했다. 매일 신생 기업이 생겨났지만 대다수가 거액의 손실을 입었다. 2000년 구글이 설립된 지 18개월쯤 뒤에 IT 창업 열풍이 수그러들었다. 시장의 반응은 좀 더 요란스러웠다. 인터넷과 관련된 것이라면 무엇이든 위험한 사업으로 간주되었고, IT의 산실인 실리콘밸리의 기업은 대대적인 인원 감축에 들어갔다. 다행히 구글 설립자 래리 페이지와 세르게이 브린은 만연한 불안감에 휩쓸리지 않았다.

두 사람은 이러한 위기를 절호의 기회라고 생각했다. 최정상급 인재를 적당한 연봉을 주고 채용할 수 있는 기회 말이다. 구글과 같은 신생 기업이 채용하기에는 연봉이 너무 높은 소프트웨어 기술자와 수학자들이 갑자기 구글에 몰려들었다. 가장 우수하고 똑똑한 인재들만 채용한 구글은 상상조차 할 수 없는 속도로 성장했다.

성공한 사람은 다른 사람의 의견을 과감히 묵살할 수 있을 정도로 자신감에 넘친다. 물론 통념에 위배되는 행동을 하면서 더 큰 자극을 느끼기도 한다. 극심한 위기 상황에서 누구나 두려워하고 절망할 때도 그들은 용기를 내어 기회에 집중한다.

어떤 사람들은 남들과 다르게 생각하거나 행동하지 않으려고 한다. 성공한 사람 가운데 사회관습과 통념에 순종한 사람은 거의 없다는 사실에서 용기를 얻어보자. 반면 남들이 뭐라고 하든 신경 쓰지 않는다고 말하는 사람도 있다. 나는 그런 말도 믿기 어렵다. 그 누구도 다른 사람의 의견에 철저히 신경 쓰지 않을 수는 없다. 단지 거부하거나 비난을 감당할 뿐이다. 하지만 대부분의 사람들이 그러지 못한다. 자존감이 부족해서 그럴 수도 있다.

성공하지 못한 다수의 의견을 따른다면 당신도 그들처럼 계속 성공을 거둘 수 없을 것이다. 다른 이와 똑같이 생각하고 행동하면 그 사람 정도밖에 성취할 수 없다. 다수보다 높은 목표를 달성하려면 독자적으로 생각하는 법을 익혀야 한다. 그래야만 독자적으로 행동하고 남들보다 더 많은 것을 이룰 수 있다.

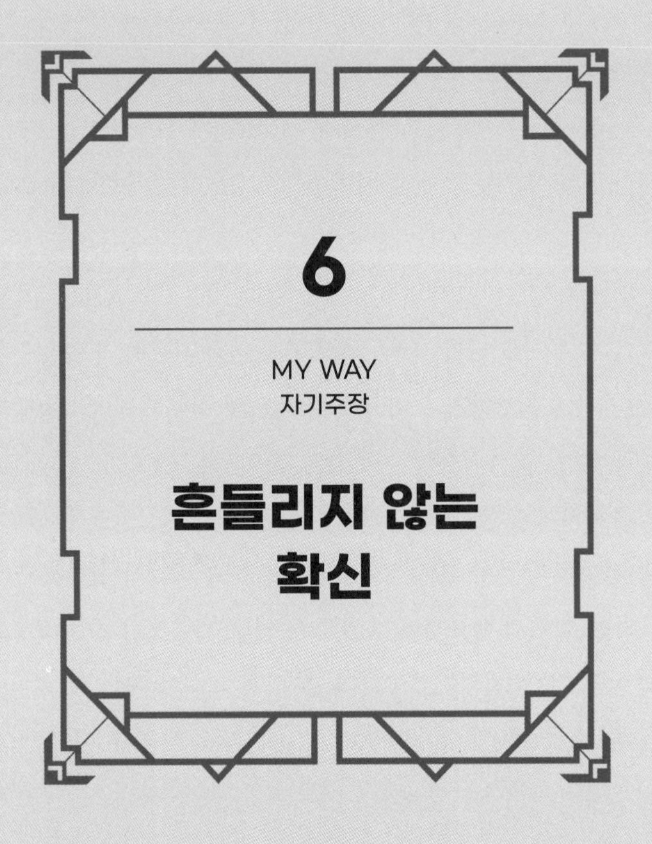

6

MY WAY
자기주장

흔들리지 않는 확신

의견 충돌을 두려워하지 마라

논쟁을 좋아하는 사람이 있을까? 말썽꾼이라는 악명을 얻고 싶지 않고서야 가급적 논쟁을 피하려고 한다. 논쟁에는 시간과 에너지가 들기 때문에 우선 논쟁할 가치가 있는 사안인지 스스로에게 물어봐야 한다. 그러나 어떻게든 논쟁을 피하려고만 든다면 당신이 바꿀 수 있는 일은 없다.

경영자는 2가지 유형으로 나뉜다. 먼저 다정하고 조화를 추구하며 전 직원이 모든 일에 한마음으로 동조해주길 바라는 경영자가 있다. 이런 사람은 임직원 모두가 자신을 좋아하길 바란다. 반면 냉정하고 성공 지향적이며 변화와 전진을 위해서라면 엄청난 갈등이 일어나도 기꺼이 무릅쓸 각오가 된 경영자가 있다.

GE의 전 회장 잭 웰치는 대표적인 후자였다. 1981년부터 2001년까지 GE의 최고경영자로 20년간 재직하는 동안 회사 매출을 270억 달러에서 1,300억 달러로 신장시켰다. 같은 기간 회사의 연간 이윤은 600퍼센트 급증하여 117억 달러에 달했다. 2000년 후반 GE는 시가총액 4,750억 달러로 기업가치가 세계에서 가장 높았다. 웰치는 최고경영자가 된 후 GE의 40만 인력을 25퍼센트 감축했다. 이런 경영 스타일은 엄청난 논쟁과 도전을 불러일으켰다. 1999년 미국의 경제 전문지 〈포춘〉이 '세기의 경영자'로 선정한 잭 웰치의 경영 원칙을 한번 살펴보자.

웰치의 가장 두드러진 특징은 상대가 누구라도 맞붙어 논쟁하는 것을 두려워하지 않았다는 점이다. 물론 논쟁 자체를 좋아한 것은 아니었다. 하지만 그는 GE라는 거대하고 경직된 기업을 계속 이끌어나가려면 기업 전체를 구조적으로 뜯어고치는 것 외에 달리 방법이 없다는 사실을 깨달았다. GE가 미래에도 살아남으려면 특수 이익단체의 영향력, 족벌주의, 지나친 관료주의, 나태함과 맞서 싸워야 한다고 믿었다.

최고경영자에 오른 웰치는 엘펀 소사이어티(Elfun Society)에 연설자로 초청받았다. 이것은 GE의 야심만만한 사무 관리직 종사자들로 구성된 자원봉사 단체였다. 그 자리에서 웰치는 충격적인 말로 연설을 시작했다.

"이곳에서 연설할 기회를 주셔서 감사합니다. 오늘 밤 솔직한 제 생각을 말씀드리겠습니다. 일단 제가 여러분이 속한 이 조직에 상당한 의구심을 느낀다는 점을 말씀드리고 싶습니다." 웰치는 완곡하게 돌려 말하는 사람이 아니었다. 그는 시대에 뒤떨어진 엘펀 소사이어티를 지지할 수 없다고 말했다. 웰치가 연설을 마쳤을 때 GE의 엘리트들은 할 말을 잃었다.

웰치는 원을 3개 그리고 각각의 원이 GE의 핵심 사업 부문을 뜻한다고 설명했다. 3개의 원 밖에 있는 부문은 오랜 전통을 자랑하며 직원 수가 많은 부서일지라도 구조조정, 매각 또는 폐쇄 대상이라고 했다. 소형 가전제품, 냉난방 장치, 텔레비전, 오디오 제품, 반도체 제조 부문이 여기에 속했다. 이 모든 부문은 장기적으로 볼 때 아시아 기업과의 경쟁에서 살아남을 수 없다는 것이 웰치의 생각이었다. 이런 부문에 속한 임직원들은 격분했다. "우리 부문이 전염병 수용소라도 된다는 건가? 내가 이런 꼴을 당하려고 GE에 들어온 게 아니야." 웰치는 최고경영자가 된 직후 2년간 71개 부문과 제품 라인을 매각해서 생산성을 대폭 높였다. 보통의 경영자라면 격렬한 반대를 무릅쓰면서 급격한 개혁을 추진하지 않았을 것이다.

웰치가 가전제품 부문을 매각하자 분노한 직원들의 항의 편지가 쇄도했다. "이메일이 있었다면 회사 서버가 다운되었을 것이다"라고 웰치는 회고했다. 편지는 모두 비슷한 내용을 담고 있었다. "당신이란 사람은 대체 뭐요? 이런 짓을 할 정도면 무슨 일이든 서슴지 않을 사람이군요."

5년 동안 웰치는 수익이 낮은 부문에서 11만 8천 명을 해고했다. "직원들은 불투명한 미래를 피해보려고 안간힘을 썼다"고 웰치는 말했다. 그는 피하지 않고 당당히 직원 25명과 격주마다 원탁회의를 가졌다. "더 적은 사람으로 더 큰 성과를 내려면 게임의 규칙을 바꿔야 했다. 나는 최고의 인재만이 회사에 남아야 한다고 주장했다.”

웰치가 맞서야 하는 상대가 GE 임직원만은 아니었다. 노조 위원장들, 시장, 정치가도 웰치를 압박했다. 당시 매사추세츠 주지사는 웰치에게 GE가 매사추세츠주에서 사업을 더 활발히 하기를 바란다고 말했다. 그러자 웰치는 이렇게 대답했다. “주지사님, GE가 매사추세츠에서 새로운 사업을 벌일 일은 절대 없을 겁니다.” 당시 GE 사업장 가운데 매사추세츠주 린 공장의 노조만 GE가 전국적으로 체결한 노동협약을 받아들이지 않고 있었다. “굳이 문제를 일으키는 지역에 일자리와 돈을 투입할 이유가 있겠습니까? 일자리와 돈을 투자할 가치가 있는 사람들이 일하는 지역에 공장을 세우면 되니까요.”

〈포춘〉은 ‘미국에서 가장 무자비한 경영자 10인’에 웰치를 1위로 선정했다. 그를 다룬 특집기사에서 GE 직원들은 익명으로 이렇게 말했다. “웰치 밑에서 일하는 것은 일종의 전쟁이다. 총알받이가 되는 사람이 많았으며, 살아남더라도 곧바로 다음 전투에 나가야 했다.” 웰치의 질문 공세는 신체적인 공격과 맞먹는다고 말한 직원도 있었다. 반면 그가 칭찬에 후하며 유능한 직원에게는 상응하는 보너스를 준다고도 덧붙였다.

웰치는 자신의 무자비한 전략을 비판하는 소리에 일일이 반박했다. 심지어 자서전에서 이렇게 말하기도 했다. “나는 그대로 둬봤자 제대로 해낼 수 없는 사람들 때문에 고민하지 말았어야 했다. 지나치게 머뭇거렸다. 오랜 세월이 지나서야 그 사실을 깨달았다. 진작에 구조조정을 단행하고, 취약한 사업 부문은 좀 더 빨리 팔았어야 했다."

웰치는 회사의 가치를 공유하지 않으려는 직원들도 가차 없이 대했다. 제아무리 좋은 성과를 거두더라도 그냥 넘어가지 않았다. 그는 다른 중역들에게 그런 직원한테는 직접적으로 해고를 통보하라고 했다. "찰스가 개인 사정으로 퇴사했네. 가족과 좀 더 많은 시간을 보내고 싶다더군"과 같은 구실을 대지 말라는 것이었다. 어떤 직원이 회사의 가치를 실현하는 데 동참하지 않아서 해고했다고 솔직히 말하라고 조언했다. "찰스를 대체할 직원은 그와 다르게 행동할 것이다. 회사의 가치를 실현하는 데 적극적으로 동참하지 않던 직원들도 앞으로는 다르게 행동하리라 믿는다."

웰치는 회사에 대해 이런저런 불평만 늘어놓고 자신의 가치를 충분히 인정해주지 않는다고 투덜대는 직원들을 두고 보지 않았다. 직원이 이런 식으로 행동하는 것은 상사의 책임이라고 했다. 그는 특권의식을 조장한 당사자들에게 이렇게 말했다. "특권의식을 심어준다면 직원들은 퇴보할 뿐이다. 그런 직원들은 상사가 자기 밑에서 일하는 줄 안다."

또한 웰치는 물러터진 경영자에게는 "당신은 사교클럽이나 심리상담소가 아니라 회사를 운영하는 사람이다"라고 충고했다. 그는 가급적 빨리 기업문화를 바꾸라고 촉구했다. 그리고 주장을 굽히지 말라고 권고했다. "당신이 특권의식을 없애면 고통에 찬 비명 소리가 들릴 것이다. 실제로 당신이 좋아하고 아끼는 직원들이 항의하며 회사를 떠날 수도 있다. 그러한 타격도 감수해야 한다. 떠나는 직원들에게는 행운을 빌어줘라."

웰치는 다른 것보다 소통하는 문화가 필요하다고 강조했다. 그런 문화가 조성되면 모든 직원들이 회사에서 바라는 것이 무엇인지 깨닫고 자신이 제대로 성과를 거두고 있는지 알 수 있다. 많은 기업이 "거짓된 친절함과 가짜 낙관주의로 냉정하고 긴박한 메시지를 완곡하게 표현"하는 실수를 저지른다.

너무도 많은 경영자들이 "유능하지 못한 직원에게 그동안 얼마나 형편없는 성과를 냈는지 당당히 말하지 못하다가 나중에 불만이 폭발해서 그 직원을 해고한다." 성과가 좋지 못한 직원들에게 솔직히 말하지 못하는 것을 자신이 너무 친절하거나 점잖은 탓이라며 오히려 자랑스럽게 여긴다. 이런 경영자들은 자기 생각을 관철하려 하지 않거나 할 수 없다. 논쟁을 피하는 것이 싸워 이기는 것보다 쉽기 때문이다. 맞서 싸우면 시간과 에너지가 들고, 논쟁의 결과를 알 수 없으니 상당한 위험이 따른다.

조화를 이루고자 하는 것은 바람직하다. 하지만 지나치게 조화를 갈망하는 것은 두려움 때문이다. 자존감이 낮은 사람은 다른 사람들이 불쾌해할까 봐 의견 충돌과 반목을 하지 않으려고 한다. 이들은 논쟁에서 이길 자신이 없으니 논쟁 자체를 회피한다. 하지만 그 자체로 이미 패배한 것과 같다. 게다가 자기 의견을 고수하거나 직접 대결하려고 하지 않기 때문에 다른 사람들에게 존경받지도 못한다.

이런 사람은 위계질서가 있는 기업에서 경영자가 되지 못한다. 어떻게든 대결을 피하고 조화만을 중시하는 사람에게 누가 경영권을 맡기겠는가? 게다가 경영자가 다른 사람의 호감을 사는 데만 열중한다면 기대에 못 미치는 직원들을 제대로 평가할 수 있겠는가?

그렇다면 원래 그런 성격을 타고난 사람은 어떻게 해야 할까? 우선 성격부터 고쳐야 한다. 그런 다음 논쟁과 대결에 적극적으로 나서라. 그리고 여러분의 약점을 보완할 수 있는 중간관리자를 영입해서 직접 처리하기 껄끄러운 일들을 위임해라.

경영자들은 회사에 반드시 필요하다면 대결도 감수할 수 있어야 한다. 물론 항상 목소리를 높이거나 무자비한 행동을 하라는 것이 아니다. 정당한 목표와 예상치를 달성하는 것을 최우선으로 강조하라는 말이다. 경영자라면 때로 단호한 비판의 소리를 낼 필요도 있다. 그러지 못하면 자기주장을 관철하고 다른 이들을 이끌기 어렵다.

리더십에 관한 책을 보면 성공을 거둔 경영자를 비현실적으로 묘사하는 경우가 많다. 남을 잘 비판하지 않으며, 칭찬에 후하고, 절대 목소리를 높이지도 않으며, 다른 사람 앞에서 직원을 나무라지 않는 경영자들이 옳은 것처럼 이야기한다. 하지만 현실에는 책이나 세미나에서 전형적으로 묘사하는 것과 정반대인 경영자가 압도적으로 더 많다.

독설과 수용을 자유자재로 이용하라

성공을 거둔 기업가를 분석해보면 논쟁을 피하지 않는 태도가 부정적인 측면도 있다. 기준에 미치지 못하는 직원을 다루는 데는 효과적이지만 회사에 크게 기여하는 직원의 사기를 떨어뜨리고 심지어 떠나게 할 수도 있다.

역사상 가장 큰 성공을 거둔 빌 게이츠를 살펴보자. 어떤 면에서 그는 경영서에서 찬양하는 경영자와는 정반대 인물이다. 게이츠는 한밤중에 (통상 그 시각에도 일하고 있는) 직원에게 이메일을 보내는 것으로 악명이 높다. 이메일은 보통 이렇게 시작된다. "이렇게 한심한 코드는 본 적이 없어." 마이크로소프트 직원들이 '플레임 메일(flame mail, 모욕적이고 비판적인 언사를 퍼붓는 편지—옮긴이)'이라고 부르는 이메일을 통해 게이츠는 대놓고 직원을 비난하고 조롱한다.

마이크로소프트를 설립하기 전에도 게이츠는 발끈하는 성격으로 유명했다. MITS(Micro Instrumentation and Telemetry Systems)에서 일할 때도 짜증이 폭발할 때가 많았다. "게이츠는 입사한 첫해 여름에 내 사무실로 들어와서는 소리를 질러댔다. 다른 직원들이 자신의 소프트웨어를 도둑질해서 자신이 돈을 벌 수 없을 것이라고 말이다. 자신을 정직원으로 올려주지 않으면 새로운 소프트웨어를 개발하지 않겠다며 화를 냈다"고 그의 옛 상사는 말했다.

게이츠도 다른 경영자와 마찬가지로 인내심이 부족했다. 게다가 보기에 불쾌할 정도로 조바심을 떨었다. 마이크로소프트에서 일하던 한 중간관리자는 입사 첫 주에 게이츠가 자기 사무실 문을 박차고 들어와서는 이렇게 외쳤다고 한다. "계약서 하나 작성하는 데 왜 그렇게 오래 걸리나? 지금 당장 끝내."

빌 게이츠의 전기에는 이렇게 묘사되어 있다. "(회의에서) 게이츠는 자신의 비상한 두뇌를 둔기처럼 무지막지하게 휘둘러댔다. 자기주장을 관철하기 위해서라면 무례하고 냉소적이며 남을 모욕하는 행동도 불사했다. 상대방의 의견에서 결함을 집어내면 그 사람에게 달려들어 만신창이로 만들었다." 게이츠는 의자를 앞뒤로 흔들면서 다른 생각을 하는 듯 허공을 쳐다볼 때가 많았다. "그러다 갑자기 자기 마음에 들지 않거나 동의할 수 없는 얘기가 나오면 동작을 멈추고 똑바로 앉아 화난 표정을 지었다. 연필을 집어던질 때도 있었다. 고함을 치고 주먹으로 탁자를 내리치는 경우도 종종 있었다."

마이크로소프트의 제품 담당 관리자는 이렇게 회고했다. "게이츠는 다른 사람을 머리로 제압하려 했다. 지적인 우위를 과시한다고 해서 전투에서 이기는 것도 아닌데 말이다." 어떤 관리자는 프로젝트를 관리하면서 코드까지 작성하는 일은 무리라고 말하자 게이츠는 욱해서 주먹으로 탁자를 내리치고 고래고래 소리를 질렀다고 한다.

한 여직원은 공격성이야말로 게이츠의 '디폴트 세팅(default setting, 컴퓨터에서 기본적으로 설정되어 있는 환경—옮긴이)'이라고 말했다. "그가 고래고래 소리 지르는 것을 멈출 때까지 기다릴 수 밖에 없었다. 그러다 지치면 그제야 대화를 시작할 수 있었다. 내게 무척 과격한 이메일을 보낼 때도 있었다. 비서에게도 예외는 아니었다." 비서에 따르면 그는 "거들먹거리며 깔보는 경우가 많았다." 그와 같은 적대적인 행동에 직원들은 몹시 불편해했다고 한다. 어떤 직원은 "게이츠가 다른 도시로 출장을 가는 날이면 모두가 안도의 한숨을 쉬었다"고 말했다.

마이크로소프트의 방문객 한 사람은 게이츠의 독특한 유머 감각을 엿볼 수 있는 에피소드를 털어놓았다. "우리는 저녁 8시쯤 건물에서 걸어 나오고 있었다. 그때 어떤 프로그래머가 막 퇴근하는 참이었다. 프로그래머는 '안녕하세요. 저는 오늘 12시간 동안 일했어요'라고 말을 건넸다. 그러자 게이츠가 그를 보더니 '오늘도 한나절만 근무했군'이라고 말했다. 재미난 농담이긴 했지만 누구나 진담이 섞여 있음을 알 수 있었다."

빌 게이츠는 어울리기 힘든 사람이었다. 그러나 직원들은 게이츠의 장점이 무엇인지도 잘 알고 있었다. 한 직원은 그를 이렇게 평가했다. "어떤 회사의 직원들은 위에서 피드백을 주지 않는다고 불평한다. 그런데 우리한테는 그런 문제가 없다. 우리가 하는 일을 게이츠가 어떻게 생각하고 있는지 정확히 알 수 있다."

물론 게이츠의 악명 높은 성격은 단편적인 면일 뿐이다. 그는 직원들에게 영감을 불러일으키고 동기부여를 해서 공통의 목표를 달성하는 데 탁월한 사람이다. 직원을 압박하기만 해서는 뛰어난 성과를 낼 수 없다. 게이츠가 공격적인 태도로 악명 높은 것은 사실이다. 하지만 그는 직원들에게 창의력을 계발할 기회를 제공했다. 어떻게 하면 의욕을 자극하는지도 잘 알고 있었다. 마이크로소프트는 선구적인 정신과 영감을 불러일으키는 환경 덕택에 똑똑하고 야심 넘치는 젊은이들을 영입할 수 있었다.

무자비한 경영자들

게이츠처럼 모순된 행동을 보이는 경영자가 한 명 더 있다. 순자산이 194억 달러에 달하는 언론 재벌 루퍼트 머독은 "남의 호감을 사려고 하지 않았다. 오히려 누군가 자기를 좋아하는 것조차 싫어하는 것이 분명했다." 하지만 그는 직원들의 동기를 최대치로 끌어올릴 줄 아는 사람이다. "그는 냉혹하고 참을성 없으며 사무적이고 심지어 잔인하다. 그러나 직원들은 그의 밑에서 일한다는 것에 짜릿함을 느끼고 이를 기회로 생각하기도 한다. 그가 실제로 엄청난 짜릿함을 선사하거나 기회를 제공하기 이전부터 그렇게 느끼는 것이다."

애플의 설립자 스티브 잡스도 비슷한 인물이다. 잡스의 전기에 따르면 그의 밑에서 일하는 것은 시소 타기와 비슷했다고 한다. 잡스의 짜증, 좌절감, 조바심을 감내하면서 그가 요구하는 것에 부응하고 그가 치는 북소리에 기꺼이, 심지어 기쁘게 발맞춰 행진해야 한다는 것이다. 잡스는 자신의 의견에 이의를 제기해도 불쾌해하지 않았다. 다만 그가 존중하는 사람에 한해서였다. 회사에 실질적으로 기여하고 잡스 자신과 동등하게 우러러볼 수 있는 사람만 그의 의견에 반대할 수 있었다. 그렇지 않은 사람이 말대답을 했다가는 즉시 회사에서 나가야 할 수도 있었다.

잡스는 매우 황당한 규칙 몇 가지를 가지고 있었다. 예를 들어 화이트보드에 뭔가를 쓸 수 있는 사람은 잡스뿐이었다. 나중에 잡스와 함께 픽사(Pixar)를 설립한 앨비 레이 스미스(Alvy Ray Smith)가 애플에서 일할 때의 일이다. 스미스가 이 규칙을 어기고 형광펜을 쥐자 잡스는 발끈하며 "너는 거기 쓰면 안 돼!"라고 소리쳤다. "잡스가 두 사람의 코가 닿을 정도로 몸을 기울여 모욕적인 말을 내뱉자 스미스는 놀라서 할 말을 잃었다." 그 뒤 스미스는 회사를 그만뒀다. 스미스는 애플에 15년이나 몸담았으나 잡스를 상대하느니 아쉬움 없이 모든 것을 포기하기로 한 것이다. 잡스처럼 행동하면 자신은 물론 회사에 얼마나 큰 타격을 줄 수 있는지 단적으로 보여주는 에피소드다.

잡스의 머리 위에는 공포심을 불러일으키는 분위기가 감돌았다고 한다. 시커먼 구름처럼 말이다. 사람들은 대부분 잡스 앞에서 프레젠테이션을 하지 않으려고 했다. 잡스가 제품은 물론 자기까지 잘라버릴 것 같았던 것이다. 직원들은 복도에서 잡스와 마주치고 싶어 하지 않았다. 대답을 잘못해서 그의 심기를 거스를까 봐 혹은 그에게 모욕적인 말을 듣고 자신감에 상처를 입은 채 몇 주 동안 끙끙 앓을까 봐 두려웠다. 직원들은 그와 같은 엘리베이터에 타지 않으려 했다. 엘리베이터 문이 열리고 내리는 순간 일자리를 잃을 수도 있었기 때문이다.

하지만 이런 에피소드는 잡스의 일면을 보여줄 뿐이다. 그의 짜릿한 연설을 직접 들어봤다면 그가 최상의 성과를 거둘 수 있도록 직원들의 영감을 고취하고 도전적인 기업 환경을 조성하며 동기부여를 한다는 것을 알 수 있다. 그렇기 때문에 직원들도 그의 짜증을 감내하는 것이다. 그러나 잡스에 버금가는 카리스마가 없다면 극단적으로 직원의 인내심을 시험하려 들지 않는 것이 현명하다.

현대 광고의 아버지로 불리는 데이비드 오길비 밑에서 일하는 것 역시 쉬운 일이 아니었다. 전기에 따르면 오길비는 "아무런 거리낌 없이 자신의 기준을 남한테 강요했다." 카피라이터 한 사람은 이렇게 말했다. "오길비와 함께하는 회의에서 살아남으려면 코뿔소 가죽으로 무장하거나 심층적으로 사전 준비를 해서 자신의 광고 전략을 완전무결하게 작성해야 했다. 그는 잘 못하는 사람에게는 인신공격도 꺼리지 않았다. 그리고 칭찬도 거의 하지 않았다.

오길비가 직원이 작성한 자료를 수정할 때면 "실력이 뛰어나서 연약하기 이를 데 없는 장기에만 손대는 외과의사의 수술 집도 장면과 비슷했다. 오길비는 잘못된 단어, 설득력 없는 문장, 불완전한 아이디어에 무자비하게 손을 댔다." 그보다 앞서 광고 대행사를 운영한 그의 형 프랜시스 오길비도 비슷했다. "월요일 아침에 출근한 직원들 책상에는 'F. O.(Francis Ogilvy)로부터'로 시작되는 노트가 놓여 있었다. '~에 대한 자료를 준비한다고 하지 않았나. 부디 신속히 처리하도록.' 또는 '~를 부탁했네. ~을 아직 하지 않은 이유를 설명해주길 바라네'와 같은 내용이었다."

억만장자 투자가 조지 소로스 밑에서 일하는 것도 어려웠다고 직원들은 말했다. 소로스는 직원들을 지능이 조금 떨어지는 고등학생처럼 대했다. "그는 버럭 화낼 때가 많았다. 속을 꿰뚫을 듯이 쳐다보면 레이저총 앞에 서 있는 것 같은 기분이었다. 그는 항상 직원들을 곁에 두려고 했다. 하지만 직원들이 일을 제대로 하고 있다는 생각은 결코 하지 않았다. 직원들이 열등한 종자라도 된다는 듯 그저 자기가 참아주는 것이라고 생각했다." 그는 지능이 떨어지는 사람들을 참고 지켜보느라 힘들었다고 한다.

맥도날드의 성공을 이끈 레이 크록은 유순한 기업 독재자로 묘사된다. 그는 임직원이 갖춰야 할 차림새에 대해 확실한 기준을 세웠다. 불결하거나 물어뜯은 손톱, 주름진 정장, 반팔 셔츠, 헝클어진 머리를 싫어했다. 껌을 씹거나 담배를 피우거나 만화책을 읽거나 하얀 양말을 신는 것도 참지 못했다. 크록은 "깔끔하고 단정한 외모가 그 사람의 장점"이라고 믿었다. "심지어 직원의 승용차까지 항상 청결하기를 바랐다." 또 매장 매니저들에게는 코털을 다듬거나 이를 닦으라고 지시하기도 했다.

크록은 이러한 규칙을 어기는 사람을 어김없이 해고했다. 카우보이 부츠를 신은 모습으로 더러운 차를 몰고 공항으로 와서 크록을 태운 직원은 그 자리에서 해고당했다. 어떤 때는 전 직원을 해고할 기세였지만 곧바로 수그러들었다. 어느 날 아침 전날 잘린 직원이 자기 책상을 정리하고 있을 때 크록이 들어와서 "지금 뭐 하고 있나?"라고 물었다. 직원은 전날 밤 자기를 해고하지 않았냐고 말했다. 크록은 상자에 든 소지품을 다시 꺼내더니 계속 일하라고 말했다.

"사실 그가 내뱉은 '해고'라는 말은 실현된 적이 거의 없다. 회사에서 당장 나가라는 말을 들은 직원들은 크록이 그저 화풀이를 하는 것임을 알고 있었다." 크록은 "성깔이 있었고 언제든 폭발할 기세였다." 그러나 그는 남의 충고도 거리낌 없이 받아들였다. 자신이 실수를 저지르면 순순히 인정했다.

물론 배려심이 부족한 행동 자체로 성공한 기업가는 없다. 그러나 그들은 그렇게 행동했음에도 성공했다. 남과 대결하는 것을 서슴지 않는 것은 긍정적인 특성이지만 대가를 치러야 한다. 잊지 말아야 할 점은 게이츠나 잡스처럼 카리스마 넘치고 사업 수완이 뛰어난 사람은 그런 행동을 해도 용서받을 수 있지만 보통 사람들은 파멸로 치달을 수 있다는 것이다. 중간관리자가 게이츠나 잡스처럼 아래 직원을 대하면 승진할 수 없다. 경영자들은 다른 직원과 잘 어울리지 못하는 사람을 높이 평가하지 않는다.

소로스, 잡스, 게이츠는 최고경영자였기에 다른 사람들이 자신을 어떻게 보든 신경 쓸 필요가 없었다. 그러나 잡스도 특유의 경영 방식 때문에 회사에서 퇴출되어 오랫동안 경영에서 밀려나 있었다. 소로스와 게이츠가 내쳐지지 않은 것은 자기 회사를 100퍼센트 소유하고 있었기 때문이다.

논쟁 속에서 자신감이 길러진다

이 책에서 소개하는 기업가들은 대부분 까다롭기로 유명한 사람들이다. 어린 시절에도 그들은 기존 체제에 적응하지 못하고 다른 사람의 권위에 복종하지 않았다. 어쩌면 그러한 성격 때문에 직접 회사를 차리기로 결심했는지 모른다. 그들은 어릴 때부터 강력한 권위를 지닌 인물들에게 자기주장을 하는 법을 알고 있었다. 이러한 재능은 그들의 삶에 긍정적으로 작용했다.

테니스 스타 보리스 베커는 이렇게 말했다. "오랜 세월 아버지와 자주 다퉜다. 몇 달 내내 말 한마디 하지 않은 적도 있다. 매사에 사사건건 간섭하려 들었기 때문이다. 아버지라 해도 지나쳤다." 베커가 윔블던 대회에서 처음 우승했을 때 그의 아버지는 베커가 하지 말라고 했는데도 고향 라이멘에서 텔레비전 방송국과 함께 우승 기념 파티를 준비하고 있었다. 아버지 체면이 손상될까 우려한 베커는 어쩔 수 없이 참석했지만 아버지에게 이렇게 경고했다. "이번에는 아버지 말을 들었지만 다음부터는 절대 이러지 마세요. 아셨죠?"

그런데 윔블던 대회에서 두 번째 우승했을 때도 아버지는 아들에게 묻지 않고 파티를 준비했다. 베커는 아버지에게 파티를 취소하라고 했지만, 아버지는 "이미 늦었다"고 말했다. 그러자 베커는 "어떻게 그러실 수 있어요? 아버지는 제 의견을 존중하지 않으시네요"라고 대꾸했다. 그가 경기를 끝내고 고향 라이멘으로 돌아가는 이유는 고요하고 평화롭게 휴식을 취하기 위해서였다. "앞으로 6개월 동안 아버지랑 한마디도 하지 않을 거예요." 아버지는 아들의 말을 믿지 않았으나 베커는 정말 6개월 동안 아버지에게 한마디도 하지 않았다.

잡스도 어릴 때 부모나 선생들과 자주 다투는 반항아였다. 못된 행실과 제멋대로 구는 성격 때문에 자주 정학을 당했다. 그는 학교 숙제를 시간 낭비라며 거부했다. "학교생활이 매우 따분했다. 나는 골칫덩어리였다"고 잡스는 고백했다. 그는 무리의 우두머리가 되어 교실에 폭탄을 설치하고 뱀을 풀었다. "우리는 3학년 반의 문제아들이었다. 선생님을 거의 드러눕게 할 뻔했다."

잡스의 부모는 어찌할 바를 몰랐다. 아들이 더 이상 학교에 다니지 않겠다고 하자 이사하기로 결정했다. "잡스는 열한 살에 이미 부모를 설득해서 다른 곳으로 이사할 만큼 의지력이 강했다. 자신이 앞으로 나아가는 것을 가로막는 장애물을 없앨 수 있을 정도로 열정적이고 외골수였던 것이다."

잡스는 열여섯 살에 머리를 어깨까지 길렀고 마약을 복용했으며 학교에도 거의 가지 않았다. 그러더니 오리건주 포틀랜드에 있는 리드 칼리지(Reed College)에 입학하기로 결심했다. 그곳은 미국 북서부에서 최초로 설립된 인문학 대학이었다. 잡스의 부모는 자신들이 감당할 수 없을 만큼 비싼 학비와 집에서 먼 거리에 충격을 받았다. 어머니는 훗날 이렇게 회고했다. "스티브는 가고 싶은 학교가 리드 칼리지뿐이라고 말했다. 그 학교에 가지 못한다면 다른 대학도 가지 않겠다고 했다."

잡스의 부모는 적금을 깨서 아들을 대학에 보냈다. 그 당시 학장은 이렇게 말했다. "스티브의 탐구 정신은 대단했고 몹시 매력적이었다. 이미 공인된 진리를 기계적으로 받아들이지 않았다. 모든 것을 자기 스스로 조사하고자 했다." 그러나 결국 잡스는 리드 칼리지도 자퇴했고, 부모님이 보내준 학비로 그 지역에 계속 머물렀다.

소프트웨어 개발 기업 오라클(Oracle)을 세운 미국의 억만장자 래리 엘리슨도 잡스처럼 입양아였다. 그와 아버지는 끊임없이 옥신각신했다. "엘리슨과 그의 아버지가 하는 일이라고는 논쟁을 벌이는 것밖에 없었다"고 할 정도였다. 엘리슨은 아버지가 무조건적인 순응주의자였다고 했다. "아버지는 이성적이지 못했다. 정부가 뭐라고 발표하든 항상 맞는 말이라고 생각했다. 경찰이 누군가를 체포하면 당연히 그 사람에게 죄가 있기 때문이라고 믿었다. 또한 선생님의 말은 무조건 옳다고 생각했다."

아버지도 입양한 아들의 능력을 믿지 않았다. 아들이 앞으로 어떤 성과도 내지 못할 거라고 입버릇처럼 말했다. 아버지가 인정해주지 않은 것이 엘리슨에게는 오히려 자극제가 되었다.

다른 사람과의 논쟁은 학교에서도 이어졌다. 엘리슨은 선생에게 자주 대들었다. 자기가 생각하기에 중요하지 않은 것은 절대 배우려 하지 않았고 견딜 수 없는 일은 일부러 방해했다. 학교를 졸업한 후 회사에 취직해서도 엘리슨은 그런 태도로 계속 문제를 일으켰다. 결국 그는 직접 회사를 차릴 수밖에 없었다.

게이츠는 수학을 비롯해서 학교 성적이 매우 우수했지만 선생들에게 '고집 세고 대립을 일삼는' 태도를 보였다. 10학년(고등학교 1학년) 때는 물리 교사와 격한 논쟁을 벌였다. "그 둘은 과제 발표를 하는 교단 위에 서서 학생들이 모두 지켜보는 가운데 한 치의 물러섬도 없이 열띤 논쟁을 벌였다. 게이츠는 있는 힘껏 소리치고 손가락을 흔들어가면서 선생을 집요하게 공격했다. 물리학의 어떤 논점에 관해 선생이 잘못 알고 있다는 것이었다. 결국 게이츠가 논쟁에서 이겼다. 게이츠는 자기처럼 똑똑하지 않은 사람을 참지 못했다. 교사도 예외가 아니었다."

게이츠는 다른 성공한 기업가들에 비해 부모와 잘 지냈지만 항상 화목했던 것만은 아니었다. 하버드 대학교를 자퇴하기로 결심했을 때 게이츠는 부모와 심각한 갈등을 겪었다. 게이츠는 자기보다 지적 능력이 뛰어난 사람을 만나기 위해 하버드 대학교에 입학했다. 그러나 하버드 대학교 출신 중에 그런 사람을 본 적이 없다고 말했다. 그는 자기 회사를 차려야 더 많은 돈을 벌 수 있으리라 생각하고 뉴멕시코주의 앨버커키로 가서 회사를 설립하기로 결심했다.

터무니없는 생각이라고 여긴 그의 부모는 수단과 방법을 가리지 않고 아들의 계획을 뜯어말렸다. 그들은 성공을 거둔 사업가에게 아들을 만나 정신을 차리라고 얘기 좀 해달라고 부탁했다. 게이츠는 그 사업가에게 자신의 계획을 설명하고 퍼스널 컴퓨터(PC)의 일대 혁신이 머지않았다고 말했다. 게이츠를 말리려고 했던 그 사업가는 오히려 그를 지지하게 되었다. 게이츠의 부모는 아들이 훗날 세계 최고의 부자로 만들어줄 마이크로소프트를 설립하기 위해 대학을 자퇴하자 큰 충격에 빠졌다.

자부심이 강하면 뭐든 해낸다

24시간 뉴스 방영 채널인 CNN 설립자 테드 터너는 오늘날 미국에서 가장 넓은 면적의 부동산을 소유한 사람으로 재산이 수십억 달러에 이른다. 그 역시 아버지와 교사와 심각한 갈등을 빚었다. 부모는 그를 테네시주 채터누가에 있는 규율이 엄격한 남학교 맥컬리 스쿨(McCallie School)에 입학시켰다. 터너는 학교생활에 관해 이렇게 말했다. "체제에 반항하기 위해서라면 무슨 짓이든 가리지 않았다. 나는 늘 방에서 동물들을 기르는 식의 행동을 했고 이것저것 말썽을 부렸다. 그리고 벌을 받아야 할 때는 남자답게 받았다."

심지어 학교는 터너 때문에 전반적인 훈육제도를 뜯어고쳐야 했다. "그 학교 역사상 나보다 벌점이 많은 학생은 없었다. 벌점을 받을 때마다 500미터 정도 걸어야 했다. 어차피 주말에는 시간이 많았고 다 걷지 못하면 다음으로 미뤘다." 1학년 때 터너는 이미 1천 점 넘게 벌점을 받았는데 그 정도 거리는 인간이 걷기에 무리였다. "학교는 어쩔 수 없이 한 학생에게 벌점이 무한정 부과되지 않도록 제도를 수정해야 했다."

뉴욕주 프로비던스에 있는 브라운 대학에서도 터너의 말썽은 이어졌다. 교칙을 여러 차례 위반하는 것은 물론 정학도 한 차례 받았다. 그는 기숙사 방에서 여자와 함께 있다가 들켰다. 이러한 교칙을 위반해서 정학을 받은 학생이 21명이나 있었다. 터너는 그로 인해 학교에서 영구 퇴교 조치를 받았다.

그는 전공 선택을 두고 아버지와 격렬한 말다툼을 벌인 적이 있다. 아버지는 아들에게 다음과 같은 편지를 보냈다. "사랑하는 아들아, 네가 고전을 전공으로 선택했다는 소식에 충격을 받다 못해 공포마저 느낀다. 그런 과목들을 들으면 극소수의 고립되고 비현실적인 몽상가들 및 소수 정예 대학 교수 집단과 공통의 이해관계를 나누게 되겠지." 아버지는 경고로 편지를 끝맺었다. "나는 네가 곧 멍청이가 될 거라고 믿는다. 네가 그 음산한 환경에서 하루빨리 벗어난다면 나는 한층 기쁠 거란다." 터너는 아버지의 편지를 한 글자도 빠뜨리지 않고 〈데일리 헤럴드(The Daily Herald)〉 사설 면에 투고해서 아버지에게 복수했다. 익명으로 실었지만 그의 아버지는 격분했다.

워런 버핏도 부모, 교사와 자주 다퉜을 뿐 아니라 심지어 경찰과 충돌하기도 했다. 그는 어린 시절에 반사회적이었다는 사실을 순순히 인정했다. "나는 나쁜 사람들이랑 어울렸고 하지 말아야 할 짓을 했다. 무작정 반항했다." 버핏의 부모는 아들의 행동거지를 끔찍하게 여겼다. 1944년 말에 버핏은 이미 "학교에서 불량배로 알려졌다"고 한다. 학점도 안 좋았고, 어찌나 다루기 힘든지 그를 교실에 혼자 가둬놓을 정도였다. 그는 그때를 이렇게 기억했다. "한니발 렉터(로버트 해리스의 《양들의 침묵》에 등장하는 사이코패스 연쇄살인범—옮긴이)라도 되는 것처럼 문을 사이에 두고 수업 내용을 들어야 했다. 나는 크게 반항했다. 행실과 기타 등등의 문제로 내가 받은 지적은 타의 추종을 불허했다."

졸업식 날 버핏은 정해진 정장과 넥타이를 착용하지 않겠다고 했다. "그들은 나를 졸업시키지 않으려 했다. 내가 분위기를 망쳤고 적절한 옷을 입지 않으려 한다는 이유였다."

반항적인 기질과 남들과 다르게 행동하는 용기는 패션 디자이너 코코 샤넬의 좌우명이기도 하다. 샤넬은 자서전에 이렇게 썼다. "반항적인 아이, 반항적인 연인, 반항적인 패션 디자이너였던 나는 진정한 악마였다." 그녀가 반항아가 된 것은 자부심 때문이었다. 샤넬은 자부심이 "나의 못된 성질, 집시 같은 독립정신, 반사회적인 본성의 비밀을 푸는 열쇠다. 자부심은 내 강점과 성공의 비결이기도 하다"고 말했다.

"반항적인 아이가 어떤 일이 닥쳐도 이겨낼 수 있는 매우 강인한 인간이 된다"는 사실을 몸소 깨달았다. 샤넬은 이렇게 주장했다. "나는 그 누구의 명령도 받지 않는다. 나는 사람들이 흔히 말하듯이 무정부주의자다." 자기주장을 할 수 있는 능력은 특히 아동기와 청년기에 다른 사람들과 대결하면서 연마할 수 있다. 권위에 대한 반항은 성공을 거두는 데 꼭 필요한 독립심과 자신감을 강화한다.

데이비드 오길비의 생활기록부를 보면 "참으로 독창적인 정신"과 모국어로 자신의 생각을 정확히 표현하는 능력이 장점으로 기재되어 있다. "교사와 언쟁하고 자신이 옳고 책은 잘못되었다는 것을 교사에게 납득시키려는 경향"은 우려스럽지만, "이것은 독창성을 입증하는 것인지도 모른다. 하지만 그러한 습관은 자제하는 것이 좋다"고 기록되어 있다. 유명해지고 난 후 그는 모교 개교기념일 축하 연설에서 이렇게 고백했다. "나는 강력한 영향력을 행사하는 속물들을 증오했다. 나는 남들과 화합할 수 없는 반항아였고 부적응자였다. 학교에서의 성과와 인생의 성공 사이에는 상관관계가 없다."

억만장자 리처드 브랜슨 역시 난독증 때문에 학교에서 고난의 시간을 보냈다. 그래도 그는 부모와 사이가 매우 좋았다. 그의 부모는 어떻게든 아들이 좋아하는 일을 지원해주었다. 그의 부모는 다른 부모들과 근본적으로 달랐다. 어머니는 "승자가 모든 것을 차지한다"라거나 "네 꿈을 추구해라"는 말을 주문처럼 되풀이했다. 어머니는 어린 아들에게 갖가지 시련을 극복할 수 있는 자신감을 심어주고자 했다.

"나는 네 살에 처음 자급자족을 배웠다. 우리 가족은 그날 어딘가로 외출했다가 돌아오는 길이었다. 어머니는 집에서 몇 킬로미터 떨어진 곳에 차를 세우더니 들판을 가로질러 집을 찾아오라고 했다. 나이가 들수록 점점 더 혹독한 가르침을 받았다."

그의 어머니는 열두 살짜리 아들을 아침 일찍 흔들어 깨우고 옷을 입으라고 했다. 살을 에듯이 추운 겨울날이었고 밖은 칠흑같이 어두웠다. 브랜슨의 어머니는 아들에게 도시락을 주면서 해안가까지 약 80킬로미터를 자전거로 다녀오라고 했다. "길을 잃을 경우에 대비해 지도를 들고 혼자 길을 나설 때 밖은 아직 깜깜했다. 그날 밤 나는 친척 집에서 자고 다음 날 집에 돌아왔다." 그는 자신이 해냈다는 데 자부심을 느꼈고 어머니가 칭찬해 주리라 기대했다. 그러나 어머니는 이렇게 말했다. "잘했구나, 리키. 재밌었니? 이제 밖에 좀 나갔다 오너라. 교구 신부님이 네가 장작을 좀 패줬으면 하시더구나."

브랜슨은 사랑에 기초한 엄격한 양육 방식 덕분에 자신이 성공을 거둘 수 있었다고 말했다. "부모님이 그처럼 어린 나이부터 엄격하게 가르친 이유는 내가 강인해지고 자율성과 독립심을 가지기를 바라셨기 때문이다." 브랜슨은 부모의 전폭적인 지원을 받았다. 전국적인 학생 잡지를 창간하고 우편 주문 음반 판매 회사를 설립하는 등 사업에 전념하기 위해 어린 나이에 학교를 떠나기로 했을 때도 마찬가지였다.

이 책에서 다루는 사람들은 대부분 친부모가 누구인지도 모르고 자랐다. 그리고 부모나 교사 등 권위 있는 사람들에게 반항했다. 그러한 사람들과 언쟁을 벌이면서 자신감과 내면의 강인함을 길러 자신의 길을 갈 수 있었던 것이다.

반항적인 성격을 가진 사람들은 자기 사업을 시작할 수밖에 없다. 남들이 만들어놓은 체제와 규제에 순응하지 못하니 자신이 직접 우두머리가 되어야 하는 것이다. 하지만 다른 사람이 강요하는 규칙과 기준에 순응하지 않고 권위 있는 사람들과 다툼을 벌인다고 해서 반드시 성공하는 것은 아니다. 거기에 더해 특별한 재능과 비상한 두뇌를 가지고 있었기에 성공했다.

큰 목표를 달성하려면 우선 자기주장이 강해야 한다. 조화를 중시하는 성격이라면 자신의 의견을 굽히지 않는 법부터 배워야 한다. 자기주장은 선천적인 능력이라기보다 후천적으로 얻을 수 있는 기술이다. 앞에서 우리는 자신감에 대해 살펴봤다. 자기주장을 기르는 것도 자신감을 키우는 것과 같다. 근육을 키우려면 몸을 단련해야 하듯이 직접 대결해보는 것이다. 물론 일부러 싸움을 걸라는 것이 아니다. 언쟁에는 시간, 체력, 에너지가 든다. 무엇보다 다른 사람이 불필요한 대결 구도를 만들어도 넘어가지 않는 법을 배워야 한다. 우리의 시간과 에너지를 소모하는 대결을 다른 사람이 강요하지 못하도록 해야 한다. 대부분은 대결을 피하는 것이 더 현명하다. 좀 더 중요한 대결을 위해 힘을 아껴둬야 목표에 한 걸음 더 다가갈 수 있다.

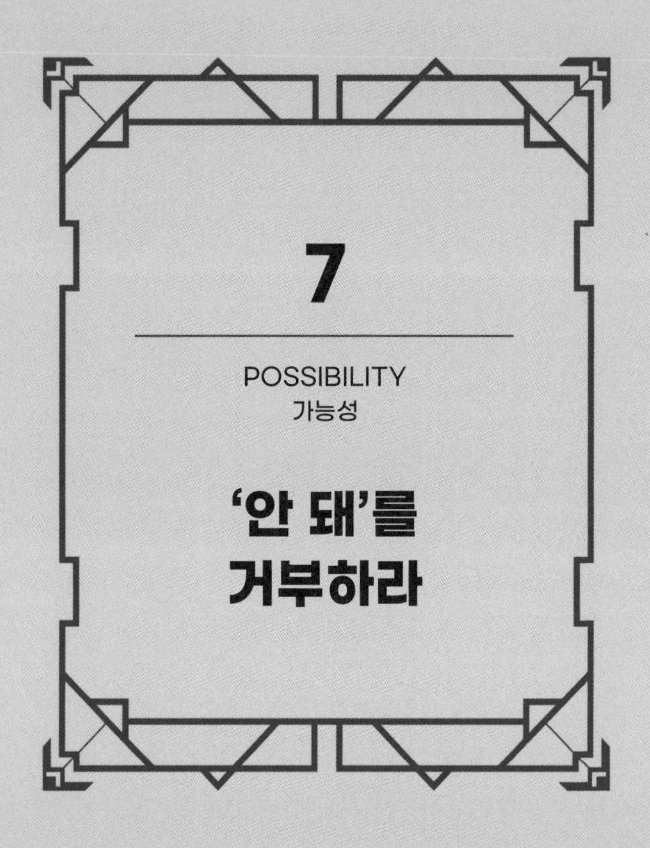

7

POSSIBILITY
가능성

'안 돼'를 거부하라

'안 된다'는 대답에서 다시 시작하라

1980년대를 경험한 사람이라면 스티브 잡스가 매킨토시를 발명했다고 생각할 것이다. 1984년 출시 당시 매킨토시는 소비자와 전문가 모두를 매혹했으며, 그래픽 인터페이스를 갖춘 컴퓨터로는 세계 최초로 상업적인 성공을 거뒀다. 좀 더 젊은 사람들은 잡스를 아이폰, 아이팟, 아이패드를 만들고 디지털 기반의 라이프스타일 제품을 창출한 선구자라고 생각한다.

잡스는 애플을 창립하고 스물네 살에 이미 백만장자가 되었다. 1980년 12월 그가 금융 역사상 가장 성공적인 기업공개를 성사시킨 이후 그의 재산은 2억 1,750만 달러였다.

2011년 우리 시대의 마케팅 천재로 평가되었던 그가 세상을 떠날 당시 재산은 약 83억 달러로 미국에서 가장 부유한 사람 가운데 하나였다. 2018년에 애플은 시가총액 1조 달러로 역사상 가장 가치 있는 기업이 되었다.

잡스도 성공을 거둔 다른 인물들처럼 자기주장을 결코 굽히지 않는 성격이었다. 까다롭고 양극단 사이를 오락가락하는 성격 때문에 사람들은 그를 숭배하거나 아니면 증오했다. 그가 "안 된다"는 대답을 항상 거부하지 않고 받아들였다면 실제로 거둔 성공의 절반도 이루지 못했을 것이다.

1974년 봄 열여덟 살이던 잡스는 인기 비디오게임을 방금 출시한 아타리(Atari)에 지원했다. 이 회사는 "즐겁게 놀면서 돈을 벌고 싶은" 사람들을 모집한다는 공고를 냈다. 그 발상이 잡스에게도 통했다. 어느 날 아타리의 인사과장이 공학 부서장 앨 알콘(Al Alcorn)에게 "이상한 사내가 우리 회사에 와 있다. 우리가 채용할 때까지 버티겠다고 한다. 경찰을 부르든가 채용을 하든가 둘 중 하나를 할 수밖에 없다"고 말했다.

잡스는 약물 복용을 하던 히피였고, 당시 몇몇 테크놀로지광들과 함께 전화 요금을 내지 않고 마음껏 전화를 이용할 수 있는 불법 장비를 개발했다. 아타리 사람들은 그를 전도유망한 지원자라고 생각할 수 없었다. 앨콘에 따르면 그는 "넝마나 다름없는 히피 옷을 입고 있었다. 열여덟 살짜리 리드 칼리지 자퇴생이었다. 대체 내가 그를 왜 채용했는지 아직도 알 수 없다. 하지만 그에게서 뭔가 번득이는 것을 느꼈졌다. 내 눈으로 직접 봤다. 그건 일종의 내적인 에너지였고, 목표를 완수하겠다는 태도였다."

앨콘의 동료는 잡스를 대체 어디에 써먹으려 하느냐고 물었다. 그는 잡스를 "냄새도 나고 별나고 빌어먹을 히피"라고 평했다. 그들은 결국 잡스를 밤에만 일하게 하자고 했다. 다른 사람의 눈에 띄지 않게 말이다.

2년 후인 1976년 4월 잡스와 친구 스티브 워즈니악은 애플이라는 회사를 만들었다. 어떤 컴퓨터 매장 사장이 애플이 처음으로 내놓은 시제품 애플 I을 1대당 500달러에 50대를 주문했다. 두 젊은이가 세운 회사로서는 대단한 성공이었다. 그러나 필요한 투자 자금을 어떻게 충당할 것인가 하는 문제가 해결되지 않았다. 애플은 두 사람이 폭스바겐 밴과 전자계산기를 팔아서 마련한 1천 달러로 세운 회사였다. 잡스는 돈을 투자할 사람을 찾았지만 실패했다. 그러다 마침내 어떤 전자회사의 과장인 밥 뉴튼을 만났다. 뉴튼은 컴퓨터 매장 사장을 만나 2만 5천 달러어치를 주문받도록 해주겠다고 약속했다.

제프리 영과 윌리엄 사이먼이 쓴 잡스의 전기에 따르면, "결단력이 조금만 덜한 사람 같아도 '알았습니다. 며칠 후에 다시 전화 드릴게요'라고 말하고 그 자리를 떠났을 것이다. 그런데 잡스는 뉴튼이 직접 컴퓨터 매장 사장에게 전화할 때까지 자리에서 일어나지 않았다"고 한다. 뉴튼은 결국 2만 달러까지 신용 대출을 해주었다.

애플 I의 후속작 애플 II를 출시한 직후 잡스는 인텔의 광고 캠페인을 보고 멋지다고 생각했다. 애플의 신형 컴퓨터도 비슷한 광고 캠페인을 해야겠다고 생각한 잡스는 인텔의 마케팅 부서를 접촉해서 그 광고가 레지스 매케나(Regis McKenna)의 작품이라는 것을 알아냈다. 잡스의 전화를 받은 매케나는 새로운 광고주를 담당하는 프로젝트 매니저와 이야기하라고 했다. 그 매니저는 잡스에게 애플 같은 신생 회사는 레지스 매케나가 제시하는 광고비를 절대 감당할 수 없을 것이라고 했다.

잡스는 그 말을 듣고도 굴하지 않았다. 그는 매일같이 전화했고 결국 프로젝트 매니저는 애플의 본사로 쓰이던 차고를 방문해서 잡스가 전화로 그토록 열렬히 찬미했던 애플 II를 보기로 했다. "차를 몰고 가면서 '빌어먹을, 이 녀석 괴짜일 거야. 대체 어떻게 하면 그 광대 같은 녀석의 기분을 상하지 않게 하면서 자리를 곧바로 뜨고 회사로 돌아가서 좀 더 돈이 될 만한 일을 할 수 있을까?'라고 생각했다."

프로젝트 매니저는 잡스의 끈기에 감탄했지만 그렇다고 해서 그 일을 맡을 만큼 마음이 동한 것은 아니었다. 다른 사람 같으면 그쯤에서 포기하고 다른 대행사를 찾았을 것이다. 어차피 미국에는 대행사가 수만 군데나 있었으니 말이다. 그러나 잡스는 자신이 감탄한 인텔 캠페인을 만든 대행사를 이용하기로 마음을 굳혔다. 이때도 '안 된다'는 대답을 잡스는 받아들이지 않았다.

그는 매케나의 사무실로 하루에 서너 차례씩 전화했다. 그러자 진력이 난 비서가 상사에게 직접 잡스와 통화해보라고 했다. 잡스는 매케나와 약속을 잡는 데 성공했다.

그러나 매케나는 잡스와 워즈니악을 만난 자리에서도 흔들리지 않았다. "탐탁지 않게 여기는 매케나의 모습을 보고 잡스는 여느 때와 같이 버티기 전술을 구사했다. 애플을 고객으로 받아들이지 않으면 그곳에서 한 발짝도 움직이지 않겠다는 것이었다." 잡스에게 설득당한 레지스 매케나는 애플을 고객으로 받아들였고, 결과적으로 두 회사 모두 크나큰 이득을 봤다.

매케나는 광고 타깃이 주로 남성이므로 〈플레이보이〉에 광고를 싣자고 제안했다. 그런데 비용을 어떻게 치를지가 문제였다. 매케나는 1970년대 초반 벤처캐피털 회사를 설립했던 돈 발렌타인(Don Valentine)과 얘기해보겠다고 했다. 발렌타인의 회사는 전자업계의 유망한 신생 기업에 자금을 조달하는 전문이었다.

발렌타인은 잡스와 애플 컴퓨터를 좋아했으나 애플이 노련한 마케팅 전문가를 고용하지 않으면 투자하지 않겠다고 했다. 잡스는 몇 명 추천해달라고 부탁했지만 발렌타인은 거절했다. 이때도 잡스는 '안 된다'는 말을 받아들이지 않았다. 그는 하루에 서너 차례씩 발렌타인에게 전화했고, 마침내 몇몇 마케팅 전문가를 소개받았다. 그 가운데 한 명이 마이크 마쿨라(Mike Markkula)였다. 1977년 1월 워즈니악과 잡스는 마쿨라의 집을 찾아가 애플과 합자회사를 만드는 계약서에 서명을 받아냈다. 각자 지분 30퍼센트를 보유하기로 했는데 초기에는 마쿨라가 애플의 최대 투자자이기도 했다. 이때도 단호함이 승리를 거둬 잡스는 원하는 것을 얻어냈다.

애플 직원들은 그와 상대하는 것을 힘들어했다. 차기 대형 프로젝트인 매킨토시가 기획 단계에 있을 때 잡스는 전화번호부를 들고 회의에 나타나 탁자에 던지며 말했다. "매킨토시의 크기는 기껏해야 이 정도여야 해. 더 크면 성공할 수 없어. 소비자는 이것보다 크면 사지 않을 거야."

직원들은 기가 막힌 표정으로 전화번호부를 쳐다봤다. 잡스가 불가능한 것을 요구했기 때문이다. 당시에 전화번호부는 가장 작은 컴퓨터의 절반 크기였다. 기술자들은 컴퓨터 케이스가 그 정도밖에 안 되면 전자부품이 들어갈 공간이 없다고 말했다. 전기에 따르면 "잡스는 안 된다는 대답을 절대 받아들이지 않는 사람이었다." 그는 직원들에게 어떻게 해서든 그만한 크기의 컴퓨터를 만들 방법을 찾아보라고 고집했다.

매킨토시는 1984년 1월 24일 출시될 예정이었다. 애플은 매킨토시의 출시를 준비하며 대대적인 광고 캠페인을 시작했다. 미국의 모든 텔레비전 채널에서 애플의 광고가 방영되었다. 그런데 1월 8일, 소프트웨어 설계자들이 데드라인을 맞추지 못하겠다고 보고했다. 일주일 만에 기술적인 문제를 해결할 수 없다고 단호히 통보했다. 제품 출시를 연기해야 한다는 것이었다.

하지만 그런 일은 잡스의 사전에 없었다. '불가능하다'는 말을 들으면 잡스는 공격적으로 돌변했다. 그러나 그때만큼은 짜증을 부리지 않아 직원들이 오히려 놀랐다. 그 대신 소프트웨어 설계자들이 얼마나 대단한지, 회사의 모든 사람이 얼마만큼 기대하고 있는지를 차분히 설명했다. 데모 버전을 내놓을 수는 없으므로 데드라인을 반드시 맞춰야 한다고 말했다. 잡스는 그때까지 완성할 수 있다고 믿는다는 말을 했다. 그의 태도에 설계자들은 할 말을 잃었다. 그들은 이미 모든 에너지를 쏟은 상태였고 과로로 쓰러지기 일보 직전이었다. 그러나 달리 방법이 없었다. 그들은 각자의 자리로 돌아갔고 그야말로 마지막 순간인 1월 16일 동이 트기 직전인 이른 새벽에 '불가능한' 일을 해냈다.

'안 된다'는 대답을 절대 받아들이지 못하는 사람

그러나 갖은 어려움을 뚫고 불가능한 일을 이루어낸 사람들은 성공에 쉽게 도취되는 경향이 있다. 자신은 절대 실수하지 않고 항상 옳은 판단만 한다고 생각한다. 잡스는 출시 후 100일 안에 매킨토시 7만 대를 팔 수 있다고 전망했다. 모두 미쳤다고 생각했다. 그러나 그때도 잡스가 옳았다. 그런데 그 직후 상황이 역전되기 시작했다. IBM이 매킨토시보다 훨씬 더 유용한 기능을 탑재하면서도 가격이 더 싼 PC를 내놓은 것이다. 애플의 매출은 급감했다.

애플이 상황을 낙관하며 생산한 매킨토시 20만 대가 헐값에 팔리면서 회사는 막대한 손실을 입었다. 애플 내에서 내분이 일어났고 많은 사람들이 잡스에게 책임을 물었다. 그렇잖아도 직원들은 특유의 경영 방식 때문에 잡스를 좋아하지 않았다.

경영진도 잡스에게 등을 돌렸다. 회사를 설립한 잡스에게 원래 사용하던 사무실에서 나가 잡스 본인이 '시베리아'라고 이름

붙인 길 건너편의 작은 사무실로 옮기라고 강요했다. 그 직후 애플이 펩시에서 영입한 CEO 존 스컬리는 이렇게 선언했다. "잡스는 지금도, 앞으로도 회사 운영에 절대 관여하지 않을 것이다." 잡스는 한 대 세게 얻어맞은 것 같은 충격을 받았다. 그는 애플이 상장할 때에 비해 가치가 크게 하락한 지분을 모두 팔아치우고 넥스트(NeXT)라는 회사를 새로 설립했다. 또한 이혼 위자료 때문에 돈이 급했던 영화 제작자 조지 루카스에게 애니메이션 회사 픽사를 사들였다.

처음에는 두 회사 모두 성공을 거두지 못했다. 달이 가고 해가 가도 막대한 손실은 줄어들지 않았다. 회사에서 생산한 컴퓨터는 팔리지 않았고, 잡스는 결국 픽사의 하드웨어 부문을 매각하고 컴퓨터 그래픽에만 치중하기로 했다. 그러고는 월트 디즈니와 계약을 체결하는 데 성공했다. 월트 디즈니는 만화영화 제작을 픽사에 맡겼다. 월트 디즈니의 CEO 마이클 아이스너는 아널드 슈워제네거를 내세운 〈터미네이터〉 시리즈 등에 컴퓨터 애니메이션을 도입해 특수효과를 극대화한 제임스 캐머런 같은 제작자들에게 점점 추월당할 것이라고 판단했다.

픽사는 광고에만 영화 제작 예산의 3배인 1억 달러를 쏟아부은 〈토이 스토리〉의 제작을 의뢰받았다. 〈토이 스토리〉는 순식간에 흥행 1위로 등극했고, 1995년 12월 픽사의 성공적인 기업공개의 주역이 되었다. 초기에 픽사는 막대한 손실을 입었다. 그러나 〈토이 스토리〉의 성공으로 언론의 호의적인 반응을 이끌어냈고, 이후에 주식 상장에 성공하는 원동력이 되었다. 잡스가 예견했던 그대로 실현된 것이다.

잡스는 자신이 보유한 픽사의 주식 지분을 주당 개시 가격 22달러로 공개 입찰에 붙이려 했다. 그러나 법률자문가와 투자은행가들이 보기에는 터무니없이 높은 가격이었다. 그들은 개시 가격을 12~14달러로 낮추라고 제안했다. 22달러로 내놓으면 팔리지 않을 가능성이 크다고 말이다. 잡스는 역시나 '안 된다'는 말을 듣지 않고 22달러를 고집했다.

거래가 시작되자 픽사 경영진 모두 모니터에서 눈을 떼지 못했다. 30분 후 주식의 거래 가격은 49달러였다. 장이 마감되던 시점에 주가는 약간 떨어지긴 했지만 여전히 기대치를 훌쩍 뛰어넘는 39달러였다. 잡스는 적어도 그 순간만큼은 억만장자였다. 오랫동안 실패를 거듭하던 픽사는 계속 흥행작을 내놓았고 컴퓨터 애니메이션의 새로운 기준을 제시했다. 그리고 매출액 20억 5천만 달러로 할리우드 역사상 가장 큰 성공을 거둔 기업이 되었다.

2006년 1월 말, 월트 디즈니는 픽사를 74억 달러에 인수한다고 발표했다. 잡스는 여전히 픽사의 지분 50.1퍼센트를 보유하고 있었다. 잡스는 월트 디즈니의 이사진이 되었고, 개인으로서는 월트 디즈니의 최대 주주가 되었다.

그로부터 10년 전 그는 애플에 성공적으로 귀환했다. 1996년 4억 6천만 달러에 넥스트를 애플에 매각했고, 1997년에는 애플

이사진에 합류한 직후 임시 CEO가 되었다. 아이폰과 아이패드를 출시함으로써 그는 회사의 자산을 크게 불려나갔고 파산 직전의 회사를 전 세계에서 가장 성공한 기업으로 일으켜 세웠다. 이 모든 일이 어떻게 시작되었는지 기억하라. 한 남자가 '안 된다'는 대답을 받아들이지 않은 것이 발단이었다.

우리는 거절당하거나 '안 된다'는 대답을 들었을 때 그것을 최종 확답이라 여기고 쉽게 포기해버린다. 앞으로 누군가 '안 된다'고 말하면 "잠깐, '안 된다'는 말을 '된다'로 바꿀 만한 방법이 있을지 생각해보자"라고 스스로에게 말하라. 이것은 잡스뿐 아니라 당신과 나에게도 통하는 전략이다.

성공이란 '싫다'를 '좋다'로 바꾸는 것이다

늘 '싫다'고 말하는 사람보다 늘 '좋다'고 말하는 사람을 상대할 때 훨씬 더 큰 위험이 따른다. 왜 그럴까? 나는 사업가로 경력을 쌓는 데 도움이 되겠다 싶어서 한때 생명보험 판매를 한 적이 있다. 동료와 나는 사전에 연락을 하지 않고 집집마다 방문하는 콜드콜(cold call)을 시도해보았다. 우리가 초인종을 울리리라는 것을 사람들은 전혀 모른다. 면전에서 문이 쾅 닫힌다 하더라도 콜드콜을 계속 시도하는 것이 우리의 영업 전략이었다.

그때 '좋다'고 말한 남자가 있었다. 그는 친절하게도 생명보험의 혜택을 극찬하는 내 이야기를 45분 가까이 들어줬다. 고개를 끄덕이는가 하면 중간 중간 "그거 참 좋겠네요"라고 맞장구를 쳐 주기도 했다. 나는 보험을 판매할 수 있다는 확신에 차서 계약서 양식을 채워나가기 시작했다. 그런데 그때까지 정중하던 사람이 불쑥 "뭐 하고 있는 거요?"라고 물었다. 민망해진 나는 혹시 몰라서 정보를 채워 넣고 있었을 뿐이라고 해명했는데, 그가 내 말을 끊더니 "어떤 경우에도 절대 보험은 들지 않을 겁니다"라고 말했다.

그때 영업사원 입장에서는 누구에게나 '좋다'고 말하는 사람이 이의를 제기하고 우려를 표시하는 사람보다 훨씬 다루기 어려운 상대라는 교훈을 얻었다. '좋다'고 말하는 것은 가급적 빨리 쫓아내려는 속내였다. 상대방에게 해명하거나 반박할 기회조차 주지 않는다. 나는 경험을 통해 그런 사람들이 속마음을 드러내도록 해야 한다는 것을 깨달았다.

유능한 영업사원은 '좋다'는 애매모호한 대답은 물론 설득의 여지조차 남기지 않고 단호하게 '싫다'는 대답에도 대응할 줄 알아야 한다. 한때 미국에서 가장 성공한 보험 세일즈맨이었던 프랭크 베트거(Frank Bettger)는 《실패에서 성공으로(How I Raised Myself from Failure to Success in Selling)》에서 누군가 '싫다'고 말하면 곧바로 대화 주제를 바꿔버렸다고 한다.

하루는 지인의 소개로 베트거는 건설 대기업의 이사를 방문했다. 그는 지인에게 소개를 받을 때는 꼭 편지를 써달라고 했다. 회사를 방문해서 이사에게 소개 편지를 건네자 "보험 가입에는 관심 없다는 사실을 알아두세요. 불과 한 달 전에 보험을 가입했거든요"라고 말했다. 그 사람은 마음을 절대 바꾸지 않을 것처럼 보였다. 그때 베트거는 "이사님, 어떻게 해서 건설업을 시작하게 되셨나요?"라고 물었다. 그러고는 이사의 이야기를 3시간이나 경청했다. 몇 주 후 그 회사의 이사와 몇몇 임직원이 당시 기준으로 엄청난 거액이던 22만 5천 달러짜리 보험을 베트거를 통해 가입했다.

"어떻게 해서 이 일을 시작하게 되셨나요?"는 베트거가 서먹서먹한 분위기를 전환할 때 가장 즐겨 쓰는 말이었다. 특히 성공한 기업가들은 사업 시작부터 어려움을 극복한 이야기를 들려주고 싶어 한다. 베트거는 상대방의 인생에 흥미를 보이며 이야기를 잘 들어주는 사람이라는 인상을 심어주었다. 또한 잠재적인 고객에게 결정적인 정보를 많이 수집했다. "상대방이 무엇을 원하는지 찾아낸 다음 그것을 얻는 가장 좋은 방법을 제시하는 것이야말로 가장 중요한 비결이다"라고 베트거는 조언했다.

'싫다'는 말을 '좋다'로 바꿀 수 있는 6가지 규칙이 있다.

1. '싫다'는 말을 들어도 최종 답변이라고 생각하지 마라. 그저 협상의 중간 단계쯤으로 여겨라.
2. 상대의 관점을 이해하려고 노력하라. 해결해야 할 사안에 대해 상대방의 입장에서 살펴보라. 양쪽의 이해를 모두 충족할 수 있는 해결책을 찾아라.

3. 상대가 체면을 잃지 않고 생각을 바꿀 수 있도록 중간 지점을 적절히 계산하라. 손해 보는 것을 좋아하는 사람은 없다. 상대방이 이겼다고 느끼도록 하라.
4. '공정한'이라는 단어는 협상에서 마법과 같은 결과를 가져온다. 양쪽 모두에게 공정한 해결책을 얻으려고 진심으로 노력해야 한다. 양측 모두 100퍼센트 만족스럽지는 않을 것이다. 그게 타협의 본질이다. 하지만 양측 모두에게 공정한 해결책은 있다.
5. 상대에게 당신이 처한 상황과 당신의 행동을 이해해달라고 부탁하라. 당신이 상대의 입장이 되어본 것처럼 상대도 당신의 입장에서 현안을 살펴봐 달라고 부탁하라. 감정적이고 이성적인 측면 모두에서 당신의 입장을 설명하고 상대방의 이해를 도와라.
6. 협상할 때 뚜렷한 목표를 설정하지도 않은 채 모호한 태도로 접근하는 사람들이 많다. 협상을 시작하기 전에 당신이 무엇을 원하는지 빠짐없이 확인하고 얼마만큼 타협할 의사가 있는지 확실히 정해야 한다. 당신의 입에서 나오는 단어의 의미가 무엇인지 상대가 빠짐없이 이해할 수 있도록 철저히 준비하라.

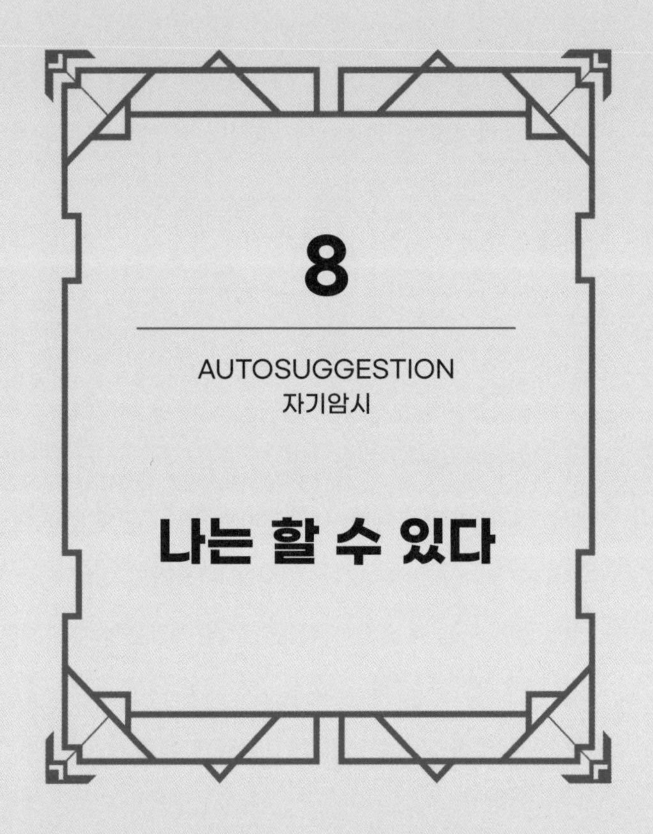

8

AUTOSUGGESTION
자기암시

나는 할 수 있다

목표를 세울 때는 수단을 생각하지 마라

미국의 소프트웨어 개발 기업 오라클의 설립자 래리 엘리슨의 주위 사람들은 그가 왜 늘 잘못된 수치를 들먹이며 엉터리 주장을 하는지 궁금했다. 임직원들은 엘리슨이 과거나 현재가 아닌 미래에 사는 사람이라고 했다. 어떤 직원은 이렇게 말했다. "그는 시제를 인식하는 데 문제가 있었다. 예를 들어 직원 수가 50명이 될 거라고 말하는 식이다. 보통 사람 같으면 현재 직원 수가 50명이라고 말한다." 오랫동안 그와 함께 일한 비서는 "엘리슨은 현재에 살지 않는다. 현재의 문제에 대한 해결책이 미래에 있기 때문이다"라고 말했다.

성공한 사람들은 언제나 미래에 중점을 둔다. 후회하며 시간을 낭비하지 않는다. 과거의 실수에서 교훈을 얻고 앞으로 나아갈 줄 아는 사람들이다. "앞으로 기대되는 것이 너무도 많기 때문에 과거에 무엇을 택할 수 있었는지 생각해봤자 아무 소용 없다고 생각한다. 그렇게 해봤자 아무 도움이 되지 않는다. 인생은 앞을 내다보고 살아야 한다"고 워런 버핏은 말했다. 버핏은 결코 좋지 않았던 과거를 곱씹는 일이 없다고 한다. 그는 자신의 기억력을 욕조에 비유했다. "그의 흥미를 자극하는 발상과 경험과 문제로 가득 찬 욕조. 그는 더 이상 필요 없는 정보는 욕조의 마개를 뽑아 물을 빼듯이 단숨에 기억을 비워버렸다. 특정 사건, 정보, 추억, 심지어 사람에 관한 기억까지 지우는 듯했다."

불필요한 기억을 지우는 것과 반대로 우리가 세운 목표를 잠재의식에 프로그래밍할 수도 있다.

1950년대 역사상 최초로 소형 접이식 보트를 타고 혼자 대서양을 횡단한 독일인 의사 한네스 린데만 박사의 기록은 2002년까지 깨지지 않았다. 린데만은 독일의 정신의학자 요하네스 하인리히 슐츠 교수가 1930년대 초반에 창시한 자기훈련 기법으로 목표를 달성할 수 있었다. 슐츠가 자율훈련법(autogenic training)이라고 부른 방식을 이용하면 우리가 세운 목표를 잠재의식에 이식할 수 있다.

대서양 횡단을 계획하기 6개월 전 린데만은 몇 가지 구호를 잠재의식에 프로그래밍하기 시작했다. '나는 할 수 있다'도 그중 하나였다. 그는 아침에 일어나자마자 이 구호를 되풀이하면서 하루를 시작했고, 점심시간이 지나서도 계속 구호를 되뇌었다.

"3주 동안 '할 수 있다'는 다짐을 하면서 무사히 횡단을 마치고 되돌아올 수 있다는 확신을 가졌다." 대서양을 횡단하는 동안 그는 시시각각 이 다짐을 자동으로 떠올렸다. 57일째 되는 날 밤에는 보트가 전복되어 새벽에 보트를 똑바로 뒤집을 때까지 미끄러운 갑판에 누워 밤을 보내야 했다. 그때 잠재의식에 주입했던 다짐들이 떠올랐고, 그 덕분에 시련을 이겨낼 수 있었다.

티롤 산맥을 등반한 산악가 라인홀트 메스너(Reinhold Messner)도 비슷한 에피소드가 있다. 그는 크레바스(crevasse, 빙하의 갈라진 틈—옮긴이) 속으로 추락해 죽을 뻔한 적이 있다. 그는 크레바스를 빠져나오기는 불가능하겠지만 성공한다면 곧바로 하산하리라 결심했다. 그러나 무사히 빠져나온 메스너는 산행을 계속해야겠다는 충동을 이길 수 없었다. "달리 어쩔 도리가 없었다. 아침에 일어날 때마다, 그리고 밤에 잠들 때마다 무의식 속에 프로그래밍을 해둔 목표가 떠올랐다." 산 정상에 오를 때까지 포기를 허용하지 않는 것은 그의 잠재의식이었다.

한네스 린데만이 대서양 횡단을 할 때 가장 중요한 다짐은 "정서(正西) 쪽으로"였다. 조금만 항로를 이탈해도 그의 내면에서 "정서 쪽으로"라고 주의를 환기하는 목소리가 들렸다. 그는 극심한 수면 부족으로 환청에 시달렸지만 "서쪽"이라는 말을 들을 때마다 정신이 번쩍 들어 곧바로 항로를 수정했다고 한다. "정형화된 다짐이 환청을 없앴다. 이것은 의학 연구의 신기원이 될 만한 발견이었다. 동시에 정형화된 다짐이 최면에서 깨어난 후의 암시만큼이나 강력한 효과를 발휘했다."

잠재의식에 목표를 주입하는 법

나는 잠재의식 속에 재정적인 목표를 주입함으로써 재산을 모을 수 있었다. 목표를 달성하기 위해 "나는 1년에 X 유로를 번다"거나 "올해 12월 31일 현재, 나는 X 유로를 소유하고 있다"와 같은 문장을 되풀이했다. 내 머릿속의 GPS에 주입한 목표와 실제 결과를 비교하기 위해 지난 10년간 일지를 기록했다. 그 결과 매우 과감한 목표를 세우고 해마다 목표 수준을 높였는데도 성공률이 85퍼센트나 되었다.

어떻게 해서 이런 일이 가능한 것일까? 《잠재의식의 힘(The Power of Your Subconscious Mind)》에서 정신의학자 조지프 머피(Joseph Murphy)는 자기암시가 목표를 달성하는 데 도움을 준다고 말한다. "건강이라 명하면 잠재의식이 건강을 목표로 설정한다"는 것이다. 머피는 "세부 사항과 수단은 신경 쓰지 마라. 그저 최종 결과만 생각하라. 건강이든, 돈이든, 취업이든 만족스러운 결과를 냈을 때 어떤 느낌일지 상상하라"고 조언한다.

우리는 목표를 비판적으로 검토하는 경향이 있다. 그 목표를 과연 달성할 수 있을지, 어떻게 달성해야 할지 따지는 것이다. 갖가지 장애물을 상상하고 그 목표를 달성하지 못할 이유를 찾으려 한다. 그러나 목표를 잠재의식에 주입할 때는 경로를 일일이 파악할 필요 없다. 중요한 것은 부단한 반복을 통해 목표를 잠재의식에 각인하는 것이다. 우리의 잠재의식은 의식보다 똑똑하기 때문에 어떻게든 목표에 도달하는 길을 찾는다.

나폴레온 힐은《놓치고 싶지 않은 나의 꿈 나의 인생》에서 자기암시가 성공의 비결이라고 말한다. 힐은 몸을 이완시킨 상태에서 어떤 목표를 생생하게 그려보라고 한다. 이미 그 목표가 실현된 것처럼 말이다. 그는 이것이야말로 목표를 실현할 수 있는 유일한 방법이라고 한다.

특정 문구를 되풀이하는 자율훈련은 잠재의식의 심층부까지 목표를 주입하는 데 효과적이다. 물론 정식으로 자율훈련을 하지 않더라도 목표, 상상한 모습, 다짐을 스스로에게 들려줄 수는 있다.

인간의 의식적인 판단은 대개 잠재의식의 충동이 뒤늦게 실현된 것이라고 볼 수 있다. 목표를 잠재의식에 주입하면 이것을 달성하는 데 필요한 정보를 언제든지 꺼내 쓸 수 있다. 자석에 이끌린 듯 목표 달성에 도움이 되는 사람과 상황을 구체적으로 떠올릴 수 있는 것이다.

목표를 잠재의식에 주입하기만 하면 달성할 수 있을까? 현실적으로 그럴듯한 목표를 세워야 한다. 갑자기 내년에 미국 대통령이 된다거나 화성으로 여행을 간다는 목표는 의미 없다. 그러나 대부분은 목표를 너무 낮게 잡는다. 계획한 것보다 훨씬 더 많이 성취하는 경우는 거의 없다. 인생이 끝나 갈 때쯤 목표를 너무 낮게 잡았다고 후회하면 너무 우울하지 않을까?

단언컨대 낮은 목표보다 높은 목표를 달성하기가 훨씬 더 쉽다. 목표가 높아야 더욱 열의를 갖고 실행하기 때문이다. 매우 과감한 목표를 달성하려고 노력하는 것이 평범하고 지루한 삶을 감내하는 것보다 어려운 것도 아니다. 무엇보다 직접 시도하지 않으면 어떤 재능이 숨겨져 있는지, 좀 더 많은 것을 달성할 능력이 있는지를 결코 알 수 없다.

목표를 노트에 적어라

내면의 GPS에 입력할 목표는 매우 분명해야 하고 수량화가 가능하며 기한이 정해져 있어야 한다. 어떤 회사에 "괜찮은 물건 있으면 보내주세요"라고 주문을 넣는다면 어떨까? 그 회사는 어찌할 바를 모를 것이다. 잠재의식도 마찬가지다. "나는 부자가 되고 싶다", "성공하고 싶다"는 모호한 목표를 처리할 수 없다. 몇 월 며칠까지 얼마만큼의 돈을 벌고 싶다고 뚜렷한 목표를 정하면 잠재의식은 무엇을 해야 할지 파악할 수 있다. 또한 목표를 달성했는지 정확히 모니터링하고 측정할 수도 있다.

목표는 항상 글로 기록해둬야 한다. 하버드 대학교 졸업생들을 대상으로 한 설문조사에서 목표를 글로 기록하는 것이 얼마나 중요한지 입증되었다. 응답자 가운데 84퍼센트가 앞으로 달성해야 할 목표가 없다고 답했다. 13퍼센트는 목표를 세웠으나 '머릿속'에만 있다고 답했다. 하나 이상의 목표를 글로 직접 써둔 응답자는 3퍼센트에 불과했다. 10년 후 그 사람들을 대상으로 다시 한 번 설문조사를 시행했다. 그 결과 (기록해두지는 않았으

나) 목표를 세운 13퍼센트의 소득이 목표가 전혀 없었던 84퍼센트보다 평균 2배 더 많았다. 목표를 글로 기록한 3퍼센트의 소득은 다른 응답자에 비해 10배 더 많았다.

큰 목표를 달성하는 가장 확실하고 빠른 길은 글로 기록해두고 연간 목표로 분류한 다음 매일같이 내면의 GPS에 입력하는 것이다. 자율훈련을 하지 않아도 목표를 달성할 수는 있다. 하지만 자율훈련을 통해 다짐을 잠재의식에 주입한다면 목표를 훨씬 더 빨리 달성할 수 있다.

목표를 달성하기 위해 잠재의식의 힘을 동원하라. 매일같이 이루고자 하는 목표를 반복하여 내면의 GPS에 입력할 수 있는가? 아니면 시도조차 하지 않는 회의주의자인가? 매일 반복할 만한 자제력이 부족한 사람인가? 이 질문에 대한 답이야말로 향후 10년 동안 얼마만큼 달성할 수 있을지를 가르는 잣대가 될 것이다.

내면의 GPS에 목표를 입력하고 나면 다음 단계로 넘어갈 준비를 갖춘 셈이다. 이때부터 다음 장에서 말하는 체력과 실험 정신을 통해 목표에 한 걸음 더 가까이 다가갈 수 있다.

9

PATIENCE
끈기

부를 거머쥘 때까지 버텨라

실험 정신은 체력에서 나온다

성공하려면 체력이 필요하다. 그러나 같은 실수를 되풀이한다면 체력만으로는 역부족이다. 이럴 때는 고도의 실험 정신이 뒷받침되어야 한다. 기업에서도 체력과 적극적인 실험 정신이 결합되어야 성공을 이룰 수 있다. 가장 대표적인 사례가 바로 바비 인형의 이야기다.

1959년 루스 핸들러(Ruth Handler)는 뉴욕의 한 호텔 방에 앉아 울고 있었다. 핸들러는 자신의 회사 마텔(Mattel)에서 만든 신제품 바비 인형을 선보일 장난감 박람회에 거는 기대가 컸다. 바비 인형은 그 당시 판매되고 있던 여느 인형들과 완전히 달랐다. 어린이가 아닌 성인 여자의 모습이었기 때문이다.

사람들은 어떤 엄마가 딸한테 가슴이 크고 허리가 잘록하며 겨드랑이 바로 밑에서부터 다리가 시작되는 인형을 사주겠냐며 비웃었다. 업계 전문가들도 마텔이 주문을 거의 받지 못할 것이라고 내다봤다. 핸들러는 공황 상태에 빠졌고 일본에 있는 공급업체에 생산 물량을 40퍼센트 줄이겠다는 전보를 보냈다. 처음에 그녀는 상황을 지나치게 낙관한 나머지 앞으로 6개월 동안 매주 2만 개를 생산하라고 주문했다.

루스 핸들러가 바비 인형에 대한 아이디어를 처음 떠올린 것은 1950년대 초반이었다. 그때 딸 바버라(바비라는 이름도 바버라에서 따온 것이다)와 친구들은 한창 종이를 오려서 만든 인형을 갖고 놀았다. 그들은 인형 옷을 입혔다 벗겼다 반복했다. 핸들러는 소녀들이 성인 여성의 모습을 한 인형을 특별히 좋아한다는 점에 주목했다.

소녀들은 나중에 어른이 되면 그렇게 매력적이고 옷도 잘 입고 화장도 예쁘게 하는 여자가 되고 싶다고 했다. 그때 평면적인 종이 인형보다 입체적이고 사실적인 인형을 더 좋아하지 않을까 하는 생각이 핸들러의 머리를 스쳤다. "나는 종이 인형의 패턴을 바탕으로 입체적인 인형을 만들 수만 있다면 매우 특별한 제품이 탄생하리라 생각했다."

하지만 어디에도 그런 인형은 없었다. 1956년 6주 동안 유럽에 머물 때 핸들러는 스위스 루체른의 어느 상점에서 릴리(Lilli)라는 인형을 발견했다. 키가 30센티미터 정도에 금발의 포니테일 머리를 하고 있었다. 핸들러와 열다섯 살의 딸 바버라는 일찍이 그런 인형을 본 적이 없다. 릴리는 어린이가 갖고 노는 인형이 아니었다. 독일의 타블로이드 신문 〈빌트(Bild)〉에 실린 만화 주인공인 그 인형은 남성용 선물로 팔리고 있었다. 핸들러가 찾아 헤매던 그 인형이야말로 어린 소녀들을 타깃으로 만들 제품이었다.

그러나 자신의 머릿속으로 그리던 아이디어를 구현하기는 쉽지 않았다. 가급적 사람과 똑같이 보이도록 만든 릴리는 속눈썹도 붙어 있었고 갖가지 옷도 구비되어 있었다. 핸들러는 제품 생산 비용이 어마어마하리라는 사실을 깨달았다. 그래서 당시만 해도 인건비가 싼 일본 업체에 생산을 맡기기로 했다.

그 후 몇 년에 걸쳐 여러 제조업체를 방문해서 실험을 거듭한 끝에 3달러에 인형을 생산할 수 있게 되었다. 그 외에 인형 옷을 만드는 비용도 꽤 많이 들었다. 그 당시 미국의 일반 사무직 월급이 200~300달러 수준이었다. 바비 인형은 그야말로 중산층 또는 상류층 사람들이나 살 수 있는 사치품이었다.

1945년 핸들러는 남편과 다른 동업자와 함께 마텔이라는 회사를 설립했다. 처음에는 액자를 만들다가 시간이 지나자 인형의 집에 들어가는 가구를 만들었다. 핸들러의 남편은 발명과 기술 부문에 뛰어났으나 매우 내성적이어서 영업은 적성에 맞지 않았다. 그래서 타고난 마케팅과 광고의 귀재이던 핸들러가 경영을 맡았다. 그녀의 회사는 1년 내내 텔레비전 광고를 하는 최초의 장난감 업체였다. 1955년 당시 어린이들에게 가장 인기 있었던 텔레비전 프로그램인 월트 디즈니의 〈미키 마우스 클럽〉을 통해 전국적인 광고 캠페인을 벌이기 시작했다.

그 광고 캠페인은 장난감 업계에 일대 혁신을 몰고 왔다. 그때부터 부모가 아닌 아이들이 직접 장난감을 고르기 시작했다. 아이들은 텔레비전 광고에서 본 장난감을 사달라고 계속 떼를 썼다.

그때까지만 해도 핸들러는 판매와 마케팅에만 신경 쓰고 신제품 개발은 남편에게 맡겨놓았다. 바비는 그녀가 처음으로 개발한 제품이었다. 그녀는 거액을 들여 광고 심리 분야의 권위자 에른스트 디히터(Ernst Dichter)에게 전문적인 보고서를 의뢰했다. 디히터는 여자 어린이 191명과 어머니 45명을 대상으로 설문조사를 한 결과 대부분의 어린이가 바비 인형을 매우 좋아하지만 어머니들은 싫어한다는 사실을 알아냈다.

디히터의 아내는 훗날 이렇게 기억했다. "남편은 아이들에게 어떤 인형을 갖고 싶냐고 물었다. 그랬더니 아이들은 섹시하게 생긴 인형을 갖고 싶다고 대답했다. 한마디로 자기들이 커서 되고 싶은 여성의 모습이었다. 아이들은 다리가 길고 가슴이 크며 매력적인 인형을 원했다." 디히터는 바비의 가슴을 훨씬 더 크게 만들자고 제안했고 바비의 가슴, 허리, 엉덩이 사이즈를 각각 39인치(약 99센티미터), 18인치(약 45센티미터), 33인치(약 83센티미터)로 정했다. 그러나 소녀들이 정말 그런 모습을 원하는지는 확신할 수 없었다.

소녀들의 꿈은 텔레비전 광고에 삽입된 노래에 담았다. "언젠가 나는 너와 똑같이 될 거야. 그렇게 되려면 어떡해야 할지 난 잘 알고 있어. 바비, 아름다운 바비, 나는 네 흉내를 낼 거야." 마텔의 경쟁업체들은 모두 그 광고를 조롱했다. "마텔이 미친 짓을 저질렀던데, 그거 봤어? 엄마들이 자기 딸들에게 매춘부처럼 생긴 인형을 사줄 거라고 생각한 건가?" 경쟁업체만 회의적이었던 것이 아니다. 마텔의 직원들조차 그처럼 황당한 제품이 성공하리라고는 생각지 않았다.

그 모든 의심에도 바비는 선풍적인 인기를 끌었고, 마텔은 미국에서 가장 큰 장난감 제조업체가 되었다. 마텔이 상장된 것은 바비가 출시된 지 불과 1년 후였다. 5년 후에는 연간 매출 1억 달러를 기록했고, 〈포춘〉 선정 500대 기업에 오르기도 했다.

핸들러가 성공할 수 있었던 비결은 모든 역경에도 굴하지 않고 자신의 아이디어를 고집한 것이다. 그녀의 남편은 계속해서 바비 인형을 반대했다. 직원들은 물론 주위 사람들도 핸들러의 아이디어를 확신하지 않았다. 그들은 소비자가 그런 인형을 원하더라도 합리적인 가격에 제품을 생산하기는 불가능하다고 주장했다. 그러나 핸들러는 그 계획을 강행해서 가능하다는 것을 증명하고 싶었다.

핸들러는 자신의 아이디어를 실현하는 데 10년 가까이 걸렸다. 그렇게 버틸 수 있었던 것은 체력이 있었기 때문이다. 스위스에서 구한 인형을 개량하는 데만 3년이 걸렸다. 바비의 손톱, 화장, 옷 등 세세한 것 하나하나까지 주의를 기울인 것이 경이로운 매출을 기록하는 데 결정적인 역할을 했다.

바비를 산 소녀들은 자랑스러워했고 최신 스타일로 인형을 꾸미기 위해 새로운 옷을 계속 만들어달라고 요구했다. 경쟁업체는 그녀의 아이디어를 모방하려 했으나 그만한 체력도 없었고 세세한 부분까지 신경 쓰지도 못했다. 언뜻 사소해 보이지만 이러한 체력과 실험 정신이야말로 핸들러의 성공에 결정적인 기여를 했다.

실패에 강한 내성을 길러라

하워드 슐츠도 인내심에 큰 도전을 받았다. 스타벅스는 슐츠가 인수할 당시 해마다 수익을 내고 있었다. 그러나 매장은 모두 합쳐 다섯 곳밖에 없었다. 슐츠는 전국적인 체인을 만들 계획이었다. "그만한 수익을 유지하면서 동시에 빠른 성장에 필요한 토대를 갖추기가 불가능하다는 사실을 깨닫는 데는 그리 오래 걸리지 않았다." 그는 직원들과 투자자들에게 앞으로 3년 동안 회사가 적자를 볼 것이라고 말했다.

1987년 그의 예상대로 스타벅스가 입은 적자는 33만 달러였다. 1년 후 적자는 76만 4천 달러로 증가했다. 3년 동안 입은 적자는 모두 합쳐서 120만 달러였다. 그로부터 1년 후 스타벅스는 다시 흑자로 전환되었다. "3년 동안 우리 모두 진땀 나는 경험을 했다. 긴장의 연속이었다. 미래를 위한 투자를 하는 동안에는 수익을 볼 수 없으리라는 것을 알았지만 나 자신조차 흑자로 전환될지 의구심이 들 때가 많았다."

어떤 달은 예산보다 4배 더 많은 적자를 보기도 했다. 그다음 주 이사회에서 해명해야 했던 슐츠는 한숨도 잠을 이룰 수 없었다. 그는 이사회 임원들의 반응이 두려웠다. 회의 분위기는 예상했던 대로 긴장감이 팽배했다. "상황이 좋지 않군요. 전략을 바꿔야겠소"라고 한 임원이 말했다. 슐츠는 두려움에 온몸이 떨리는 것만 같았다. 원래 계획대로 계속 추진해야 한다고 설득하려면 엄청난 용기가 필요했다. 목소리에 두려움이 묻어나지 않도록 최선을 다하면서 그는 말했다.

"우리가 3가지를 추진하지 않는 한 계속 손실을 볼 겁니다. 먼저 확장하는 데 필요한 것보다 더 막강한 경영팀을 갖춰야 합니다. 세계 정상급 로스팅 설비도 필요하고요. 매장 수백 곳의 매출을 계속 추적할 수 있는 정밀한 IT 체제도 구축해야 합니다."

"수백 곳이라니?"라고 의구심을 표하는 투자자들이 있었다. 당시에 스타벅스 매장은 20곳에 불과했다. 그런데 지금 슐츠라는 녀석이 수백 곳의 매장을 관리할 수 있는 컴퓨터 시스템을 구축하는 데 엄청난 금액을 쏟아부어야 한다고 말하고 있었다.

의혹에 찬 투자자들은 높은 연봉을 주고 전문가를 채용하는 이유가 대체 무엇이냐고 물었다. 하는 일에 비해 자격 조건이 지나치게 높은 것 아니냐고 말이다. 슐츠는 자서전에서 이렇게 말했다.

"그 당시에는 성장 곡선에서 미리 인력을 채용하는 것은 손실처럼 보였다. 하지만 전문가가 필요하기 전에 미리 영입하는 것이 나중에 검증되지 않은 풋내기를 채용하는 것보다 훨씬 더 현명하다. 그런 풋내기들은 뻔히 피할 수 있는 실수만 저지른다."

그러나 스타벅스는 돈을 삼키듯이 계속 적자를 봤다. 슐츠는 스타벅스를 매입하기 위해 400만 달러를 끌어모으느라 온갖 고생을 했는데, 이번에는 사업 확장이라는 야심 찬 계획을 추진하기 위해 추가로 390만 달러를 조달해야 했다. 1990년에는 더 큰 자금을 벤처캐피털로부터 충당했다. 1년 후 슐츠는 다시금 1,500만 달러를 조달했다. 스타벅스는 1992년 상장되기 전까지 네 번이나 사모 발행(채권을 특정한 소수인에게 발행하는 것)을 했다.

그러한 과정을 버티려면 얼마나 큰 체력이 필요한지 충분히 상상할 수 있을 것이다. 계획을 좀 더 낮게 잡고 비용을 끌어내렸다면 슐츠도 훨씬 더 편했을 것이다. 그랬다면 좀 더 일찍 흑자로 전환되었을 것이다. 투자자의 비난에 시달리지도 않았을 것이다. 정말로 그가 옳은 길로 가고 있었던 것일까? 100만 달러씩 적자를 볼 때마다 위험도 증가하지 않았을까?

슐츠는 그렇게 생각하지 않았다. 그가 보기에는 자금을 좀 더 끌어모을 수 없을 때 더 큰 위험이 따른다. "회사가 파산하거나 성장을 멈추는 것은 필요한 인력, 시스템, 공정에 투자하지 않았기 때문이다. 대부분의 사람들은 그런 비용을 과소평가한다. 또한 거액의 손실을 보고하는 데 따른 감정적인 타격을 과소평가하는 경향이 있다."

설립 초기의 대규모 투자로 스타벅스는 매년 큰 손실을 보았을 뿐 아니라 슐츠 자신도 계속 지분을 매각했다. 그러나 슐츠는 기꺼이 대가를 지불했다. 슐츠는 창업을 하려는 사람들에게 다음과 같이 조언했다.

"규모에 상관없이 회사를 세우는 데는 생각보다 시간과 돈이 많이 든다는 것을 알아야 한다. 과감한 계획을 세웠다면 매출이 급속도로 증가한다 해도 한동안 벌어들이는 것보다 더 많은 돈을 투입해야 한다. 노련한 중역을 채용하고 현재 수요를 훨씬 넘어서는 제조 설비를 갖추면서 명확한 경영 전략을 수립한다면 회사는 최고 속도로 활동할 준비를 갖춘 것이다."

슐츠와 같은 체력은 2가지 요인에서 발휘된다. 실망에 굴하지 않는 정신과 정말로 과감한 목표다. 목표가 커야만 패배와 부진을 거듭해도 포기하지 않을 정도로 강한 동기부여가 된다. 하지만 성공의 열쇠는 실망에 대한 강력한 내성이다. 슐츠는 제록스의 영업사원으로 일할 때부터 이러한 내성을 길렀다.

슐츠는 6개월 동안 자신이 맡은 맨해튼 42번가와 48번가 사이에 있는 모든 사무실의 문을 두드리고 다녔다. 이스트 리버부터 5번가까지 이어진 지역이었다. "콜드콜은 기업가에게 매우 적합한 훈련법이다. 내 눈앞에서 문이 쾅 닫히는 경우가 너무 많아서 얼굴이 두꺼워질 수밖에 없었고, 워드프로세서라는 최신 기기를 소개할 짤막한 멘트를 생각해내야 했다."

슐츠는 매우 유능한 영업사원이었다. "나의 판매 실적은 대부분의 동료들을 앞질렀다. 내 능력이 입증되자 자신감도 커졌다.

그때 나는 영업이 자존감과 큰 관련이 있다는 것을 깨달았다."

이런 자신감은 패배를 딛고 일어날 만큼 강인한 체력을 기르기 위한 필요조건이다. 반대로 체력을 기를수록 자신감도 커진다. 체력과 실패에 대한 내성을 키워서 성공하면 자신감도 늘어날 수밖에 없다. 그러면 더 높은 목표를 세우고 성공으로 가는 길에 놓인 장애물을 극복할 수 있다. 그다음에는 자신감이 한층 더 커진다. 이 책에서 소개한 인물들은 상당수가 영업의 귀재이다. 영업은 공감 능력과 자기주장이 있어야 하는 것은 물론 실망에 대한 내성도 그 누구보다 강해야 한다.

계획하기 전에 실행부터 하라

블룸버그 통신의 설립자 마이클 블룸버그는 해고되어 회사를 직접 차리기 전까지 15년간 살로몬 브라더스에서 펀드매니저로 일했다. 그는 자서전에서 이렇게 말했다. "정말 다행인 것은 다른 회사의 스카우트 제의를 내가 항상 거절했다는 점이다. 살로몬 브라더스에서 전망이 밝다고 생각했기에 언제나 새롭게 나 자신을 투신할 수 있었다."

그는 1천만 달러의 명예퇴직금을 받고 퇴사한 후 몇몇 동료와 함께 회사를 차렸다. 먼저 그들은 맨해튼 매디슨 가에 2.8제곱미터 정도 되는 아주 작은 사무실을 하나 빌렸다. "청소 도구함만 한 사무실에서 우리는 샴페인 한 병을 따고 창업을 자축했다."

블룸버그는 일주일에 6일, 하루에 14시간씩 일에 매달렸다. 그는 하워드 슐츠를 강타했던 것과 같은 아픈 현실에 직면했다. "내가 투자한 돈은 회사를 성장시키기에 턱없이 부족했다." 지출이 예상했던 것보다 어마어마하게 많았다.

블룸버그가 판매하려는 제품을 고객들이 기꺼이 돈을 내고 구매할지도 불투명했다. 그 제품은 금융 정보를 열람하고 배포하는 최신형 컴퓨터 단말기였다. 그는 전 재산과 평판을 걸어도 될지 의구심이 들기 시작했다. 살로몬 브라더스에서 받은 퇴직금 1천만 달러 중에 400만 달러를 이미 투입한 상태였다. 그런데다 회사는 여전히 적자를 면치 못했다. "그러나 다행히 내가 회사를 떠나고 싶어도 자존심 때문에 우아하게 퇴장할 수가 없었다. 어쩔 수 없이 계속 일해야 했다."

아무리 체력과 실패에 대한 내성이 강해도 실험 정신과 열린 마음이 없으면 큰 성공을 이룰 수 없다. 무엇이든 꽉 짜여진 계획에만 매달리면 체력이 있다 하더라도 아무 소용 없다. 블룸버그는 세부 사항까지 계획하는 것을 좋아하지 않았다. "어차피 일을 추진하다 보면 처음 예상했던 것과 다른 문제점들이 튀어나온다. 청사진과 상관없이 방향 전환을 해야 할 때도 있다. 세밀하게 계획을 세워놓으면 신속한 대응이 필요한 상황에서 발목을 잡힌다."

체력은 적극적인 실험 정신과 결합될 때 성공을 가져다준다. 역사상 최고의 발명가인 토머스 에디슨은 실험을 1만 회 거듭한 끝에야 전구를 발명했다. 100번이고 1천 번이고 계속 실패하는데 포기하지 않을 사람이 얼마나 될까?

과거의 실수에서 재빨리 교훈을 얻어 앞으로 나아가는 사람은 아이디어를 완벽하게 다듬느라 실행에 옮기지 못하는 사람보다 더 큰 성공을 거둘 수 있다. 블룸버그는 이렇게 말했다. "물론 우리도 실수를 했다. 처음 소프트웨어를 사용했을 때는 거의 모든 사람들이 미처 생각하지 못했던 요소들이 빠져 있었다. 그래서 여러 차례 다시 사용해보고 문제를 수정했다. 지금도 우리는 계속 수정해나간다."

경쟁사가 완벽한 최종 설계를 만드느라 정신이 없을 때 블룸버그는 이미 시제품을 개선해 다섯 번째 버전을 내놓았다. "근본적으로 계획이냐 실행이냐 하는 문제다. 다른 사람들은 몇 달 동안 계획만 세우지만 우리는 첫날부터 실행한다."

회사를 창업할 때는 계획을 세우는 데 시간을 보내지 말고 적극적으로 새로운 것을 배우고 실험하라. 블룸버그는 은행이나 투자자들이 강조하는 새로운 경영 아이디어에 대한 예측은 대부분 쓸모없다고 강조한다. "잘 모르는 분야에 대한 지식은 한정되어 있다. 그렇기 때문에 세밀한 분석은 대부분 들어맞지 않는다."

열 번의 실패를 견딜 수 있는가?

인내와 실험 정신이 결합될 때 무엇을 할 수 있는지 보여준 사람이 있다. 바로 알리바바의 창업자 마윈이다. 아마존의 비교 대상이 된다는 것 자체만으로도 전자상거래 대기업인 알리바바가 얼마나 중요한 위치를 차지하는지 알 수 있다.

매년 11월 11일 광군제(光棍節, 싱글의 날)에는 알리바바의 시장 영향력이 여실히 드러난다. 2009년 마윈은 이날을 파격 할인의 날로 정하겠다는 아이디어를 떠올렸다. 11월 11일은 혼자라는 의미의 '1'이 4개 겹쳐 있다는 뜻에서 애인이 없는 날로 정했다. 이날 애인 없는 사람들끼리 선물을 주고받으리라는 마윈의 예상은 적중했다. 2016년 11월 11일 광군제 마케팅으로 알리바바에 쏟아져 들어온 돈은 151억 달러(약 18조 원)에 달했다. 2018년에는 훨씬 더 많은 308억 달러였다.

미국의 온라인 소매업체들이 사이버 먼데이(Cyber Monday, 추수감사절 연휴 다음 첫 월요일—옮긴이), 블랙 프라이데이, 추수감사절, 프라임 데이(Prime Day, 아마존의 최고 등급 회원들을 위한 할인 행사일—옮긴이)를 통틀어 올린 매출이 79억 달러라는 것을 생각하면 엄청난 액수다.

2018년 알리바바의 브랜드 가치는 1,130억 달러를 기록하여 IBM(960억 달러), 코카콜라(800억 달러), 월트 디즈니(540억 달러)를 따돌렸다. 교사에 불과했던 마윈은 세계 최고 부자의 반열에 올랐다. 2018년 10월 중국판 〈포브스〉로 불리는 〈후룬(胡潤)〉은 총자산 390억 달러인 마윈을 중국 최고의 부자로 꼽았다. 〈포브스〉에 따르면 마윈은 2018년 세계 20대 부자에 들었다.

2017년에는 〈포춘〉이 선정한 '세계 50대 지도자' 중 2위를 차지했으며, 현재까지 수년에 걸쳐 〈포브스〉가 선정한 '세계에서 가장 영향력 있는 사람' 순위에 이름을 올리고 있다.

마윈은 어릴 때 영어를 배우는 데 모든 노력을 기울였다. 마크 트웨인의 소설을 애독했으며, 영어 실력을 향상할 수 있는 기회를 최대한 활용했다. 열두 살이 되던 해에 그는 영어 실력을 향상할 수 있는 묘안을 생각해냈다. 매일 아침 5시에 자전거를 타고 40분 거리에 있는 관광호텔로 가서 관광객들을 기다렸다. 관광객들에게 접근한 그는 관광 가이드를 해줄 테니 영어를 가르쳐달라고 제안했다. 마윈은 몇 년에 걸쳐 눈이 오나 비가 오나 하루도 빠지지 않고 매일 아침 그 호텔로 갔다. 어느 날은 호주에서 온 가족과 친해져서 그들의 초청을 받아 호주를 방문하기도 했다.

마윈은 영어 실력이 향상되기는 했지만 수학 점수가 나오지 않아 대학 입시에 떨어졌다. 그의 수학 점수는 120점 만점 중 1점에 불과했다. 다시 도전해서 19점을 맞았고 총점이 낮아 합격하지 못했다. 결국 마윈은 그 도시에서 가장 점수가 낮은 사범대학에 입학했다. 영어 전공으로 학사 학위를 취득한 그는 영어 교사로 취직했다. 그러다 1995년 시애틀 여행이 그의 앞날을 결정지었다. 그곳에서 친구를 통해 처음으로 인터넷을 접한 것이다. 마윈은 즉시 흥미를 느꼈고 인터넷이 미래에 어떤 영향력을 미칠지 직감했다.

그는 전 재산을 탈탈 털어서 차이나 옐로페이지(中國黃頁)를 설립했는데 생존을 부지하기도 어려운 상태였다. 회사를 설립하자마자 무일푼이 되었다. 차이나 옐로페이지의 사무실 한가운데는 달랑 책상 하나에 낡아빠진 컴퓨터 한 대가 놓여 있었다.

가장 큰 문제는 항저우에서 인터넷에 접속할 수 없다는 점이었다. 다른 사람 같으면 그런 환경에서 인터넷 회사를 세우겠다는 생각을 접었을 것이다. 그러나 마윈은 달랐다. 그는 친구들에게 인터넷의 가능성을 알렸고 그중 몇 명을 설득해 웹사이트 설계를 의뢰했다. 마윈은 친구들에게 그들이 일하는 회사에 대한 자료를 보내달라고 부탁했다. 그리고 그 자료를 영어로 번역해 시애틀로 보냈고, 그곳에서 웹사이트 디자인을 만들었다.

시애틀에 있는 친구들이 작업한 웹사이트 화면을 갈무리해서 다시 중국으로 보내면 마윈은 그것을 받아 자기 고객들에게 보여주었다. 항저우에서 2만 위안(약 343만 원)이라는 적지 않은 돈을 선뜻 투자할 회사를 찾아낸 것만으로도 그가 얼마나 설득력이 뛰어난지 알 수 있다. "나는 3년 동안 사기꾼 취급을 받았다"고 마윈은 회고했다.

이후 몇 년 동안 마윈은 지속적으로 사업 모델을 바꾸었고, 마침내 1999년 기업 간(B2B) 온라인 거래 플랫폼 알리바바를 설립했다. 초기에는 사업이 결코 쉽지 않았다. 마윈은 훗날 다음과 같이 회고했다.

"첫 주에 우리 직원은 7명이었다. 우리가 직접 물건을 사고팔았다. 둘째 주에는 어떤 사람이 우리 웹사이트에서 물건을 판매하기 시작했다. 우리는 팔 수 있는 것은 모조리 팔았다. 우리 사무실 방 2개에는 순전히 남들에게 회사가 영업 중이라는 것을 보여주기 위해 사들인 물건들이 꽉 차 있었는데, 첫 2주 동안 그 물건들은 아무 쓸모없는 폐품에 지나지 않았다."

그는 처음부터 과감하고 야심 찬 목표를 세웠다. 회사 설립 직후 어느 언론인에게 "우리 목표는 중국 1위가 아니라 세계 1위다"라고 말한 적도 있다. 1999년 1월에 자신의 허름한 아파트에서 알리바바의 역사를 기록하기 위해 촬영한 회의를 보면 그가 미래의 성공을 확신했다는 것을 알 수 있다. 마윈은 "앞으로 5~10년 후에 알리바바는 어떤 모습일까?"라는 질문을 던지고 스스로 다음과 같이 답했다. "우리의 경쟁자는 중국이 아니라 실리콘밸리에 있다. 알리바바는 세계적인 웹사이트로 자리매김할 것이다."

마윈은 실리콘밸리 팰로앨토의 벤처 자본가들에게 자금을 조달하려고 했다. 그가 만난 투자자들은 완성된 사업계획서를 기대했다. 그러나 블룸버그와 구글 설립자가 그랬듯이 마윈에게는 사업계획서가 없었다. 그의 좌우명은 "계획하면 패배하고 계획하지 않으면 승리한다"는 것이었다. 그러나 안타깝게도 투자자들은 마윈의 접근법을 받아들이지 않았다. 그는 한 발 물러나서 이렇게 말했다.

"우리가 아직 명확한 사업 모델을 완성하지 못한 것은 사실이다. 야후는 검색엔진, 아마존은 온라인 서점, 이베이는 경매 플랫폼이고 알리바바는 전자 시장이다. 야후와 아마존의 사업 모델이 완벽하지 않은 상황에서 우리는 가장 훌륭한 모델을 찾아내기 위해 노력하는 중이다."

결국 마윈은 카리스마 덕분에 골드만 삭스의 중국 담당자를 설득해 500만 달러를 유치할 수 있었다. 마윈은 기업가의 직감, 새로운 아이디어를 기꺼이 받아들이는 자세, 언제든 사업 모델을 수정할 수 있는 준비 태세가 전 세계 경영대학원에서 가르치는 이론적인 지식보다 훨씬 더 중요하다는 것을 보여준다. 어느 강연에서 그는 이렇게 말했다.

"경영대학원에서 공부할 필요 없다. 경영대학원을 나온 사람들은 대부분 쓸모없다. 졸업하고 나서 학교에서 배운 내용을 잊어버려야 쓸모 있는 사람이 된다. 경영대학원에서는 지식을 가르치는 반면 기업은 지혜를 요구하기 때문이다. 지혜는 경험에서 비롯된다. 그저 고된 업무를 통해서도 지식은 얼마든지 얻을 수 있다."

기업의 성공은 눈에 보이는 학습의 결과가 아니라 드러나지 않는 학습 과정의 결과로서 직관력이나 직감으로 구체화된다. 그러한 직감이 비합리적이거나 불가사의한 것은 아니다. 직감은 축적된 경험이며 경험은 끈기와 적극적인 실험 정신이 결합하여 얻어지는 결과물이다.

인터넷 기업가로 이례적인 성공을 거둔 마윈을 보면 기술 지식이 반드시 필요한 것은 아니다. 그는 이렇게 말했다. "나는 기술에 능통하지 않다. 고등학교 교사로 양성되었을 뿐이다. 중국은 물론 어쩌면 세계에서 가장 큰 전자상거래 기업을 운영하는 내가 사실은 컴퓨터에 대해 아는 것이 없다. 컴퓨터 지식이라고는 이메일을 주고받고 인터넷을 검색하는 정도다."

웹사이트 디자이너로 시작해 기업 간 전자상거래에 진출한 마윈은 계속 새로운 사업을 개발했다. 2003년 그는 중국 최대의 기업과 소비자 간(C2C) 쇼핑 웹사이트 타오바오(Taobao, 淘寶)를 설립했다. 처음에는 내부 관계자와 투자자 모두 회의적이었다. 알리바바가 아직 이익을 내지 못하는 상황이었기 때문이다. 설상가상으로 그 당시에는 벤처캐피털에서 신규 자금을 끌어오기도 어려웠다.

마윈과 대화를 나눈 상당수 사람들은 '기업 간 전자상거래에서도 성공하지 못한 기업이 어떻게 새로운 사업을 시작한단 말인가' 하는 조심스러운 입장을 보였다. 그러나 마윈이 옳았다. 2007년 그는 가장 강력한 경쟁자이자 자금 조달 능력이 훨씬 뛰어난 이베이를 꺾는 데 성공했다. 이베이는 어쩔 수 없이 중국 사업을 접어야 했다. 이베이는 타오바오를 이용하는 수많은 소규모 소매업체의 사고방식을 비롯해 중국 시장을 이해하는 데 실패했다. 2004년 마윈은 세계 최대 규모의 인터넷 결제 플랫폼 알리페이(Alipay)를 설립했다.

그는 예나 지금이나 항상 새로운 아이디어에 열려 있다. 2004년에는 이렇게 말하기도 했다.

"기업가들은 사업 첫날부터 그날 할 일이 성공이 아니라 어려움과 실패에 대처하는 것임을 잘 안다. 아직까지는 가장 어려운 시기를 겪지 않았지만 언젠가는 분명 어려움이 찾아올 것이다. 기업가로서 10년 가까이 쌓은 경험을 통해 나는 어려운 시기를 회피하거나 남들에게 떠넘길 수 없다는 사실을 잘 안다. 기업가는 실패에 맞설 수 있어야 하고 절대 포기해서는 안 된다."

구글은 계획서를 쓰지 않는다

구글을 창시한 래리 페이지와 세르게이 브린도 같은 생각이었다. 그들에게는 반짝이는 아이디어가 있었다. 페이지와 브린은 세계에서 가장 우수한 검색엔진을 구축하고자 했다. 알타비스타(Altavista) 같은 기존 검색엔진의 성능이 만족스럽지 못했고 자신들이 더 뛰어난 검색엔진을 만들 수 있다고 확신했다. 그들은 알타비스타의 검색 결과에 웹사이트 리스트뿐만 아니라 불필요한 정보까지 포함되어 있다는 것을 발견했다. 그리고 웹사이트 검색에 필요한 알고리즘에 인기도를 결합하면 검색엔진의 성능이 크게 향상될 수 있다는 점을 알아냈다.

당시 스탠퍼드 대학교 박사 과정에 있던 두 사람은 세계에서 가장 뛰어나고 앞선 검색엔진을 만들겠다는 생각에 사로잡혔다. 처음에는 회사를 세울 계획도 없었다. 그러나 인터넷 검색엔진을 개발하기 위해서는 컴퓨터 수백 대를 서로 연결해야 했기에 돈이 필요했다.

두 사람은 벤처 투자자를 찾을 때까지도 명확한 사업계획을 세우지 않았다. 《구글, 성공 신화의 비밀(The Google Story)》(데이비드 바이스, 마크 맬시드)에서는 이렇게 설명한다. "둘 다 회사가 어떻게 해서 돈을 벌어들일지에 대한 확실한 생각이 없었지만 최상의 검색엔진을 만들기만 한다면 모든 사람들이 그것을 사용하고 싶어 하리라고 믿었다."

경영학도들은 사업계획서가 얼마나 중요한지 귀에 못이 박히도록 듣는다. 하지만 두 사람은 굳이 그런 계획서를 쓰려고 하지 않았다. 구글이 어떤 방법으로 돈을 벌지는 여전히 알 수 없었다.

원래 두 사람은 검색엔진 기술의 사용권을 다른 인터넷 기업에 팔려고 했다. 그런데 막상 실행에 옮기기가 쉽지 않았다. 처음 구글에 투자한 벤처캐피털 펀드 가운데 하나인 세쿼이아 캐피털(Sequoia Capital)의 마이클 모리츠(Michael Moritz)는 이렇게 말했다.

"첫해에 공략 대상으로 삼은 시장이 예상보다 훨씬 만만치 않고 복잡하다는 것을 알았다. 잠재 고객과의 대화나 협상은 시간만 질질 끌었다. 경쟁이 상당히 치열했고 직접 영업을 뛸 인력도 없었다."

페이지와 브린은 포기하지 않았다. 처음에는 검색 결과의 객관성을 해친다는 이유로 광고 공간을 판매할 생각도 없었다. 그들은 광고를 판매했던 회사들의 부정적인 선례를 지적했다. 실제로 당시 검색 웹사이트의 배너 광고는 그다지 효과가 없는 것으로 판명되었다.

마침내 그들은 광고와 검색 결과를 성공적으로 결합할 수 있는 구조를 생각해냈다. 그 정도면 자신들의 발상이 먹힐 것이라고 판단했다. 두 사람은 그 구조를 보완해서 사업 모형의 근간으로 삼기로 결심했다. 검색엔진은 사용자에게 무료로 제공하고, 수익은 광고 판매로 벌어들인다는 단순한 전략이었다. 처음 몇 년 동안 구글은 손실을 입었다. 2000년 회사의 적자는 1,470만 달러였다. 그러나 불과 1년 후 700만 달러의 흑자를 봤다. 그 후 2002년 1억 달러, 2004년 4억 달러, 2005년 15억 달러로 꾸준히 증가했다. 2018년 구글은 매출 1,360억 달러, 수익 262억 달러를 기록했다. 2018년 구글은 순자산 3천억 달러(약 357조 원)로 세계에서 브랜드 가치가 가장 높은 기업으로 등극했다.

1998년 페이지와 브린은 훗날 구글 검색엔진의 바탕이 된 기술의 사용권을 야후 같은 기업에 팔려고 했다. 하지만 이 기술을 중요하게 생각하는 사람이 아무도 없었다. 더구나 사용료 100만 달러는 너무 큰 액수라고 생각했다. 결과적으로 그러한 패배가 행운의 기회를 가져다주었다. 그들의 제안을 받아들인 기업이 있었다면 구글이라는 회사는 없을 것이다. 실패한 듯한 일이 결국 더 큰 성공의 씨앗이 된 것이다.

구글 이야기에서 알 수 있듯이 성공의 요인은 완벽한 계획을 세우는 것이 아니라 민첩하게 배우고 적응할 수 있는 능력이다. 사업계획서도 없고 수익 구조도 명확하지 않은 회사가 성공하리라고 생각하는 사람은 없었을 것이다. 어떤 은행도 그들의 아이디어를 실현하는 데 필요한 자금을 대출해주지 않았다. 그러나 위대한 비전과 실용주의, 실험 정신, 학습 능력이 결합하면 자세한 사업계획이 담긴 종잇조각보다 훨씬 더 큰 가치를 가진다. 사업계획서는 경제학과 교수들이나 환호할 뿐이다.

실용적이고 실험적인 태도는 창업 초기뿐 아니라 지금도 구글 설립자들의 성공 요인으로 작용한다. 새로운 서비스가 베타 버전으로 자주 출시된다는 것은 아직 개발 단계라는 뜻이다. 구글은 설립자들의 실험 정신 덕택에 존재할 수 있었고, 이제 세계에서 가장 수익성 있고 빠르게 성장하는 기업이 되었다.

경험이 없어서 성공한 사람들

맥도날드는 운영 시스템이 복잡한 것으로 유명하다. 하지만 모든 세부 사항들은 효율을 극대화하는 데 최적화되어 있다. 이런 시스템도 순식간에 탄생한 것이 아니라 오랫동안 온갖 실험을 거친 끝에 만들어졌다. 1950년대 맥도날드의 경영자들 중에 요식업계 출신은 한 명도 없었다. 바로 이 점이 오히려 유리하게 작용했다. 맥도날드의 창업 공신이자 2대 회장을 지낸 프레드 터너는 이렇게 말했다. "식당을 운영해본 적이 없기 때문에 그 무엇도 당연하게 넘길 수 없었다. 우리는 모든 것을 스스로 배워야 했다. 계속해서 더 나은 방식을 찾아 시도했고, 계속 수정을 거듭하며 향상시켰다."

맥도날드의 설립자 레이 크록은 매니저들에게 이견이 있거나 새로운 아이디어가 있으면 언제든지 이야기하라고 했다. "나는 햄버거 사업을 해본 적이 없다. 사실 경영진들 중 어느 누구도 어떤 의견이 나왔을 때 안 된다는 이유를 댈 수 없었다. 그래서 매니저가 의견을 내면 일단 6개월 동안 해본 다음에 결과를 확인했다."

크록은 동료들만큼이나 자신도 실수를 많이 했다고 인정했다. "하지만 우리는 함께 커갔다." 맥도날드 초창기부터 함께 일했던 제임스 쿤(James Kuhn)은 그들의 성공 비결을 이렇게 정의했다. "우리는 의욕적으로 대포를 마구 쏘아댔지만 표적을 모두 맞히지는 못했다. 많은 실수를 저지른 것이 우리의 성공 요인이다. 우리는 실수를 하면서 터득했다."

존 F. 러브는 《맥도날드 : 아치 뒤의 비화》에서 이렇게 말했다. "모든 일에서 시행착오를 겪었다. 모든 아이디어를 논의했다. 맥도날드의 사업은 실제 매장을 운영하면서 이루어진 수천 차례의 실험을 통해 진화했다."

실수를 인정하고 비판을 통해 배우려는 태도가 필요하다. 독단적이고 편협한 사람은 그런 태도를 갖추기 어렵다. 이때도 자신감이 중요하다. 자신감이 클수록 비판에 덜 민감하기 때문이다.

빌 게이츠는 다른 사람이 자기 의견보다 더 나은 근거를 제시하면 순순히 생각을 바꿨다. 마이크로소프트 설립 당시에 일했던 프로그래머는 "게이츠는 사물에 대해 독단적이지는 않았다. 매우 실용적인 사람이다. 한 가지 의견을 주장할 때 매우 강경하게 설득하지만 며칠 뒤 자기 생각이 틀린 것 같다며 상대의 생각대로 추진하자고 말하기도 했다. 추진력과 집중력과 기업가 자질을 갖춰 성공한 사람이라고 해서 누구나 자기주장을 접을 줄 아는 것은 아니다."

다른 직원은 이렇게 회고했다. "어떤 일을 밀어붙이기 시작하면 특유의 강렬한 열의를 보였다. 그 일을 지원하고 회사 전체에 강요하며 만나는 사람마다 그 일이 얼마나 대단한지 장황하게 설명했다. 그러나 그 일이 대단하지 않다는 것이 드러나면 곧바로 신경을 끄고 잊어버렸다. 그는 기업 경영에 놀랄 만큼 기민한 사람이다."

실수는 곧 실험 정신이다

중간관리자와 경영자들은 직원들이 실수를 저질러도 넘어갈 줄 알아야 한다. 물론 계속 같은 실수를 저지르는 사람을 두고 볼 수는 없다. 그런 사람은 뭔가를 배울 마음도, 능력도 없다. 그러나 과감한 일을 시도하고 새로운 것을 시험하는 과정에서 실수를 저지른 사람을 징계해서는 안 된다.

직원이 실수를 할 때마다 벌한다면 실험 정신이 꺾이게 된다. 잭 웰치는 GE에 입사했을 때 실수를 눈감아 준 상사를 만났다. 새로운 화학 공정을 실험하던 그의 부서에 사고가 일어났다. "나는 피츠필드에 있는 내 사무실에 앉아 있었다. 폭발이 일어난 시범 공장 바로 건너편이었다. 건물 지붕이 날아가고 꼭대기 층 창문이 모두 깨질 정도로 엄청난 폭발이었다. 다른 누구보다 내가 가장 큰 충격을 받았다."

웰치는 그 프로젝트의 책임자였다. 다음 날 그는 160킬로미터가량 떨어진 코네티컷주 브리지포트에 가서 윗사람에게 사고 경위를 보고해야 했다. "나는 폭발이 일어난 이유를 설명할 수 있었고, 문제를 해결할 아이디어도 있었다. 그러나 신경쇠약에 걸리기 일보 직전이었다. 내 자신감은 내가 망가뜨린 공장만큼이나 충격을 받았다."

웰치는 윗사람이 어떤 반응을 보일지 전혀 알 수 없었다. 그런데 막상 만나보니 이해심이 많았고 "어쩌다 사고가 났나?", "그 사고에서 무엇을 깨달았는가?"와 같이 꼭 필요한 질문만 했다. 윗사람은 화내고 책임을 전가하기는커녕 문제를 이성적으로 접근했다. "나중에 생산 규모가 더 커진 다음에 발견하는 것보다 지금 문제가 드러난 것이 낫지. 다친 사람이 없어서 다행이야." 웰치는 그의 반응에 깊은 감명을 받았다.

웰치는 직원의 실수에 적절히 반응할 줄 알아야 한다고 했다. "언제 안아주고 언제 걷어찰지 알아야 한다. 물론 자신의 실수에서 아무런 교훈을 얻지 못하는 교만한 사람들은 내보내야 한다. 하지만 우수한 직원이 실수로 괴로워한다면 경영자는 그러한 감정을 극복하도록 도와주어야 한다."

당신의 직원이 심각한 실수를 저지른다면 웰치의 일화를 기억하라. 자신의 실수든 다른 사람의 실수든 받아들이는 법을 배우지 못하면 결코 성공할 수 없다. 성공은 체력과 실험 정신이 결합된 토대 위에서 자라난다. 또한 적극적인 실험 정신에는 실수도 포함된다. 영국의 억만장자 리처드 브랜슨은 일생 동안 크나큰 성공을 일궜다. 언제나 새로운 일을 적극적으로 시도하는 그는 실수와 패배도 많이 겪었다. "가끔 실수를 저지르는 것과 아무것도 하지 않고 기회를 놓치는 것 중에 어느 쪽이 더 불리할까?"라고 브랜슨은 질문한다.

자신의 약점을 비판적으로 보라. 저질 체력으로 허덕이느라 너무 쉽게 일을 포기하지 않는가? 적극적인 실험 정신이 부족하지는 않은가? 목표를 높게 세운 사람은 적당히 성공하느니 완전히 실패하는 것이 더 낫다고 생각할 수 있다. 실패를 겪고 나서 어떤 교훈을 얻을 수 있는지, 다음번에는 어떻게 해야 성공할지 알 수 있기 때문이다. 적당히 성공하면 실험하려는 의욕을 잃기 쉽다. 어느 정도 성공하면 다른 길을 선택하기보다는 검증된 방식만 고집한다.

적당한 성공의 함정에 빠지지 않으려면 일부러 목표를 더 높게 잡아야 한다. 새로운 방법을 시도하지 않는 한 목표를 달성할 수 없도록 말이다. 목표를 높게 잡으면 이전에 시도해본 적 없는 방법을 시도할 수밖에 없다.

계획을 세우는 데 너무 오랜 시간을 쏟아붓지 않는가? 계획을 세우고 있다는 핑계로 행동하기를 머뭇거리지 않는가? 역사적으로 계획경제는 영구 퇴출되었다. 반면 경쟁, 즉흥성, 실험에 근거한 시장경제가 승리했다. 성공을 다룬 자기계발서에서 세밀한 계획의 중요성을 강조하더라도 신경 쓰지 마라. 물론 어느 정도 계획을 세울 필요는 있다. 하지만 지나치게 치중하지는 마라. 더 중요한 일은 과감한 꿈을 꾸고 더 높은 목표를 세우는 것이다. 실수를 너무 두려워하지 마라. 일단 시작하고 실험에 임하라!

10

UNSATISFACTION

불만족

성공의 원동력

과학 프로젝트로 탄생한 프렌치프라이

"기대치를 높여라. 새로운 길을 열어라. 신과 경쟁하라!" 광고계의 전설 데이비드 오길비의 좌우명이었다. 세계 최대의 광고 대행사를 경영한 그는 "평범함과 게으름을 거의 사이코패스 수준으로 증오했다"고 한다. "제아무리 뛰어난 성과를 얻어도 더 나은 것을 요구했다." "기준을 엄청나게 높이 잡아라. 다른 사람이 과거에 했고 미래에 하는 것보다 훨씬 더 뛰어난 일을 시도하라"는 것이 그가 일생 동안 얻은 가장 중요한 격언이었다.

성공한 사람들은 현실에 대한 만족과 불만을 동시에 느낀다. 이미 성취한 것에 대해 만족감을 느끼는 반면 이제까지 달성한 것에 결코 만족하지 못한다. 항상 더 많은 것을 추구하고 제아무리 훌륭한 일이라도 개선의 여지가 있다고 생각한다. 성공한 사람들은 대부분 긍정적인 의미에서 완벽주의자다.

완벽주의의 균형을 찾기는 쉽지 않다. 맥도날드의 설립자 레이 크록은 적절한 완벽주의자였다. 그의 기준이 어찌나 높았던지 "형편없는 맥도날드 매장을 발견하면 미친 듯이 화를 냈다"고 한다. 크록은 일찍이 QSC(품질, 서비스, 청결)라는 공식을 고안했는데, 이것은 그에게 일종의 복음이었다.

어느 누구도 프렌치프라이 만드는 기술에 오랜 시간 투자하지 않는다. 크록은 프렌치프라이 만드는 기술을 과학 프로젝트로 승화했다. 초반 30년 동안 맥도날드는 완벽한 프렌치프라이를 만드는 방법을 연구하고 개발하는 데 300만 달러 넘게 투자했다.

연구 결과 프렌치프라이의 품질이 상당 부분 감자의 품종에 달렸다는 사실을 발견했다. 수분을 제외한 내용물의 비율(건물률)이 21퍼센트 이상인 감자를 사용해야 만족한 결과를 얻을 수 있었다. 레이 크록은 감자를 공급하는 농가에 전문가를 보내 액체 비중계로 건물률을 측정했다. 전문가들이 액체 비중계를 들고 있는 모습을 보고 농민들은 할 말을 잃었다. 과학적인 도구를 들고 나타나서 감자를 검사하겠다고 한 적이 없었기 때문이다.

그래도 만족하지 못한 크록은 저장 환경을 조사해보고 농가 대다수가 토탄을 넣어두던 인공 동굴에 감자를 저장한다는 사실을 알고 경악했다. 그는 곧 자동화된 온도 조절 기능을 갖춘 최첨단 저장 시스템을 개발하기 위해 가공 공장을 찾아 나섰다.

크록은 그것으로도 충분하지 않다고 생각했다. 그는 딥프라잉(deep frying, 145~195도의 뜨거운 기름에서 재료를 튀기는 조리법—옮긴이) 공정을 개선하는 방법을 알아내기 위해 맥도날드 매장을 정밀 분석했다. 크록의 비서는 모토로라에서 전기 엔지니어로 일하던 남편과 매장을 운영했다. 그녀의 남편은 매장 지하에서 딥프라잉 공정을 수개월에 걸쳐 연구했다. 그는 프렌치프라이의 품질이 상당히 개선되긴 했지만 여전히 균일하지 않다며 자체 연구소를 세워야 한다고 했다. 오락가락하는 품질을 참을 수 없었던 크록은 소규모 연구소를 설립하는 데 동의했다.

어떤 사람들은 크록의 완벽주의를 비웃었다. 그러나 그는 모든 매장의 프렌치프라이 맛이 똑같아야 한다고 생각했다. 제대로 된 감자 품종을 선정하고 딥프라잉 공정을 개선하는 데 그만한 시간과 돈을 투자하지 않은 경쟁업체를 이기려면 꼭 필요한 일이었다.

크록의 최측근인 프레드 터너 역시 완벽주의자였다. 그는 맥도날드 매장의 서비스와 음식의 표준화에 관한 책을 쓰기도 했다. 맥도날드에서 일하기 시작한 직후 터너는 15장짜리 설명서를 펴냈는데 이것이 곧 38장으로 늘어났다. 그 후 터너는 직원 수백 명과 매장 수백 군데를 일일이 조사하고 나서 설명서를 다시 펴냈다. 이후로도 오랫동안 새로운 사실을 추가했고, 75장짜리 설명서는 200장으로, 그러다 결국 600장으로 늘어났다.

터너는 패스트푸드 식당의 운영 기법을 과학의 경지로 끌어올린 사람이다. 그는 맥도날드 운영에 관여하는 모든 사람들에게 이렇게 말했다. "완벽주의자가 되어야 한다. 반드시 살펴봐야 할 세부 사항이 수백 가지다. 타협이란 절대 있을 수 없다."

성공은 디테일에 있다

크록과 터너는 맥도날드를 운영하는 데는 오직 한 가지 정도(正道)밖에 없다고 확신했다. 이들은 설명서의 규칙을 지키지 않는 매장을 그냥 두지 않았다. "(A) 세부 사항을 점검하고 매출을 신장시키는 운영자가 있고, (B) 까탈을 부리거나 안달복달하지도 않으며 운영에 자부심도, 애정도 없이 낙오되는 운영자가 있다. 당신이 B에 속한다면 이 일에 적합하지 않은 것이다."

설명서에는 밀크셰이크 섞는 법, 햄버거 뒤집는 법, 프렌치프라이 만드는 법 등 자세한 지시 사항이 담겨 있었다. 품질 표준을 유지하기 위해 각 제품의 정확한 조리 시간과 온도까지 적어두었다. 각 공정마다 손의 움직임까지 설명할 정도였다. 또한 햄버거 하나에 들어가는 양파와 치즈의 양까지 정확히 제시했다. 심지어 프렌치프라이 하나의 크기까지 표준화했다.

이렇게 완벽을 기할 때는 나무를 보느라 숲을 보지 못하는 우를 범하지 않도록 주의해야 한다. 그렇지 않으면 제 무덤을 파는 격이 될 수도 있다. 완벽주의가 지나치면 동기가 자극되기는커녕 무력해지기 때문이다. 맥도날드에서 완벽주의 접근법이 통한 것은 크록과 터너가 음식의 종류와 공급업체의 범위를 최소화했기 때문이다. "우리가 더 똑똑해서가 아니다. 우리는 10개밖에 안 되는 품목을 판매하고, 시설 규모를 키우지 않았으며, 소수의 공급업체만 이용했기 때문에 갖가지 시도를 해보기에 이상적인 환경을 조성할 수 있었다."

크록은 자신이 필요하다고 판단한 표준은 무조건 시행하라고 강요했다. 몇몇 모범적인 매장만 품질 표준을 따르고 나머지는 그러지 않는다면 무슨 소용이 있겠느냐는 생각이었다.

크록은 맥도날드 형제에게 이런 조언을 했다. "우리는 당신들과 마찬가지로 순응하지 않는 사람들을 신뢰할 수 없다는 결론에 도달했다. 그런 사람을 하루빨리 순응하게 만들어야 한다. 회사가 성장할 수 있는 토대를 만들 때 어떤 부서가 맡은 임무를 다하려면 다른 대안을 취할 수 없을 정도로 확실하게 해야 한다. 조직은 개개인을 신뢰해서는 안 된다. 개개인이 조직을 신뢰해야 한다. 그러지 않으려면 이런 일에 종사하지 말아야 한다."

크록은 표준과 기준에 집착하는 한편 직원들에게 실험하고 창조하라고 촉구했다. 그는 개선에 도움이 될 만한 제안을 언제든 환영했다. 가맹점 운영자들이야말로 시장과 더 가까이 있다는 것을 알고 있었기 때문이다. 어떤 제안이든 체계적인 테스트를 거쳐서 표준화했다. 하지만 매장이 정해진 표준에서 벗어나 독자적으로 시도하는 것은 허용하지 않았다.

크록은 표준을 강요하는 데 흔들림이 없었다. 수염을 기르는 것은 기본 위생 규칙에 어긋나는 일이었다. 가장 처음으로 맥도날드 매장을 운영한 가맹점주이자 친구인 밥 돈더빌은 장난으로 크록을 약 올렸다. 그는 수염을 밀어버리라는 크록의 잔소리를 완전히 무시했다. 크록은 밖이 내다보이는 맥도날드 드라이브인 매장 창가에서 수염이 덥수룩한 돈더빌이 구운 쇠고기를 써는 장면을 상상하기만 해도 부들부들 떨었다. 돈더빌은 개점을 준비하는 동안에만 수염을 기르고, 개점일에는 밀어버리겠다고 약속했다. 그러나 크록의 심기를 돋우려고 수염을 계속 길렀다.

하지만 이런 것은 사소한 위반에 불과했다. 처음에는 QSC 표준을 거부하는 가맹점들과 기나긴 소모전을 치렀다. 하지만 체력, 고집, 끈기를 갖춘 그는 결국 가맹점이 표준을 적용하도록 만들었다.

어떤 사람들은 크록을 독재자라고 했지만 유능하고 남의 말을 경청하며 존중하는 사람인 것은 분명했다. 터너는 이렇게 말했다. "크록은 성격이 급하고 자주 울화통을 터뜨렸다. 하지만 그는 내 말에 귀를 기울였고 해명할 기회도 충분히 주었다. 확신을 가지고 밀어붙이면 받아들였다." 크록은 권위적으로 굴거나 모든 논쟁에서 이기려 들지도 않았다. 그는 명분이 있는 싸움만 했고 맥도날드 전 매장의 제품 공정과 서비스를 완벽하게 만드는 데 도움이 된다면 어떤 제안도 환영했다.

이례적인 성공을 거둔 사람들은 누구나 완벽주의를 지향한다. 크록이 완벽한 프렌치프라이 만드는 기술을 과학으로 승화했듯이 보리스 베커는 테니스 라켓의 스트링을 최상으로 만드는 데 집착했다. 베커는 자신의 테니스 라켓을 바이올리니스트 안네-

조피 무터의 바이올린에 비유했다. 모든 스트링은 정확히 0.8밀리미터 두께여야 하며 라켓 무게는 367그램에서 한 치도 벗어나서는 안 되었다. 라켓 10개 가운데 8개는 공장으로 돌려보낼 정도였다. 프로 선수가 사용하기에는 적당하지 않다는 이유였다.

"나와 안드레 아가시, 피트 샘프라스처럼 여유 있는 프로 선수들은 라켓 전문가와 함께 경기를 다닌다. 전문가가 도구를 챙겨 호주든 어디든 나를 따라다닌다. 내가 완벽에 가까운 성적을 올릴 수 있었던 데는 테니스 라켓도 어느 정도 기여했다."

베커는 라켓의 극히 미세한 변화도 곧바로 알아차렸다. 푸마에서 대만 회사 에스투사(Estusa)로 바꿀 때 새로 개발된 모델에 대해 무수히 보완과 수정을 요구했다. "내 요구 사항에 화가 머리끝까지 치밀어 오른 협력업체 사람들은 미국에서 라켓 전문가들을 초빙했다. 에스투사는 자사의 라켓과 과거에 내가 사용하던 푸마 라켓에 검은색 스프레이 페인트를 뿌리고 어떤 라켓이 푸마 제품인지 말해보라고 했다. 나는 테니스공을 두 번 쳐보고 알아맞혔다. 결국 그들은 내 요구 사항을 받아들였다."

에스투사와 계약이 만료된 후 루마니아 출신 매니저 이온 티리악은 세계 각국에 남아 있던 에스투사 라켓 재고를 싹쓸이했다. 그 라켓들을 모두 사용하고 나서 베커는 다른 회사를 찾아냈다. "그 회사는 구체적인 요구 사항에 맞춰 라켓 수백 개를 구워낼 준비가 되어 있었다. 나중에 그 회사에서 라켓 제조 기계를 사들여 필요한 물량을 확보했다."

만족을 모르는 사람들

이처럼 끊임없이 수준을 높이려는 태도는 현실에 대한 불만에서 비롯된다. 이것은 성공에 반드시 필요한 조건이다. 독일의 대표적인 대기업 오토(Otto)를 설립한 베르너 오토(Werner Otto) 역시 불만을 원동력으로 삼았다. 1949년 그가 종잣돈 6천 마르크로 시작한 회사는 현재 세계 최대의 온라인 유통업체로 성장했다. 100억 유로의 자산을 보유한 오토 가문은 2018년 독일 부호 12위를 차지했다.

베르너 오토는 제2차세계대전에 참전한 후 1948년 구두 공장을 차렸지만 치열한 경쟁 속에서 회사를 유지할 수 없었다. 그러나 오토는 실패에도 굴하지 않고, 40세 되던 해 베르너 오토 페어잔트한델(Werner Otto Versandhandel)이라는 통신판매 회사를 차렸다. 그는 작은 판잣집 두 곳에서 직원 3명과 우편으로 주문을 받았다. 1958년에 매출은 1억 마르크로 급증했고, 168장짜리 카탈로그 25만 부를 인쇄했다. 1995년에는 인터넷 판매를 시작해서 아마존에 이어 세계 2위의 온라인 판매 기업으로 성장했고, 2002년 오토그룹으로 회사명을 바꿨다.

오토는 끊임없이 더 높은 수준을 추구하며 제자리걸음을 하지 않아야 한다고 누누이 강조했다. 그는 '회사 개발자'라고 스스로 명명한 유형을 선호했다. '회사 개발자'는 "미래를 직감하고 개발을 추진하며 자기 부서를 새롭게 발전시키는" 사람이다. 오토는 현재의 성공에 안주하며 사회 변화에 대응하지 않는 사람을 싫어했다.

"다음에는 이전 단계보다 더 새롭고 뛰어나며 더욱 진전된 것이 나타난다. 한곳에 머물러 같은 작업을 반복하는 사람, 이미 달성한 일을 구태의연하게 고집하는 사람, 어떤 일이든 개선하고자 하는 열망이 없는 사람은 여기까지 오지도 못할 것이다. 우리는 항상 미래를 건설하는 데 심혈을 기울여야 한다." 오토의 말은 불만이 원동력이 되었음을 여실히 보여준다.

오토는 무엇보다 실수를 피하려 하면서 모험이나 실험을 시도하지 않는 공무원 같은 사고방식을 싫어했다. 그는 회사의 크리스마스 파티에서 지난 회계연도에 실수를 저지른 직원을 칭찬하기까지 했다. 실수를 한다는 것은 평탄한 길에서 벗어나고자 시도하는 것으로 받아들였다.

그의 첫 번째 경영 원칙은 '너 자신을 알라'였다. "당신의 실수를 직시하라. 자기 자신을 똑똑히 보라는 말이다. 자신의 약점을 찬찬히, 냉정히 살펴봐야 성과를 개선할 수 있다." 이것은 개인이든 회사든 성공하는 데 가장 핵심적인 요인이다. 자신의 약점이나 실수를 똑똑히 바라보면 불편한 마음이 들 수밖에 없다. 예상만큼 잘 풀리지 않는 일을 계속 붙들고 있기도 쉽지 않다. 하지만 그래야 앞으로 나아갈 수 있다.

실수를 가장 많이 저지르는 사람은 가장 열심히 노력하고 가장 유능하며 가장 활동적인 사람이다. 그런 사람들은 자신을 비판적으로 바라보고 실수를 정면으로 직시한다. 반면 무능한 사람들은 실수를 초래한 요인이 무엇인지, 앞으로 되풀이하지 않으려면 어떻게 해야 하는지 분석하는 대신 실수를 방어할 생각만 한다.

오토는 사내에 결함 분석 문화를 조성했다. 기대한 만큼 생산적이지 않은 공정을 모니터링하고 분석하지 않으면 발전할 수 없다고 생각했다. 그는 언제나 외부자들의 비판을 환영했다. “외부 사람들은 회사 내부에 대한 지식이 없을지 몰라도 회사에 익숙한 전문가들이 지나치는 것들을 볼 수 있다.”

오토는 직원에 대한 기준도 매우 높았다. 7년 동안 기대에 못 미치는 마케팅 팀장을 12명이나 해고했다. “대부분 세 번째나 네 번째 영입에서 포기할 것이다. 그러나 나는 굽히지 않았다.” 열세 번째 팀장은 매우 유능해서 20년 넘게 마케팅 부서를 책임졌다.

불만이 원동력으로 작용하는 경우와 지나친 완벽주의를 혼동해서는 안 된다. 후자는 득보다 실이 많다. 더 큰 진전을 꾀하는 사람은 언제나 완벽주의자로 보일 수 있다. 하지만 두 유형에는 명확한 차이가 있다. 오토는 기업가들이 현재 문제에 너무 집착해서는 안 된다고 했다. “100퍼센트 충족하려고 애쓰다가는 과거에 집착하게 된다.” 에너지, 시간, 돈 낭비일 뿐이라는 것이다. “기업가가 미래를 개척하려면 변화를 감지해야 한다. 그리고 그 변화를 회사에서 실험해볼 시간이 있어야 한다.”

부정적인 의미의 완벽주의자는 당장 실행해야 하는 일도 완벽을 기한다는 핑계로 미적댄다. 이런 사람은 할 수 없는 이유만

들먹인다. 오토는 제2차세계대전이 끝나고 구두 공장을 차렸을 때 사업에 대해 아는 것이 전혀 없었다. 그는 무지함이 오히려 긍정적으로 작용했다고 생각한다. 전문지식의 영향을 받지 않았기 때문이다.

대부분의 성공한 기업가들과 마찬가지로 오토는 조언을 구하는 것을 부끄러워하지 않았다. 1955년 다른 통신판매업체 사람들과 미국으로 출장을 간 그는 사업을 개선할 아이디어를 얻기 위해 밤마다 현지의 통신판매 전문가를 괴롭혔다.

극한에서 끌어올린 부와 성공

뉴스 전문 방송 CNN(Cable News Network)을 설립한 테드 터너는 시도하는 모든 분야에서 대성공을 거둔 보기 드문 인물이다. 하지만 터너는 단 한 번도 만족한 적이 없다. 1980년 갓 출범한 CNN을 시청하는 가구는 170만 가구에 불과했다. 하지만 지금은 212개 나라에서 10억 명이 CNN을 시청하고 있다.

터너는 미국에서 가장 넓은 부동산을 소유한 사람이다. 그가 소유한 부동산은 7,700제곱킬로미터 가까이 된다. 또한 그는 세계에서 미국 토종 들소 버펄로를 가장 많이 사육하는 목장주로서 전 세계 버펄로의 15퍼센트를 소유하고 있다. 그는 언론 제국을 건설하는 동안에도 정상급 요트 선수로 활약했다. 1974년에는 권위 있는 아메리카 컵을 거머쥐었고, 1993년에는 '아메리카

컵 명예의 전당'에 입성했다. 그는 1991년 영화배우 제인 폰더와 세 번째 결혼을 하고 10년간 결혼 생활을 유지하면서 바람둥이로 악명을 떨치기도 했다.

터너의 전기를 쓴 포터 빕은 "터너는 이미 거둔 성공에 안주하지 않기 위해 인생을 세심하게 준비했다." 그는 어릴 때부터 높은 목표를 세웠다. 수학 선생의 말을 빌리면, "그는 어떤 일에 전념하기 시작하면 끝끝내 달성하거나 쓰러질 때까지 집착했다"고 한다. 터너의 아버지도 크게 성공한 백만장자였다. 그러나 아들이 보기에는 작은 목표에 안주한 패자였다. "아버지는 쉽게 달성할 수 있는 목표를 세우고는 안 된다는 말만 되풀이했다. 어떤 목표를 이루고 나면 남는 것이 없다고 했다." 터너의 아버지 에드 터너는 아들에게 성공의 사다리로 높이 올라갈수록 더 큰 목표를 세우라고 가르쳤다.

10대 때 터너는 영웅 이야기에 빠져들었다. "영웅 이야기에 흥미를 가지면서 무엇이든 하면 이룰 수 있다는 것을 알게 되었다. 나는 영웅들이 왜 그런 행동을 하는지, 어떻게 해서 그처럼 영예로운 지위에 올랐는지 관심이 많았다."

아버지가 세운 터너 광고(Turner Advertising)를 인수한 터너는 틈새시장에 불과하던 케이블 채널의 잠재력을 일찌감치 간파했다. 터너는 경쟁자보다 한 걸음 앞서 생각했다. 그에게 사업이란 몇 수 앞을 읽어야 하는 체스 경기나 다름없었다. 보통 사람들은 한 번에 한 수만 생각한다. 그러나 훌륭한 체스 선수들은 한 수만 생각하는 적수를 쉽게 물리친다.

1980년 터너는 24시간 뉴스 채널이라는 전에 없던 발상을 떠올렸다. 그는 자신의 아이디어를 케이블 채널의 중역들에게 제안했지만 모두 등을 돌렸다. 그러나 그는 자신의 계획이 성공하리라 확신하고 모든 것을 걸었다. 터너가 뉴스 채널 운영을 위해 영입한 언론인 리스 숀펠드(Reese Schonfeld)는 이렇게 회고했다. "터너는 단지 자신감이 충만해서 전 재산을 건 것이 아니다. 그는 모든 것을 잃어도 상관없다는 듯 행동했다. CNN이 성공하지 못하면 그는 텔레비전 방송국, 스포츠 구단, 농장, 요트까지 모든 것을 잃을 상황이었다."

터너는 계획을 추진하기 위해 부동산과 금을 포함해 개인 자산을 담보로 신용대출을 받았다. "모든 일에는 위험이 따르게 마련이다. 하늘이 무너질 수도, 지붕이 내려앉을 수도 있다. 무슨 일이 일어날지 누가 알겠는가? 나는 이때까지 본 적 없는 방식으로 뉴스를 보여주겠다."

터너는 미국 대형 텔레비전 채널들의 거센 저항에 맞서 싸워야 했다. 임직원들 앞에서 그는 크고 넓적한 칼을 꺼내 이리저리 휘두르면서 이렇게 외쳤다. "우리는 멈추지 않는다. 어떤 대가를 치르더라도 계속 전진한다." 경쟁 채널들은 가능한 모든 수단을 동원해 CNN의 개국을 막으려 했다. 그러나 터너는 버텼다. "내가 6월 1일에 방송을 개시한다고 했으면 6월 1일에 개시하는 거다. 우리는 세상이 끝날 때까지 방송을 중단하지 않을 것이다. 그리고 모든 방송을 생방송으로 진행할 것이다."

CNN도 처음에는 엄청난 적자를 냈다. 터너가 처음에 예상했던 2천만 달러가 훨씬 넘게 투입되었다. 그러나 1991년 걸프전 생방송 중계를 기점으로 CNN의 진가가 발휘되었다. 이라크가 쿠웨이트를 침공하기 전에 CNN은 이미 이라크 정부와 협상했고 휴대용 위성 송출기를 이용해 수도 바그다드에서 중계하는 승인을 따냈다. CNN이 하루에 1만 달러를 내고 빌린 민간 전세기는 위기 시에 CNN 기자들을 대피시키기 위해 요르단의 수도 암만에 대기하고 있었다.

조지 부시 대통령은 터너에게 사상자가 발생하기 전에 바그다드에서 빠져나오라고 간곡히 호소했다. 그러나 CNN 기자들은 바그다드에 머물렀고 전쟁 지역에서 생방송으로 뉴스를 취재했다. 전쟁 개시 첫날부터 108만 가구가 CNN에 채널을 맞췄다. 이것은 전례 없는 시청률이었다. 전쟁이 시작되기 전만 해도 CNN의 시청자가 100만 명을 넘어선 적이 없었다. 그런데 걸프전 중계 때 그 숫자가 500만~600만 명으로 뛰어올랐다.

1996년 터너는 74억 달러를 받고 CNN을 미디어 기업 타임워너에 매각했다. 그는 텔레비전 총괄 부사장으로 회사에 남았다. 2003년 6월 타임워너가 인터넷 서비스 업체 AOL(American Online)에 합병되자 터너는 자리에서 물러났다. 2010년 터너는 빌 게이츠, 워런 버핏, 래리 엘리슨, 마이클 블룸버그를 비롯한 억만장자와 합심하여 자산의 절반 이상을 자선기금에 기부하겠다고 선언하는 '기부 약속' 운동을 시작했다.

진정한 영업의 달인

현실에 대한 불만이 얼마만큼 강력한 원동력이 되는지를 보여주는 또 다른 사례가 있다. 부모의 집 주방에서 수분 로션을 조제하던 여성, 〈타임〉 선정 '20세기 가장 영향력 있는 사업가 20인'에 당당히 들어간 여성은 다름 아닌 에스티 로더였다.

로더의 외삼촌 요한 쇼츠는 헝가리에서 미국으로 이민을 온 화학자였다. 그는 집 뒤편 마구간에 실험실을 차려놓고 수분 로션을 조제했다. 로더의 본명은 에스텔 멘처였다. 그녀는 외삼촌을 도와 로션을 팔다가 자신이 영업에 탁월한 재능이 있다는 것을 발견했다. 그녀는 자서전에서 "일생 동안 한 번도 뭔가를 팔지 않은 날이 없었다"고 말했다.

외삼촌 쇼츠는 그녀에게 플로리다주 마이애미로 가라고 조언했다. 마이애미의 팜비치는 부유층 여성들이 많기 때문에 고급 화장품 사업을 시작하기에 좋은 지역이었다. 로더는 수줍음이 없었다. 거리에서 낯선 사람에게 다가가 화장품을 바꿔보라고 하면서 샘플을 건네거나 직접 로션을 팔았다. 친구가 운영하는 미용실에서 그녀는 손님이 머리를 하는 동안 얼굴에 화장품을 발라줬다. 그녀는 "고객의 얼굴에 손을 댈 수만 있어도 절반은 성공한 것이다"라는 사실을 깨달았다.

마침내 로더는 뉴욕 5번가에 있는 본윗 텔러(Bonwit Teller) 백화점에서 화장품을 판매할 수 있었다. 그러나 그녀의 진정한 꿈은 유명한 삭스 백화점에서 제품을 판매하는 것이었다. 삭스 백화점이라면 전국적으로 주목을 끌 수 있으리라 확신했다. 그녀는 삭스 백화점의 바이어를 끈질기게 설득했지만 2가지 이유로 거절당했다. 첫째는 삭스 백화점에 독점 판매권을 줘야 한다는 것이었다. 하지만 그녀의 제품은 이미 본윗 텔러에서 판매되고 있었다. 둘째는 그때까지 로더의 제품을 찾는 손님이 한 명도 없었다는 것이다.

삭스 백화점은 고객의 요구를 최우선시하는 방침을 내세웠다. 삭스 백화점에서 팔지 않는 제품을 고객이 찾으면 다른 상점에서 구해 같은 가격으로 고객에게 판매했다. 그러나 고객들이 계속 그 제품을 찾으면 판매 내역에 포함했다.

로더는 삭스 백화점의 이러한 방침에 착안했다. 먼저 수요를 일으켜야 한다는 것이었다. 어떤 자선행사에서 연설을 하게 된 그녀는 3달러짜리 신상 립스틱을 여성 참석자들에게 나눠 줬다. 그들은 립스틱을 마음에 들어 했고, 연설이 끝나자마자 그 립스틱을 사려고 삭스 백화점 앞에 기다랗게 줄을 섰다. 삭스 백화점의 바이어는 어쩔 수 없이 로더의 제품을 취급해야 했다. 그 직후에 로더는 남편과 함께 에스티 로더 컴퍼니를 설립했다. 남편은 재무이사가 되었다.

수익이 5만 달러에서 6만 달러에 이르자 로더는 광고 대행사를 고용하기로 했다. 그녀는 경쟁사 레블론의 광고 캠페인으로 이름을 널리 알린 글로벌 광고 대행사 BBDO를 접촉했다. 그러나 BBDO의 국장은 그 정도 돈으로는 부족하다고 말했다.

성공한 사람들은 대부분 '안 된다'는 답변을 받아들이지 않는다. 로더도 그 대답이 자극제가 되었다. 그녀는 확실한 우위를 확보하기 위해 혁신적인 아이디어를 내는 데 골몰했다. 매장에서 무료 샘플을 나눠 주는 것은 오늘날 화장품 업계의 관행이다. 하지만 당시에는 참신한 전략이었다. 그 전략을 처음 생각해낸 사람이 바로 로더다. 그녀는 고객을 상대로 직접 마케팅 캠페인을 하기로 하고 삭스 백화점에 있는 에스티 로더 매장에서 무료 샘플로 교환할 수 있는 쿠폰을 고객들에게 발송했다.

가장 큰 전환점은 몇 년 후 로더가 꽃과 허브 추출물로 만든 목욕용 오일 유스 듀(Youth Dew)를 출시했을 때였다. 제품이 아닌 약속을 파는 것이 로더의 비결이었다. 영원한 젊음과 아름다움에 대한 약속을 매혹적인 목욕용 오일로 탈바꿈시킨 것이 바로 유스 듀였다. 이 제품은 1950년대 중반 삭스 백화점 에스티 로더 매출의 80퍼센트를 차지할 정도로 경이로운 판매를 기록했다. 유스 듀의 매출은 첫해에 5만 달러에서 30년 후 1억 5천 달러로 급증했다. 수십 년 동안 암청색 병에 담긴 마법의 향은 에스티 로더의 트레이드마크가 되었다.

예전에는 화장품이 개당 2~5달러에 판매되었는데, 로더는 용감하게도 로션과 향수에 더 높은 가격을 붙였다. 가격을 더 많이 지불하는 제품일수록 고객이 더 소중히 여긴다는 것을 본능적으로 직감한 것이다. 리뉴트리브(Re-Nutriv) 로션의 광고 슬로건은 "무엇 때문에 크림 한 통에 115달러나 할까?"였다. 로더의 경쟁자인 헬레나 루빈스타인은 곧 높은 가격을 매기는 것이 어떤 의미인지 알아차렸다. 최근에 나온 로션이 왜 예상만큼 팔리지 않느냐는 질문에 루빈스타인은 "비싸지 않아서"라고 대답했다. 루빈스타인의 로션은 5.5달러밖에 하지 않았던 것이다.

로더는 제트족(해외여행을 자주 다니는 부유층—옮긴이), 유명 인사, 유행을 전파하는 사람들의 취향에 부응하기 위해 고가 제품을 내놓았다. 영업을 위해 아름다운 사람들이 모여 사는 팜비치로 돌아간 그녀는 이렇게 말했다. "자, 지금 온 세상이 팜비치에 모여 있다. 한마디로 필요한 것이 지금 여기에 다 있다. 이곳에 모여든 사람들이 감탄하면 프랑스 남부 휴양지로 돌아가서 우리에게 보답을 할 것이다." 그런 사람들을 공략해야 여성들이 많이 읽는 타블로이드 신문에도 실릴 수 있다고 생각했다.

로더는 당시 팜비치를 방문한 유명인 가운데 가장 큰 주목을 받았던 윈저 공작 부부(퇴위한 에드워드 8세와 월리스 심슨 부인)를 공략했다. 공작 부부가 어떤 기차를 탈지 겨우 알아낸 그녀는 같은 기차에 타서 "전하 같은 분도 기차를 타시는군요"라고 말을 건넸다. 그녀가 미리 귀띔해놓은 신문사 사진기자는 그 장면을 포착했다. 공작 부부가 로더와 친분을 다진 것은 물론이고, 다른 저명인사들도 그녀의 친구가 되었다. 당연히 엄청난 광고 효과를 거뒀다.

경쟁업체 대다수가 로더의 제품을 모방하기 시작했다. 특히 이전까지 가장 성공을 거둔 레블론의 설립자 찰스 레브슨이 모방에 열을 올렸다고 한다. 레브슨의 좌우명은 다음과 같았다. "무엇이든 모방하면 실패할 리 없다. 경쟁사들이 기초 작업을 하고 실수를 저지르도록 내버려두어야 한다. 그러다 그들이 멋진 히트 상품을 내놓으면, 우리가 그 제품을 개선해 더 멋지게 포장하고 광고도 더 잘해서 경쟁사의 제품을 매장해버리면 된다."

로더는 점점 치열한 경쟁 속에서 어떻게 대응해야 할지 고심했다. 마침내 그녀는 성격이 다른 사업체를 하나 더 차려서 기존 회사와 경쟁했다. 이 회사가 바로 크리니크(Clinique)다. "에스티 로더의 경쟁 상대가 바로 크리니크"라고 로더는 강조했다.

그녀는 기존 회사의 제품도 지속적으로 개선해나갔다. 그녀도 일종의 완벽주의자였다. 삭스 백화점의 판매 직원은 방금 막 도착한 신제품을 원료 하나가 들어가지 않았다는 이유로 리콜하려 하자 깜짝 놀랐다. 그들은 그 제품을 왜 판매대에서 치워야 하는지 이해할 수 없었다. 원료 하나의 차이를 눈치채는 사람은 없을 테니 말이다. 그러자 로더는 "내가 안다"고 대꾸했고, 제품을 리콜하겠다는 방침을 밀고 나갔다.

"향수를 만든다는 것은 교향곡을 작곡하는 것과 비슷하다"고 로더는 단언했다. 그녀는 신제품 향수가 언제나 강렬한 정서적 반응을 이끌어내야 한다고 말했다. 사람들이 향을 싫어하거나 좋다는 반응을 보이면 "그제야 제대로 가고 있다는 것을 확신한다. 향수가 미적지근한 반응만 이끌어내면 나는 그 조제법을 포기한다."

성공한 사람들의 불만은 다르다

성공하지 못한 사람들에게 불만은 부정적인 무력감을 의미한다. 그러나 성공한 사람들에게 불만은 강력한 원동력이다. 완벽주의라는 말도 각기 다른 의미를 지닌다. 패자들은 완벽한 환경이 갖춰질 때까지 수동적으로 기다리거나 행동하지 않는다. 이미 시작한 일을 끝내지 못했을 때 완벽한 환경이 갖춰지지 않았다고 변명한다. 하지만 승자들은 환경이 완벽하지 않아도 행동부터 시작하고 계속 개선점을 찾아나간다.

어떻게 하면 우리의 불만을 성공을 이끄는 원동력으로 활용할 수 있을까? 무엇보다 내면에 더 크고 과감한 목표를 입력하는 것이 중요하다. 더 큰 목표를 잠재의식에 심어놓으면 현재 상황과 미래 목표의 격차에서 비롯되는 긴장감을 계속해서 느끼게 된다. 이러한 긴장감은 현재에 대한 불만을 부채질하고 앞으로 나아가는 데 필요한 동력을 생산할 것이다.

현재와 미래의 큰 목표 사이의 간격을 줄이려면 새로운 아이디어를 생각해내고 행동해야 한다. 그저 열심히 노력하는 것만으로는 어떤 목표도 달성할 수 없다. 아이디어야말로 성공의 열쇠다. 여러분이 가진 것과 바라는 것, 현재 상황과 내면의 잠재의식에 입력해둔 목표의 차이에서 비롯된 긴장감은 새로운 아이디어에 의해서만 해소할 수 있다. 그러한 아이디어는 잠재의식이 주는 선물이다.

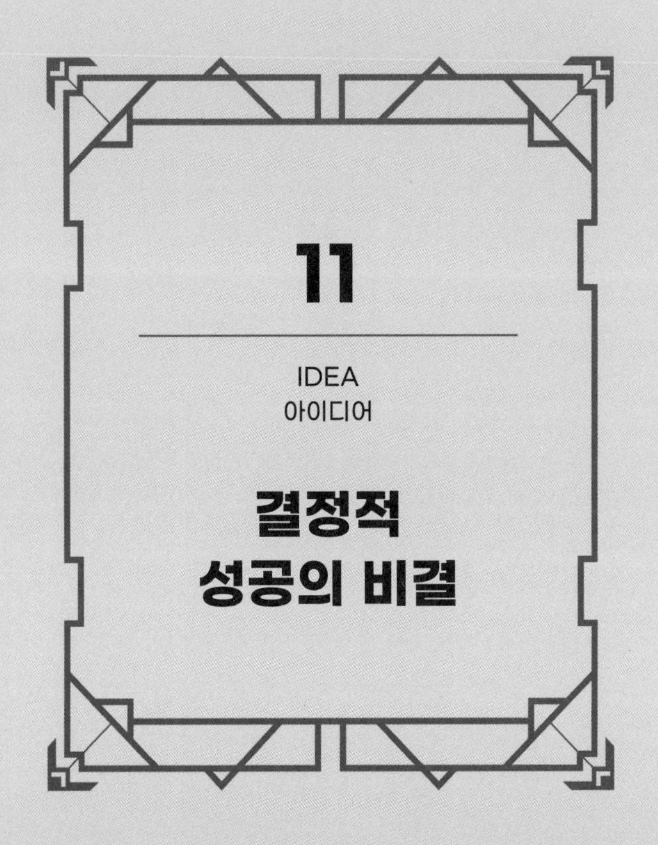

11

IDEA
아이디어

결정적 성공의 비결

150년 동안 유효한 아이디어

19세기 중반 미국은 골드러시(gold rush)가 한창이었다. 캘리포니아에서 황금을 발견하면 누구나 부자가 될 수 있다는 소문이 돌면서 수만 명이 직장을 그만두고 그곳으로 이주했다. 물론 대부분은 부자가 되지 못하고 파산한 채 고향으로 돌아가야 했다. 이때 성공한 사람 중에는 열여덟 살에 어머니와 여동생들과 함께 독일에서 미국으로 이민 온 리바이 스트라우스(Levi Strauss)가 있었다. 하지만 그를 부자로 만든 것은 황금이 아니라 일꾼들의 바지였다.

뉴욕에 살던 스트라우스는 캘리포니아가 호황으로 들썩인다는 소식을 들었다. 그는 금광에서 황금을 캐내겠다는 야망은 없었다. 단지 황금의 유혹에 빠져 캘리포니아로 몰려든 수많은 사람들에게 일상용품을 팔고 싶었다. 독일에서도, 그리고 새로운 고향 미국에서도 스트라우스는 집집마다 찾아다니면서 갖가지 물건을 팔았다.

한번은 캔버스 천을 사 간 손님들이 찾아와 품질이 좋지 않다고 불평하는 바람에 큰 곤욕을 치러야 했다. 그들은 방수천인 줄 알았는데 아니었다며 환불해달라고 했다. 하지만 스트라우스는 환불해줄 돈이 없었다. 그래서 남은 천으로 어디에서도 살 수 없는 튼튼한 바지를 만들어주겠다고 제안했다. 손님들은 그의 제안을 받아들였다.

스트라우스는 곧 황금 시굴자들에게 마모를 견뎌낼 바지가 필요하다는 것을 깨달았다. 한 벌에 6달러씩 판매하자 바지는 날개 돋친 듯이 팔렸다. 처음에는 삼베천으로 만들었기 때문에 바지 색상이 갈색이었다. 그러다 데님이라 불리는 청색 면직을 사용하기 시작했다.

곧 스트라우스 가족이 수요를 따라잡지 못할 정도로 판매가 급증했다. 스트라우스는 샌프란시스코의 여러 재단사에게 천을 보내 그가 제공한 사양에 따라 바지를 만들어달라고 했다. 유일한 문제는 시굴자들이 도구를 집어넣을 주머니였다. 주머니가 유난히 잘 찢어졌던 것이다.

이 문제를 해결한 것은 러시아에서 이주한 재단사 제이콥 데이비스였다. 어떤 손님이 남편의 바지가 잘 찢어진다며 불평하자 데이비스는 구리로 된 리벳(rivet, 두 장의 천에 구멍을 뚫어 끼우고 변형시켜 분리되지 않도록 하는 못 — 옮긴이)을 사용해봤다. 원래 리벳은 마구를 고정하는 데 사용하던 것이었다. 그는 작은 리벳을 앞주머니와 뒷주머니는 물론 다리 윗부분을 따라 이어지는 솔기에 고정했다. 임시변통으로 시작된 아이디어가 곧 큰 수익을 내는 역할을 했다.

데이비스는 자신의 발명에 특허를 낼 생각이었다. 그러나 돈도 없고 글도 쓰지 못했다. 친구의 도움으로 그는 간신히 리바이 스트라우스에게 편지를 썼다. 편지에서 그는 자신의 발명품이 얼마나 중요한지 알아주길 바라며 특허를 내는 데 도움을 주면 좋겠다고 부탁했다. 그렇게 해서 모든 일이 이루어진 것이다. 스트라우스는 편지와 바지 샘플이 들어 있는 상자를 열자마자 얼마나 중요한 아이디어인지 알아챘고, 그와 데이비스의 이름으로 특허를 출원했다.

처음에는 남북전쟁 당시 북부군의 장화를 고정하는 데 구리 리벳이 사용되었다는 이유로 특허를 내주지 않았다. 스트라우스는 특허출원서를 수정했지만 또다시 거절당했다. 하지만 그는 쉽게 포기하지 않았다. "10개월간 그는 계속해서 수수료를 지불하고 출원서를 고치고 보완하는 일을 거듭하다 마침내 1873년 5월 20일 특허번호를 손에 넣었다." 그로부터 2주 후에 처음으로 특허를 얻은 바지를 팔기 시작했다. 사람들은 스트라우스의 데님 바지를 무척 좋아했다. 19개월 만에 200벌을 팔았는데 구리 리벳을 사용하지 않았을 때보다 3배 더 많은 물량이었다. 이후에 스트라우스는 데이비스의 특허까지 사들였고 좋은 집을 한 채 지어주겠다고 약속했다. 그야말로 가치 있는 투자였다.

스트라우스는 바지가 불티나게 팔리자 바지 전용 공장을 세우기로 결심했다. 첫해에 그는 바지와 구리 리벳을 부착한 다른 제품을 총 5,800벌 판매했다. 1년 후 그 숫자는 2만 벌로 뛰어올랐고 총판매 금액은 15만 달러에 달했다.

곧 경쟁자들이 그의 제품을 모방하려 한 것은 당연한 일이었다. 스트라우스는 모방을 한 경쟁자들을 상대로 무수한 소송을 제기해 승소했다. 그가 진(jeans)이라고 부른 새로운 바지는 시장의 선두주자였다. 150년 전에 설립된 회사 가운데 지금까지 남아 있는 곳은 얼마 되지 않는다. 그리고 150년 전에 발명된 제품 중에 아직도 인기를 끌고 세계 곳곳에서 판매되는 제품도 얼마 되지 않는다. 진은 그 얼마 되지 않는 제품 가운데 하나다. 오늘날 리바이 스트라우스 & 코퍼레이션(Levi Strauss & Co., 리바이스)은 직원 1만 7천 명을 거느리고 110여 개 국가에서 제품을 판매하는 글로벌 기업이다.

아이디어를 떠올리는 데 90퍼센트를 할애하라

헨리 포드 역시 시의적절한 아이디어로 미국에서 가장 부유한 사람이 되었다. 포드는 대량생산 방식을 발명한 사람이다. 세계 최초의 대량생산 자동차인 포드 모델 T(Model T)는 1,500만 대 넘게 판매되어 역사에 길이 남을 자동차가 되었다. 더불어 이 자동차는 미국의 모습을 완전히 바꿔놓았다.

포드는 남는 시간에 이것저것 발명하는 것을 즐겼다. 그는 원래 에디슨 조명 회사에서 기사로 일했는데, 본래 업무 외에 자동차 발명을 시도했다. 1899년에 그는 승진 통보를 받자 회사를 그만두었다. 그러지 않으면 자동차 발명을 계속할 수 없다고 판단했던 것이다. 그러나 그의 첫 회사는 부진을 면치 못했고 자동차 10여 대를 판매한 후에 문을 닫았다.

1903년 포드는 모델 A로 주요 자동차 경주대회에서 우승하며 유명세를 얻기 시작했다. 다른 발명가들과 달리 포드는 기술자 역할을 하기보다 아이디어를 떠올리는 데 힘썼다. 게다가 남들에게 업무를 위임할 줄 알았다. 그는 무엇보다 아이디어가 중요하다는 것을 간파했다. 아이디어를 실행하는 일은 다른 사람들이 하면 되었다. 한 부하 직원은 "포드 사장님이 무언가를 만드는 것을 본 적이 없다. 그는 항상 지휘를 했다"고 말했다. 포드가 다른 발명가들과 같은 사고방식을 지녔다면 그처럼 부자가 되지 못했을 것이다.

포드는 처음부터 매우 가벼운 자동차를 만드는 데 집중했다. 특히 경쟁사들보다 훨씬 더 저렴한 자동차를 만드는 것이 목표였다. 그 당시만 해도 자동차는 큰 부자들만 타는 사치품이었다. 자동차 가격이 단독주택 한 채보다 훨씬 더 비쌌다. 오늘날의 가치로 환산하면 수백만 달러씩 한 것이다. 1906년 미국의 자동차 가운데 절반 이상이 3천 달러에서 5천 달러 사이였다. 포드는 그 가격의 10분의 1밖에 하지 않는 자동차를 만들려고 했다. 이 문제로 자동차 부문 투자자들과 자주 충돌했지만, 결국에는 그가 옳았다. 10년 뒤에 전체 자동차의 2퍼센트만이 3천 달러에서 5천 달러 사이였다.

포드가 만든 자동차는 기존과 전혀 다른 구매층을 개척했다. 그 당시 농장주는 미국에서 가장 큰 구매 집단이었다. 그는 자동차 가운데 3분의 2를 농장주에게 판매했다. 포드의 전기 작가는 이것이 미국에 미친 사회적 영향력을 다음과 같이 평가했다. "10년 만에 모델 T 덕분에 농장의 오랜 고립 생활이 끝났다." 농장주들은 자동차를 사기 위해 농장을 담보로 대출까지 받았다.

모델 T는 일개 자동차 브랜드를 넘어 미국의 신화가 되었다. 포드는 기본 사양은 바꾸지 않고 정기적으로 소소하게 모델 T를 꾸준히 개선했다. 다만 계속해서 가격을 인하했다. 1910년에 950달러에서 780달러로 내렸으며 1년 후에는 690달러로 내리더니 다시 1년 후에 600달러로 내렸다. 1913년에 550달러로 인하된 모델 T의 가격은 1924년 290달러까지 내려갔다.

포드는 가격 인하와 동시에 근로자들의 임금을 대폭 인상해 하루에 5달러 이상 지급했다. 기존 임금보다 2배 더 많은 액수였다. 그 결과 근로자들이 포드 밑에서 일하고자 앞다퉈 몰려들었다. 포드 모터 컴퍼니의 지분 대부분을 소유한 투자자들은 포드가 계속 가격을 내리고 임금을 올리는 것을 좋아하지 않았다. 자본 투자 이후에 주주 배당금이 남지 않을 것이기 때문이었다. 포드를 상대로 소송을 걸어 승소한 투자자들은 포드에게 배당금을 올리라고 강요했다.

그러자 포드는 대담한 허풍으로 맞섰다. 포드를 그만두고 직원 수가 5만 명인 포드보다 4~5배 많은 직원을 거느린 회사를 새로 설립하겠다고 발표했다. 게다가 250달러밖에 안 하는 자동차를 곧바로 생산할 수 있다고 말했다. 그의 발표에 깜짝 놀란 주주들은 포드에게 거침없이 지분을 매각했다. 포드의 전기에 따르면 "1919년 말 헨리 포드는 한 사람이 소유한 것으로는 최대 규모의 회사를 거느렸다. 그 회사의 가치는 10억 달러였고, 그는 회사를 통째로 소유했다"고 한다.

아이디어를 돈으로 전환하는 법

인간이 만든 모든 것은 아이디어, 즉 한 사람의 머릿속에 떠오른 이미지에서 시작된다. 오늘날 아이디어는 그 어느 때보다 더 높은 가치를 인정받는다. 게다가 과거와 달리 아이디어를 막대한 자본으로 전환하는 데 수십 년이 걸리지도 않는다. 불과 몇 년 만에 실현되기도 한다. 여기에는 인터넷이 큰 역할을 했다. 구글 창업자들이 그랬고, 마크 저커버그도 페이스북으로 불과 몇 년 만에 억만장자가 되었다. 2019년 〈포브스〉에 따르면 저커버그는 세계에서 가장 부유한 사람 중 하나로 자산 규모가 620억 달러에 이른다. 오늘날 세계에서 가장 성공적인 소셜네트워크인 페이스북의 이야기는 하버드 대학교에서 시작되었다.

페이스북은 미국의 대학들이 입학생 전원의 얼굴 사진을 넣어 만든 사진첩이다. 하버드 대학교는 학교 전체가 아닌 기숙사별로 사진첩, 즉 페이스북(facebook)을 만들었다.

저커버그는 하버드 대학교에서 심리학을 전공하는 학생이었다. 그는 우연히 소셜네트워크의 매력과 그것이 퍼져 나가는 속도를 알아차렸다. 2003년 10월 말, 그는 하버드 대학교 서버를 해킹해 동급생들의 사진을 내려받았다. 《소셜네트워크(The Accidental Billionaires)》의 저자 벤 메즈리치(Ben Mezrich)에 따르면 모든 것이 장난에서 시작되었다. 저커버그는 다른 학생들에게 여학생들의 외모에 점수를 매겨달라고 할 심산이었다.

그는 페이스매시닷컴(facemash.com)이라는 자신의 웹사이트 주소를 친구 몇 명에게 이메일로 보냈다. 그런데 강의 후 방으로 돌아와 보니 어찌나 접속자 수가 많던지 노트북이 고장 나버렸다. 동급생 가운데 하나는 그의 이메일을 정치학과로 재전송했다. 히스패닉 여성 문제 협회나 하버드 대학교 흑인 여학생 협회 등도 그 주소를 입수하고 불쾌한 반응을 보였다. 이들은 그 웹사이트를 반대하는 캠페인을 벌이기 위해 사람들의 지지를 모으려 했는데 이것이 오히려 흥미만 부추기는 결과를 낳았다.

페이스매시닷컴은 갑자기 화젯거리가 되었다. 메즈리치는 책에서 이렇게 말했다. "학부 여학생 두 사람의 사진을 비교하고 누가 더 나은지 투표한 다음에 복잡한 알고리즘을 이용해 캠퍼스에서 가장 매력적인 여학생이 누구인지 계산하고 그 결과를 확인하는 웹사이트에 대한 입소문이 학교 전체로 퍼져 나갔다. 2시간도 안 되어 2만 2천 표가 기록되었다. 30분 동안 학생 400명이 웹사이트에 접속했다."

다른 학생이라면 그쯤에서 중단했겠지만 저커버그는 페이스매시닷컴의 갑작스러운 인기가 무엇을 의미하는지 생각했다. 그저 예쁜 여학생들의 사진을 온라인에 올렸기 때문만은 아니었다. 그런 웹사이트는 이미 많았다. 페이스매시닷컴이 독보적인 이유는 대부분 안면이 있거나 개인적으로 친분이 있는 하버드대학교 학생들을 실었기 때문이다.

그 후 몇 달 동안 저커버그는 기존 소셜네트워크를 뛰어넘는 웹사이트를 구상했다. 사진뿐 아니라 자기소개 글과 여러 가지 애플리케이션(응용 프로그램)을 담으려고 했다. 모든 사용자가 프로필을 작성하고 자기소개를 하거나 사진 및 동영상을 올릴 수 있는 웹사이트였다. 게시판에 메시지를 남기고 누구나 볼 수 있도록 공개하거나 메모 또는 블로그 포스팅을 작성할 수 있도록 할 계획이었다. 또한 사용자는 친구가 포스팅을 할 때마다 알림 메시지를 받을 수 있게 하는 것이었다.

저커버그는 자신의 프로젝트를 페이스북(Facebook)이라고 불렀다. 친구 에드와도 새버린(Eduardo Saverin)은 저커버그의 아이디어를 마음에 들어 했다. 저커버그는 프로젝트를 진행하는 데 필요한 1천 달러를 투자한 새버린에게 지분 30퍼센트를 제공했다. 곧이어 같은 학교의 더스틴 모스코비츠(Dustin Moskovitz)

와 크리스 휴즈(Chris Hughes)도 참여했다. 이들 모두 페이스북의 공동 설립자다.

초기에 페이스북은 사용자들에게 이렇게 약속했다. "페이스북은 대학의 소셜네트워크를 통해 사람들을 연결해주는 온라인 안내 책자다. 우리는 하버드 대학생 모두가 사용할 수 있는 페이스북을 개설했다. 페이스북을 통해 재학생을 찾거나 같은 과에 누가 있는지, 친구의 친구는 누구인지 알 수 있으며, 자신의 사교적인 인맥을 그려볼 수 있다."

페이스북은 2004년 1월 12일 도메인으로 등록되었다. 그 직후 저커버그는 자신들의 아이디어를 도둑맞았다고 주장하는 몇몇 학생들 때문에 골치를 앓았다. 그들은 페이스매시닷컴으로 유명해진 저커버그에게 자신들의 웹사이트 프로그래밍을 부탁했는데, 그때 제공한 소스 코드가 페이스북의 바탕이 되었다는 것이다. 저커버그가 자기들과 맺은 구두계약을 어겼다고 주장하던 그들은 하버드 대학교 총장에게까지 이 문제를 제기했다. 총장은 당사자들끼리 해결하라고 했다. 페이스북이 처음으로 가동된 2004년 그 학생들은 자신들이 설립한 커넥트U(ConnectU)의 아이디어를 도용한 혐의로 저커버그를 고소했다. 페이스북은 당사자들과 합의했고 보상금으로 6,500만 달러를 지급했다고 발표했다.

이 모든 문제에도 페이스북은 삽시간에 퍼져나갔다. 처음에는 하버드 대학생에게만 공개되었으나 얼마 후 미국의 다른 대학교 학생들에게도 공개되었다. 그러다 고등학교와 기업 회원도 받았다. 2006년 9월에는 해외 대학생들의 가입이 승인되었으며 그로부터 얼마 지나지 않아 다른 제한 조치들도 모두 사라졌다. 2008년 봄에 독일어, 스페인어, 프랑스어 버전이 출시되는 것을 시작으로 여러 언어로 서비스를 제공했다.

2010년 여름, 페이스북은 전 세계적으로 사용자 5억 명이라는 마법의 문턱을 넘어섰다. 2012년 겨울에는 전 세계적으로 한 달에 한 번이라도 방문한 사용자가 10억 명을 넘어섰다. 그리고 2019년 페이스북 사용자는 27억 명이었다. 2018년 페이스북의 수익은 221억 달러, 매출은 559억 달러(약 66조 원)에 달했다.

저커버그는 일찍이 여러 투자자들에게 자신의 아이디어로 큰 돈을 벌어들일 수 있다고 설득했다. 그러나 실제로 수익을 얻기 시작한 것은 2009년이었다. 2004년 페이스북은 새버린이 투자한 1만 8천 달러로 시작되었다. 그해 6월에는 벤처 투자가 피터 틸이 추가로 60만 달러를 투자했다. 2007년 10월 마이크로소프트가 2억 4천만 달러에 1.6퍼센트의 지분을 사들였다. 2011년 1월 초 골드만 삭스가 1퍼센트도 안 되는 지분을 4억 5천만 달러에 매입함으로써 페이스북의 시가총액은 500억 달러 이상이 되었다.

여러 대기업들이 계속해서 페이스북을 인수하려고 했지만 저커버그는 거절했다. 페이스북 상장으로 190억 달러의 초과 수익을 얻었으니 인수 제안을 거절한 것이 옳은 결정이었다.

구글의 래리 페이지와 세르게이 브린처럼 저커버그도 신세대 기업가다. 옷차림조차 기존 기업의 규범과 관습을 탈피한다. 저커버그가 가장 좋아하는 옷차림은 발가락이 다 보이는 샌들, 청바지, 회색 티셔츠, 그 위에 겹쳐 입는 플리스(fleece, 양털처럼 부드러운 합성섬유—옮긴이) 스웨터다. 한번은 벤처캐피털 회사 세쿼이아 캐피털 사무실에 잠옷 차림으로 나타난 적도 있다. "나라고 다를 것이 없다. 스티브 잡스는 구두도 안 신고 들어간 적이 있다"고 저커버그는 말했다. 그러나 2008년 스위스 다보스에서 열린 세계경제포럼의 재계 정상급 회의에 다른 영향력 있는 인사들과 함께 초대되었을 때는 샌들과 잠옷 차림은 아니었다.

페이스북의 역사는 아이디어의 힘을 보여준다. 오늘날 아이디어는 인터넷에 힘입어 그 어느 때보다 빠른 속도로 퍼져 나간다. 그러나 멋진 아이디어만으로는 충분하지 않다. 부자가 되려면 대범하게 생각해야 한다. 페이스북이 설립되던 때 소셜네트워크가 이미 여러 개 있었다. 저커버그는 경쟁자들이 생각지 못한 여러 가지 아이디어를 가지고 있었고, 시선을 끄는 이름을 생각해냈으며, 사업 계획이 전혀 없는데도 짧은 기간 동안 프로젝트를 적극적으로 뒷받침해줄 투자자를 찾아 수억 달러를 마련할 수 있었다.

남의 아이디어로 돈을 벌 수 있다

사람들은 자신이 정말 창의적인지 의구심을 품는다. 하지만 뭔가 새로운 것을 발명해야만 성공하는 것은 아니다. 리바이 스트라우스부터 월마트의 샘 월튼, 빌 게이츠와 같은 사람들은 항상 남에게서 중요한 아이디어를 얻었다. 코카콜라 조제법과 MS-DOS 운영체제를 직접 발명한 사람은 세계적인 부자가 되지 못했다. 정말 부자가 된 것은 그처럼 멋진 아이디어를 사업 모델로 변신시킨 사람들이다.

기업가들만 아이디어로 성공하는 것은 아니다. 아이디어가 많은 사람일수록 승진 기회도 더 많다. 물론 어느 회사나 다른 사람의 아이디어를 실행하고 처리할 사람이 필요하다. 그러한 직원들도 중요하지만 일류 회사에서 최고 위치로 승진하기는 힘들다. 어느 기업이든 시장 기회를 파악하고 신제품을 개발하거나 기존 제품을 고객의 기대치에 맞게 보완하며, 자사가 제공하는 서비스와 해결책을 최적화할 수 있는 아이디어를 개발해야 살아남을 수 있다.

근래 역사상 가장 성공한 경영자 잭 웰치는 GE에 재직할 당시 새로운 아이디어가 개발될 수 있는 문화를 조성하는 것이야말로 가장 중요한 임무라고 생각했다. 매년 1월 초에 GE의 경영자 500명이 한자리에 모여 이틀간 회의를 가졌다. 그 자리에서 각종 직급의 발표자들이 지난 12개월간의 경과를 보고했다. "길고 지루한 연설을 하거나 출장 보고를 하는 것이 아니라 기발한 아이디어만을 전달했다." 그 행사는 가장 기발한 아이디어를 낸 직원들을 찬양하기 위한 것이었다.

매년 3월에는 GE 임원 35명이 모여 회의를 가졌다. 회사는 이들이 "다른 사업부에도 적용할 수 있는 '상자 밖(outside-the-box, 독창적인)' 아이디어를 제안하기를" 바랐다. 웰치는 MBA 출신 20명으로 이루어진 사내 이니셔티브 그룹(initiative group)을 신설하고 이들에게 아이디어를 고안하고 활발히 공유하는 일에만 전념하라고 했다. "새로운 아이디어를 얻을 때마다 여기저기 퍼뜨렸다."

어떤 목표를 세웠든 아이디어의 중요성을 깨닫지 못한다면 성공할 수 없다. 불행하게도 창의력은 타고난다는 잘못된 통념이 퍼져 있다. 창의력은 훈련으로 얼마든지 높일 수 있다.

창의적인 아이디어를 떠올릴 수 있는 7가지 습관이 있다.

첫째, 무엇보다 자신을 '창의적이지 못한' 사람이라고 생각하지 않아야 한다. 창의력도 근육과 마찬가지로 훈련과 연습을 통해 얻을 수 있다.

둘째, 창의적이고 성공한 사람들과 어울려야 한다. 당신보다 훨씬 더 성공한 사람이라면 더할 나위 없다. 그들과 어울리면 창의력을 향상할 수 있다.

셋째, 될 수 있는 한 많이 읽어야 한다. 특히 성공한 사람들과 창의적인 사람들의 전기를 읽는 것이 좋다. 다른 분야의 발상을 자신의 분야로 이전할 때 새로운 아이디어가 떠오른다. 이 책을 끝까지 읽은 다음 처음부터 다시 읽어보라. 그리고 각 장의 마지막 부분에 떠오른 아이디어를 적어보자.

넷째, 떠오른 아이디어를 노트에 모두 적어라. 머릿속에 떠오른 아이디어를 모두 적는 습관을 들여야 한다. 그 아이디어를 실현할 방법을 몰라도 상관없다. 그럴수록 아이디어를 기록해두는 것이 좋다.

다섯째, 쳇바퀴 같은 업무에서 벗어나 새로운 아이디어를 생각해내는 데 좀 더 많은 시간과 에너지를 투자하라.

여섯째, 휴가를 아이디어 창출의 기회로 활용하라. 휴가를 떠날 때는 일상적인 업무를 완전히 차단해야 한다. 나는 휴가 때 사무실과 연락을 주고받지 않는다. 휴가가 끝나고 사무실로 돌아올 때 내 손에는 아이디어를 가득 기록한 노트가 들려 있다.

일곱째, 아무것도 쓰여 있지 않은 종이를 꺼내고 주의를 분산시킬 만한 것이 없는 방 안에 45분간 앉아 있어라. 그러고는 머릿속에 아이디어가 떠오를 때마다 기록하라. 아이디어를 비판적으로 검토하지 말고 일단 모두 적어라. 어떤 때는 썩 좋지 않은 아이디어를 아주 조금만 수정해도 기발한 아이디어가 될 수 있다. 새로운 아이디어를 검토할 때는 우선 장점을 5개 이상 적는 습관부터 들여야 한다. 그러고 나서 아이디어의 단점을 검토하라.

12

MARKETING

마케팅

자신을 포장하라

천재적인 마케팅 아이디어

기막힌 아이디어를 생각해내더라도 실질적인 수확을 거둬들이지 못하는 경우도 많다. 이들의 발명으로 이득을 보는 사람들은 대부분 기막힌 마케팅 전략을 고안한 사람들이다. 기업가, 프리랜서, 직원 할 것 없이 모두 자신을 광고하는 기술을 습득해야 한다. 그것이야말로 원대한 목표를 이루는 데 가장 중요한 요건이다.

코카콜라와 레드불 음료, 베이킹파우더를 발명한 사람들은 부자가 되지 못했다. 정작 돈을 번 사람들은 레드불을 상업적으로 성공시킨 마케팅 귀재 디트리히 마테쉬츠(Dietrich Mateschitz), 일찌감치 코카콜라 조제법을 사들인 사람들, 100년도 더 전에 독일에서 베이킹파우더 제조업체를 설립한 아우구스트 외트커다.

오스트리아의 기업가 마테쉬츠는 레드불의 성공으로 오늘날 유럽에서 가장 부유한 사람으로 꼽힌다. 2018년 세계 각국에서 레드불이 68억 캔 이상 팔리면서 유럽에서 브랜드 가치가 가장 높은 제품이 되었다.

1980년 초 마테쉬츠가 네덜란드와 영국의 합작기업 유니레버에 근무할 때였다. 그는 우연히 타우린 성분이 들어간 음료를 판매해 일본에서 법인세액 1위를 기록한 타이쇼 제약(Thaisho Pharmaceutical)을 발견하고 온통 피로 회복 음료에 관심을 집중했다. 이후 아시아 지역으로 출장 갔을 때 그는 유니레버의 태국 협력업체와 접촉했다. 태국어로 '붉은 황소(Red Bull)'를 의미하는 크라팅 댕(Krating Daeng)이라는 음료수를 제조하는 회사였다. 마테쉬츠는 유럽과 미국에 알려지지 않은 에너지 음료 크라팅 댕에 크게 매료된 나머지 아시아 이외 지역에서 판매할 수 있는 유통권을 매입했다. 그로부터 1년 후 마흔한 살의 나이에 마테쉬츠는 유니레버를 떠나 레드불을 창립했다.

노련한 마케팅 전문가였던 마테쉬츠는 광고의 중요성을 누구보다 잘 알고 있었다. 그는 광고야말로 회사가 성공하는 데 가장 중요한 단 하나의 요인이라고 생각했다. 그 어떤 기업가도 마테쉬츠만큼 열정적으로 마케팅 전략을 펴지는 않았을 것이다. 그는 당시 환율로 50만 달러가 넘는 500만 실링을 모조리 마케팅 아이디어를 개발하는 데 쏟아부었다. 이것은 레드불이 전 세계적으로 성공을 거두는 데 결정적인 역할을 했다.

마테쉬츠는 원래 독일에서 회사를 설립하려 했다. 그러나 독일 행정 당국은 회사 설립 허가증을 발급하는 데 까다로울 뿐 아니라 시간도 너무 오래 걸렸다. 마테쉬츠는 1년을 기다리다 포기하고 오스트리아에서 회사를 설립했다. 나중에야 독일에서 음료 판매 승인을 얻기까지 10년이 걸린다는 것을 알게 되었다.

새로운 음료는 1987년 4월 1일 오스트리아에서 처음 출시되었다. 첫출발은 그리 좋지 않았다. 레드불의 전반적인 역사를 다룬 저자 볼프강 퓌어베거(Wolfgang Fürweger)에 따르면 "레드불은 제대로 시작해보기도 전에 중단될 위기에 처했다. 초기에 매출이 그리 순조롭지 못한 까닭이었다. 회사와 설립자는 재정적인 난항에 봉착했다."

그러나 마테쉬츠는 자신의 아이디어를 믿었다. 첫해에 수십만 캔이 팔렸다는 사실은 자신이 옳은 길을 가고 있다는 것을 입증하는 신호라고 생각했다. 1988년 판매량은 120만 캔으로 증가했고, 유럽에서 출시된 지 3년째 되던 해에 170만 캔이 판매되면서 회사는 비로소 수익을 보기 시작했다.

마테쉬츠는 자사 제품의 성패가 맛과 품질뿐 아니라 적절한 마케팅과 광고 전략에 달려 있다고 굳게 확신했다. 그는 대학 친구였던 요한 카스트너에게 전략 구상을 부탁했다. 그러나 카스트너의 제안 가운데 어느 것도 만족스럽지 못했다. 그는 18개월간 카스트너의 제안을 계속 퇴짜 놓았다. 그동안 제안서 50개가 휴지통으로 직행했다. 친구의 까다로운 기준을 맞출 수 없다고 생각한 카스트너는 레드불의 광고 시안 작업을 몇 번이나 포기하려고 했다.

하지만 훌륭한 아이디어란 전혀 기대하지 않을 때, 예를 들어 한밤중에 우리를 강타하는 법이다. 레드불도 그랬다. 어느 날 밤 마침내 완벽한 광고 문구를 생각해낸 카스트너는 마테쉬츠에게 전화를 걸었다. '레드불이 날개를 달아줘요(Red Bull verleiht Flügel)', 영어로 'Red Bull gives you wings'라는 슬로건이었다(우리나라에서는 '레드불 날개를 펼쳐줘요'— 옮긴이). 이 슬로건은 광고 타깃에도 정확히 주효했고, 그야말로 천재적인 마케팅 아이디어라는 것이 판명되었다.

나중에 밝혀진 사실이지만 부지불식간에 레드불을 성공 가도로 올려놓은 장본인은 다름 아닌 독일의 관계 당국이었다. 독일을 비롯한 몇몇 나라는 건강에 좋지 않을 수 있다는 이유로 레드불의 판매를 처음부터 금지했다. 그러나 이후 시행된 여러 연구에서 잘못된 우려라는 것이 입증되었다. 그런데 불법 밀수품이라는 인식 때문에 레드불은 오히려 독일 10대 청소년과 젊은이 사이에서 한층 더 큰 인기를 끌었다.

레드불의 본산지 오스트리아는 집권 여당인 사회민주당이 레드불의 판매를 금지하려고 했다. 프랑스에서는 약물로 분류되어 약용으로만 사용할 수 있었다. 북유럽과 캐나다에서도 비슷한 문제에 부딪혔다. 캐나다에서는 레드불 캔에 건강상의 위험을 경고하는 문구를 커다랗게 표시해야 했다. 그러나 담뱃갑에 인쇄된 무시무시한 경고가 소비자들에게 불안감을 주는 것과는 달리 오히려 레드불의 매력을 더해주는 결과를 낳았다.

레드불은 직접 음료를 생산하거나 유통하지 않았다. 생산 공장과 창고도 없다. 다른 음료 회사들은 생산과 유통을 핵심 부문으로 여기고, 마케팅과 광고를 지원 수단으로 생각한다. 하지만 마테쉬츠는 생산과 유통을 아웃소싱했다. 그의 회사에서 핵심 부문은 바로 마케팅이다. 업계 관계자에 따르면 레드불은 전체 매출 가운데 3분의 1을 브랜드 이미지 제고와 광고에 투자한다고 한다.

애초부터 마테쉬츠는 평범하지 않은 전략을 선택했다. 레드불의 사례에서 배워야 할 점은 어마어마한 예산보다 훌륭한 아이디어가 더 중요하다는 것이다. 레드불의 마케팅 예산은 대부분 패러글라이딩과 스카이다이빙 등 익스트림 스포츠를 후원하는 데 투입되었다. 야성적인 삶을 꿈꾸며 유행에 민감하고 저돌적인 젊은이가 선택하는 음료라는 브랜드 이미지를 구축하기 위해서였다.

익스트림 스포츠 행사는 주로 외딴곳에서 열리기 때문에 엄청난 관중이 몰려들지는 않더라도 분위기가 매우 화려해서 언론의 주목을 끌었다. 레드불이 후원하는 익스트림 스포츠 대회로는 '비행기로 하는 포뮬러 원'인 에어레이스를 비롯해 산악 마라톤, 패러글라이딩, 카누, 산악자전거, 세계 최고난도의 릴레이 돌로미텐만 경주(The Dolomitenmann Contest)를 들 수 있다.

마테쉬츠는 야외 스포츠로 레드불 브랜드 이미지를 구축했다. 그는 자사가 후원하는 에어레이스나 돌로미텐만 경주를 촬

영해 언론사에 제공했다. "광고 지면 확보 같은 일반적인 방식은 10억 유로도 부족하다. 황금 시간대 노출이나 신문, 잡지에 광고를 하는 방식으로 마케팅 전략을 짠다면 예산이 턱없이 부족할 것이다."

레드불은 큰 자본을 들이지 않고 창의적인 사고방식만으로도 큰 효과를 거둘 수 있었다. 값비싼 기성 스포츠를 후원하는 대신 익스트림 스포츠 선수나 스턴트맨 등 짜릿한 전율을 찾는 사람들을 이용해 젊고 역동적인 브랜드로 자리매김한 것이다.

마테쉬츠가 축구나 포뮬러 원같이 훨씬 더 많은 자본을 들여야 하는 인기 스포츠에 투자한 것은 한참 뒤의 일이다. 2010년에는 레드불의 후원을 받는 독일의 카레이서 제바스티안 페텔(Sebastian Vettel)이 포뮬러 원에서 우승했다.

세상에 어떻게 알릴 것인가?

코카콜라도 레드불과 놀랄 만큼 공통점이 많다. 코카콜라는 미국의 약사 존 스티스 펨버턴(John Stith Pemberton)이 개발했다. 펨버턴은 애틀랜타의 실험실에서 약품을 조제했는데, 그중 하나가 코카인의 원료인 코카 잎과 콜라 열매를 함유한 토닉(tonic)이었다. 원래 두통을 완화하고 만성피로, 발기부전, 무력감 등을 치료하는 약으로 개발했다. 1886년 펨버턴은 이 토닉을 진한 시럽 형태로 만들고 그냥 '콜라'라고 이름 붙여 판매했다. 소비자들은 이 시럽에 물을 타면 꽤 맛있다는 사실을 금세 깨달았다. 자신의 발명품에 엄청난 잠재력이 있다는 사실을 알지 못한 펨버턴은 회사 지분과 비밀 조제법을 몇몇 사람들에게 팔아버렸다. 그중 아사 그릭스 캔들러(Asa Griggs Candler)는 1892년 형과 다른 투자자 2명과 함께 코카콜라 컴퍼니를 차렸다. 투자금은 전 재산 500달러였다.

회사를 세운 지 몇 년 지나지 않아 캔들러는 한 해에 10만 달러를 광고비로 지출했다. 이전까지는 그처럼 거액을 광고에 쏟아부은 기업이 없었다. 100년 후 마테쉬츠와 마찬가지로 캔들러 역시 음료 판매 승인을 받기 위해 공중보건 당국과 싸워야 했다. 1903년 이미 코카인 원료가 들어가지 않았는데도 공중보건 당국의 태도는 변함없었다. 캔들러는 코카콜라에 코카인을 섞었다는 비난을 받기도 했지만, 이름과 달리 코카인을 섞지 않았다며 소비자를 기만한다는 비난도 받았다.

아내가 세상을 떠난 직후 캔들러는 코카콜라의 지분을 모두 자녀 7명에게 증여했다. 그런데 그들은 아버지에게 알리지도 않고 1919년 투자자들에게 지분을 모두 팔아버렸다. 그렇게 해서 아버지가 원래 투자했던 돈의 5만 배에 달하는 2,500만 달러를 벌었다.

새로 회사를 사들인 사람들도 캔들러와 마찬가지로 제품 마케팅에 치중했다. 오늘날에도 코카콜라는 직접 음료를 생산하거나 유통하지 않고 개별 회사에 코카콜라를 생산할 수 있는 라이선스를 파는 방식으로 운영된다. "어차피 물, 설탕, 향신료를 섞었을 뿐인 제품을 굳이 직접 생산할 필요 없다고 판단했다. 처음부터 이 회사는 브랜드 이미지를 구축하고 새로운 시장을 개척하는 데 전념했다."

펨버턴이 코카콜라 조제법을 발명했을 때쯤 독일에서는 어떤 약사가 베이킹파우더를 실험하고 있었다. 아우구스트 외트커 박사는 펨버턴처럼 발명가나 창의적인 천재가 아니라 마케팅 전문가였다. 베이킹파우더로 재산을 축적할 수 있었던 것도 그 때문이었다. 현재 외트커그룹은 직원 수 3만 2천 명으로 유럽에서 가장 큰 가족 경영 기업이다. 외트커그룹은 각종 제품과 서비스를 판매하는 300개 계열사로 이루어져 있다. 간식이나 주류 제조, 보험사, 은행을 비롯해 선박 210척과 연매출 70억 유로가 넘는 해운회사까지 거느린 대기업이다. 독일인 98퍼센트가 닥터 외트커라는 브랜드를 알고 있다.

모든 것은 1891년 아우구스트 외트커 박사가 약사 자격시험에 합격하여 독일 서부의 빌레펠트에서 약국을 운영하면서 시작되었다. 아직 견습생이었을 때도 외트커는 이렇게 뻐겼다. "현재 나의 가장 큰 꿈은 당연히 약국을 사는 것이다. 그리고 약국이 성공한 다음에는 뭔가 특별한 일을 이룰 것이다." 나중에 그는 "좋은 아이디어만 있으면 진짜 남자가 될 수 있다"는 말을 자주 했다. 그에게 '좋은 아이디어'란 아직까지도 독일 가정의 필수품이자 다른 나라에서도 널리 사용되는 베이킹파우더였다.

약국 뒤쪽의 골방에서 그는 매우 높은 등급의 베이킹파우더를 제조하기 위한 실험을 했다. 탄산수소나트륨을 원료로 한 발효제는 이미 유명한 화학자 유스투스 폰 리비히(Justus von Liebig)가 수십 년 전에 발명했다. 리비히의 옛 제자 한 명이 추가 개발을 거친 끝에 베이킹소다를 만들어 미국에서 보급하고 있었다.

그러나 외트커 박사는 혁신적인 마케팅 아이디어를 고안하는 데 천재였다. 그는 자신이 개발한 제품의 고유한 장점을 간단하게 요약하는 문구를 생각해냈다. "외트커가 개발한 베이킹파우더는 이보다 더 좋을 수 없습니다. 유해한 첨가제도 들어 있지 않고, 일관된 품질을 유지하기 때문에 안목 있는 가정주부가 선택하는 제품입니다. 가격이 싸서 누구나 구매할 수 있습니다."

"애초부터 외트커는 일반적인 발효제가 아닌 건강과 품질을 판매한 셈이었다. 회사는 매우 정교한 광고 심리학을 바탕으로 성공했다. 이후로 그러한 심리학이 수없이 모방된 이유가 무엇인지에 주목하는 사람은 거의 없다. 그것은 젊은 기업가 아우구스트 외트커가 얼마나 위대한지를 보여준다. 그는 천재적인 과학자도, 위대한 식품화학자도 아니었지만 마케팅에 특별한 재능을 타고난 사람이었다." 외트커의 전기를 쓴 뤼디거 융블루트의 말이다.

당시에는 단지에 담긴 베이킹파우더를 고객들이 직접 필요한 만큼 덜어서 사야 했다. 외트커는 이것을 20그램짜리 작은 종이봉지에 포장해서 부풀린 가격에 판다는 아이디어를 떠올렸다.

가격을 부풀려도 베이킹파우더의 양이 매우 적기 때문에 소비자들은 여전히 싸다고 생각했다.

외트커는 마케팅과 광고에 거액을 투입했다. 처음 몇 해 동안은 베이킹파우더 판매로 얻은 수익 전액을 인구 3천 명 이상의 도시에서 유통되는 신문 광고에 쏟아부었다.

"제아무리 좋은 제품도 알리지 않으면 세상이 어떻게 알겠는가?" 이것이 외트커의 좌우명이었다. "꽃이 화려한 색상으로 곤충을 꾀듯이 알록달록한 포스터와 광고판으로 고객이 제품을 사도록 유인했다." 그 당시 독일의 중소기업 경영자가 광고와 마케팅에 관한 잡지 기사를 그토록 민첩하게 파고드는 일은 극히 드물었다.

외트커는 제품의 장점을 알리는 평범한 문구에만 의존하는 것이 아니라 사실과 증거로 그것을 뒷받침했다. 이러한 전략이 바로 50년 후 현대 광고의 아버지로 불리는 데이비드 오길비의 광고 철학이었다. 오길비는 외트커의 광고 문구를 매우 마음에 들어 했을 것이다. 외트커는 베이킹파우더를 담는 종이봉지를 공급하는 회사에 1천만 개를 주문했다는 사실도 광고에 이용했다. "채신머리없고 비현실적인 선전 대신 베이킹파우더가 주부들에게 엄청난 인기를 끌고 있다는 사실을 입증하는 정보를 제시한 것이다." 그는 오늘날 기업들처럼 품질 테스트에서 1위를 차지했다는 사실도 광고에 사용했다. "그는 꿈에서도 광고만 생각했다"고 한 직원은 말했다.

외트커는 베이킹파우더를 권장하는 요리책을 펴내서 베스트셀러가 되기도 했다. 외트커는 수백만 부가 팔려나간 이 책을 독일 학교 교과서로 만들려고 했지만 실패했다. 그는 혁신적인 마케팅 아이디어가 솟아나는 원천 그 자체였다. 그는 최초로 만화 광고를 제작하기도 했다. 외트커 박사의 특별한 베이킹파우더를 사용한 파운드케이크가 부풀어 오르는 모습을 만화로 그린 것이다.

PR의 한계를 생각하지 마라

버진 애틀랜틱 항공을 필두로 한 버진그룹의 괴짜 경영자 리처드 브랜슨도 마케팅 파워를 아는 기업가다. 현재 버진그룹은 다수의 항공사를 포함해 이동통신, 금융 서비스, 철도, 라디오 방송국, 음료 제조, 심지어 상업용 우주여행을 기획하고 홍보할 예정인 버진 갤럭틱(Virgin Galactic)까지 다양한 영역에서 40개 회사를 보유하고, 총직원은 7만 1천 명이다. 연매출은 200억 파운드(약 31조 원) 가까이 되며, 브랜슨의 개인 자산은 50억 달러로 추정된다. 브랜슨만큼 광고 기법에 통달하고 자기 자신을 멋지게 포장할 줄 아는 사람도 흔치 않다.

브랜슨은 학생일 때 첫 사업으로 영국 전역의 학생들을 대상으로 한 잡지사와 음반 통신판매를 시작했다. 처음 〈스튜던트(Student)〉를 창간했을 때부터 학생 신문을 발행하는 다른 10대 청소년보다 훨씬 더 야심만만했다. 그는 철학자 장 폴 사르트르와 존 레넌, 믹 재거 등 유명 인물을 인터뷰하는 데 성공했다. "그 때 나는 자신감으로 충만했다. 그런 사람들이 왜 나를 집 안으로 들여 일대일로 인터뷰를 허락했는지 의아해하지도 않았다. 나를 퇴짜 놓은 사람이 거의 없었던 것을 보면 내 자신감이 그들을 움직였음이 분명하다."

브랜슨은 자신만의 독창적인 기법으로 광고 지면을 팔았다. 학교에 있는 사무실에 전화기가 없어 공중전화를 사용했지만, 유명 기업들을 설득해 〈스튜던트〉에 광고를 싣는 데 성공했다. "로이드 은행의 광고 담당자에게 전화해서 바클레이스 은행이 잡지 뒤표지 안쪽에 광고를 싣는다고 말하고 효과가 가장 좋은 뒤표지에 광고를 실을 생각은 없는지 내셔널웨스트민스터 은행에 제안하기 전에 알아보려고 전화했다고 말했다. 코카콜라와 펩시에도 비슷한 방법으로 접근했다. 나는 프레젠테이션 기술과 영업 권유 멘트를 가다듬었다. 그리고 내가 몇 펜스를 손에 들고 추운 공중전화 부스에서 전화를 걸고 있는 열다섯 살짜리 학생이라는 사실을 상대방이 절대 눈치채지 못하도록 했다."

버진 레코드가 1971년 우편 파업으로 음반을 배송할 수 없게 되면서 회사가 파산할 지경에 놓였을 때도 브랜슨은 혁신과 사업 확장으로 위기에 대응했다. 그는 음반을 고객에게 배송하지 못하면 음반 상점을 차리는 수밖에 없었다. "우리는 일주일 내에 가게를 구해야 했다. 돈이 떨어지기 일보 직전이었다. 당시 우리는 상점이 어떻게 운영되는지 전혀 알지 못했다. 한 가지 확실한

건 어떻게든 음반을 팔지 않으면 파산한다는 것이었다."

브랜슨은 젊은이들이 음반을 들으며 다른 사람과 음악에 대해 대화할 수 있는 분위기를 구상했다. 당시에는 매우 신선한 발상이었다. "레코드 상점이 별다른 주목을 받지 못하던 때에 우리는 버진 레코드 상점이 놀러 갈 수 있을 만큼 즐거운 장소가 되길 바랐다. 우리는 고객 친화형 상점을 만들고 싶었다. 그리고 다른 상점보다 저렴하게 판매하고자 했다. 고객에게 헤드폰과 푹신하게 앉을 수 있는 소파가 제공되었고 다양한 음악 잡지도 무료로 읽을 수 있었다. 또한 커피도 공짜로 마실 수 있었다. 우리는 고객이 얼마든지 상점에 머무르면서 집과 같은 편안함을 느끼길 바랐다."

1972년 말 버진 레코드는 런던을 비롯한 영국의 주요 도시에서 14개 매장을 운영했다. 열여섯 살에 학업을 중단한 브랜슨은 그때 스물두 살밖에 되지 않았지만 이미 영국에서 가장 큰 음반 체인을 소유하고 있었다.

그는 음반 사업으로 큰돈을 벌려면 직접 음반 회사를 차려야 한다는 것을 깨달았다. 브랜슨은 친구와 가족에게 돈을 빌려 17세기에 지어진 저택을 사서 녹음실로 개조하고 버진 뮤직을 세웠다. "아티스트들에게 녹음실을 제공해서 사용료를 벌고, 우리가 소유한 대형 음반 체인점을 통해 홍보하고 판매해서 유통 마진을 얻을 수 있다"고 판단한 것이다. 경제적으로 타당성 있는 사업이었다. 브랜슨은 앨범에서 벌어들인 수익금 전액을 새로운 음악인을 발굴하고 사업을 확장하는 데 투자했다.

그러나 지출이 소득을 훨씬 웃돌면서 재정 상황은 여전히 좋지 않았다. 브랜슨은 몇몇 아티스트와 계약을 취소해야 했다. 그와 동업자는 승용차를 팔고 집에 설치했던 수영장을 폐쇄하고 회사에서 받는 급여도 포기했다. 하지만 브랜슨은 비용을 줄여서는 장기적으로 버진을 살릴 수 없다고 판단했다. "위기를 탈출할 유일한 방법은 사업 규모를 줄이는 것이 아니라 확장하는 것임을 나는 항상 굳게 믿고 있었다."

위기가 한창일 때도 브랜슨은 계속 새로운 도전 과제를 찾아 나섰다. 휴가 기간 동안 예약한 비행편이 취소되자 그는 새로운 아이디어를 떠올렸다. 2천 달러에 항공기를 전세 내서 승객들에게 이를 분담하도록 한 것이었다. 그는 흑판에 이렇게 썼다. "버진 항공. 푸에르토리코까지 편도 39달러."

이런 경험이 있었던 브랜슨은 1984년 젊은 미국인 변호사가 대서양 횡단 항공사를 설립하자는 사업계획서를 제시하자 가능성이 있다고 확신했다. 그 변호사와 협의를 마친 브랜슨은 월요일 아침에 출근하자마자 보잉에 전화해 점보제트기 한 대에 얼마냐고 물어봤다. 그리고 다음 날 버진 뮤직 사무실에서 보잉 관계자들을 만나 자신의 신규 프로젝트를 설명했으나 그들은 뜨뜻미지근한 반응을 보였다. 보잉 사람들은 달가워하지 않았지만 어쨌든 브랜슨은 결국 그들을 설득하는 데 성공했다.

브랜슨은 국영 기업 브리티시 항공 등 경쟁 항공사의 불공정한 관행을 조심하라는 충고를 들었다. 아니나 다를까 문제가 발생했다. 1986년 6월 브리티시 항공은 뉴욕발 런던행 비행기의 5,200석을 무료로 제공하기로 했다. 예나 지금이나 독창적이고 창의적인 브랜슨은 다음과 같은 광고로 반격했다. "저희 버진은 가능한 저렴한 가격에 여러분을 런던으로 모시고자 합니다. 그러므로 6월 10일에는 브리티시 항공을 이용하시길 권장합니다"라고 광고를 낸 것이다. 브리티시 항공은 홍보에 거액을 쏟아부었다. "그러나 뉴스는 온통 버진 애틀랜틱 항공의 장난스러운 광고를 언급했다. 매우 적은 비용을 들여 엄청난 홍보 효과를 거둔 것이다."

1990년대 초반 버진 애틀랜틱 항공은 재정 문제에 부딪혔고 버진그룹 전체에 영향을 미쳤다. 은행의 압박과 브리티시 항공의 비겁한 술책으로 어쩔 수 없이 음반 회사를 매각해야 했다. 그때 막 롤링 스톤스라는 대형 밴드를 영입한 참이었다. 하지만 10억 달러에 버진 뮤직을 사겠다는 EMI의 제안을 받아들이는 수밖에 없었다. 인생의 20년을 투자한 회사를 매각한다는 것은 어려운 결정이었다. 그런 데다 보이 조지, 브라이언 페리, 재닛 잭슨, 롤링 스톤스까지 계약한 상황에서 갑자기 모든 것이 끝나 버렸다. "부모를 잃은 것이나 다름없었다. 미리 각오했다고 하더라도 막상 그런 일이 닥치면 절대 대처할 수 없다는 사실을 깨달았다"고 브랜슨의 동업자는 말했다. 브랜슨도 "마치 자식을 잃은 것과 같았다"고 느꼈다.

하지만 상황이 낙관적일 뿐 아니라 버진 뮤직의 매각으로 어떤 기회가 생겼는지를 깨닫기까지 그리 오래 걸리지 않았다. "생애 최초로 과감한 꿈을 실행에 옮길 수 있는 돈을 손에 쥐게 되었다." 오랜 세월 성장시킨 음반 회사를 매각한 것은 크나큰 패배였다. 하지만 패배에는 항상 더 큰 기회의 싹이 움튼다. 브랜슨은 그런 기회를 결코 지나치는 사람이 아니었다.

많은 것을 달성한 사람도 패배를 겪게 마련이다. 그러나 실패 앞에서 전혀 다르게 대응한다. 가장 큰 특징은 어차피 바꿀 수 없는 과거에 집착하지 않는다는 것이다. 성공한 사람은 엎질러진 물을 아쉬워하면서 몇 달 동안, 심지어 몇 년 동안 시간을 허비하지 않는다. 그보다 미래로 눈을 돌리고 실패에서 교훈을 얻는다. "이기는 사람도, 지는 사람도 있다. 이길 때는 기뻐하라. 지더라도 후회하지 마라. 절대 뒤돌아보지 마라"고 브랜슨은 조언한다.

버진 뮤직을 매각하고 몇 년 동안 브랜슨은 다양한 아이디어를 시도하며 새로운 회사를 설립했다. 어떤 것은 성공했고, 어떤 것은 실패했다. 누군가 새로운 프로젝트를 제안하면 브랜슨은 일단 긍정적인 반응을 보였다. 직원들은 그런 브랜슨을 '예스 박사(Dr. Yes)'라고 불렀다. "어떤 질문, 요청, 문제점에도 내가 긍정적인 반응부터 보이자 그런 별명이 생긴 것 같다. 나는 뭐든 훌륭한 아이디어라고 생각되면 단점을 찾기보다는 꼭 추진해야 하는 이유를 찾았다."

브랜슨의 도전 정신은 사업에만 국한된 것이 아니었다. 1986년 그는 버진 애틀랜틱 챌린저 2호(Virgin Atlantic Challenger II)라는 보트를 타고 대서양을 최단 시간에 횡단하는 기록을 세웠다. 1년 후에는 사상 최초로 열기구를 타고 대서양을 횡단했다. 또한 1995년부터 1998년까지 여러 차례 열기구를 타고 세계일주를 시도했다. 1998년에는 모로코에서 하와이까지 열기구 비행을 시작했으나 기상 악화로 중단할 수밖에 없었다. "나는 인생을 살면서 최대한 많이 실험해보고 싶었다. 이제까지 시도한 모험들이 내 삶을 좀 더 풍요롭게 했으며 사업을 하면서 얻은 즐거움을 한층 더 북돋워주었다."

까다로운 소비자, 마케팅으로 설득하라

디트리히 마테쉬츠, 아우구스트 외트커, 리처드 브랜슨에게는 공통점이 있다. 모두 아이디어로 가득 찬 사람들이라는 것이다. 그들은 신제품을 개발하지 않았지만 다른 사람의 아이디어와 발명품을 이용하는 능력이 뛰어났다. 그들은 기발한 마케팅 전략으로 아이디어와 제품을 성공시켰다.

뛰어난 제품을 개발하는 것만으로 충분하다고 믿는 기업가들이 있다. "언젠가 품질이 말해줄 것"이라고 말이다. 물론 뛰어난 제품 없이는 제아무리 최상급 마케팅 전략을 펼치더라도 장기적인 성공을 달성할 수 없다. 그러나 이와 반대로 뛰어난 마케팅 전략 없이는 제아무리 최상급 제품도 성공할 수 없다. 수많은 제품과 서비스가 쏟아져 나오는 오늘날, 마케팅은 그 무엇보다 중요하다.

오늘날의 소비자는 그 어느 때보다 까다롭다. 일반적인 광고 전략에 거액을 투입하는 것은 그야말로 돈 낭비에 불과하다. 사람들은 더 이상 단순한 광고 문구에 속지 않는다. 재미난 광고가 시청자들에게 웃음을 줄지는 모르지만 제품 구매를 보장하지는 않는다.

잭 트라우트와 함께 《마케팅 불변의 법칙(The Immutable Laws of Marketing)》을 쓴 알 리스 같은 일류 마케팅 전문가들은 전통적인 광고는 더 이상 효과가 없다고 한다. 그들은 기업 홍보(PR)에 자원을 투입해야 한다고 말한다. "광고는 신뢰도가 낮기 때문에 신제품을 출시할 때 광고에 의존해서는 안 된다"고 리스는 주장한다. "광고란 매출을 올리려고 안달이 난 회사의 이기적인 목소리를 반영한다. 새로운 브랜드를 내놓으려면 언론 홍보를 이용해야 한다."

리스는 스타벅스, 구글, 레드불, 마이크로소프트, 오라클, SAP 등의 사례를 인용해 "최근 마케팅의 성과는 광고가 아닌 홍보로 이루어진 것"이라고 했다. 스타벅스가 첫 10년 동안 미국에서 광고에 들인 돈은 1천만 달러도 되지 않는다. 회사의 매출에 비하면 미미한 액수다.

리스에 따르면 현대의 광고는 효과적인 마케팅 기법이 아닌 일종의 예술 장르가 되었다. 광고 전문가들은 실제로 제품을 알리는 것보다는 자신들의 참신하고 창의적인 작품으로 상을 타는 데 훨씬 더 주력한다. 반면 홍보는 광고보다 훨씬 신뢰도가 높다.

일류 매체에 실리는 기사는 해당 제품을 100퍼센트 칭송하지는 않더라도 값비싼 광고 캠페인보다 100배쯤 더 효과적이다. 물론 제품이 흥미롭고 품질이 좋아야 이런 홍보 전략도 통한다. 그렇지 않다면 일류 신문이 긍정적으로 보도하지도 않는다. 그저 그런 제품은 신문에서 혹평을 받을 뿐이다. 신뢰도, 투명성, 소통으로 구축된 브랜드 이미지여야 소비자가 신뢰한다. 파격적인 광고 문구로 소비자를 현혹해봤자 별 효과가 없다.

기업뿐 아니라 개인도 마찬가지다. 자신을 '브랜드'로 생각하고 어떻게 하면 'PR'할 수 있을지 배워야 한다. 원칙적으로 사람은 3가지 유형으로 나뉜다. 첫째, 실제로 달성하는 것은 거의 없지만 자신을 잘 포장하고 PR하는 사람이다. 물론 이런 사람들은 결과적으로는 실패할 수밖에 없다. 둘째, 맡은 일을 매우 잘해 내지만 남들의 주목을 끄는 데는 매우 서툰 사람이다. 셋째는 이 2가지 일을 모두 잘해 내는 사람이다. 이런 사람은 성과도 좋고 자신의 성과를 남들한테 PR하는 데도 뛰어나다.

세 번째 유형이 되려면 자신을 브랜드화해야 한다. 장점을 말해보라는 질문을 받으면 대부분의 사람들은 이것저것 언급하는 실수를 저지른다. 그러면 별 특징이 없고 우유부단한 사람처럼 보이기 쉽다. 팔방미인은 특별히 잘하는 게 없다는 말을 명심하

라. 어떤 특정 분야에서 자신만의 장점을 가지고 있는지 찾아보라. 그리고 자신만의 장점을 남들에게 알리는 법을 배워라.

기업의 홍보 대상은 고객이다. 직원들이 자신을 홍보하는 대상은 팀장이나 윗사람이다. 재능 있고 헌신적이어서 회사의 성공에 상당 부분 기여했지만 자신을 홍보하는 기술이 부족해 노력과 공헌을 인정받지 못하는 직원들이 있다. 그들은 언젠가는 소비자들이 품질을 알아줄 것이라고 생각하는 기업과 같다. 기업이든 개인이든 이런 치명적인 실수를 범하지 말아야 한다.

성공하려면 "뭔가를 대표한다"는 인상을 줘야 한다. 자신의 인지도를 구축해야 하며 자신만의 장점을 널리 알려야 한다. 마케팅 용어로 이것을 포지셔닝(positioning)이라고 한다. 포지셔닝은 모든 마케팅 전략의 핵심이다. 기업은 물론 변호사, 세무사, 의사, 직원들에게 두루 통용되는 개념이다. 하지만 대다수가 포지셔닝과 적극적이고 전문적인 홍보 전략의 중요성을 과소평가하는 경향이 있다.

자신을 포지셔닝하라

이 책에서 다룬 사람들은 모두 소통과 자기 홍보에 관한 한 완벽의 경지에 이르렀다. 마돈나와 에스티 로더, 리처드 브랜슨, 잭 웰치, 워런 버핏은 하나같이 이례적인 성공을 달성한 동시에 자신의 성과를 홍보할 줄 아는 사람들이다.

이들 가운데 광고 캠페인을 통해 명성을 구축한 사람은 없다. 그들은 언론 매체의 보도를 통해 유명해졌다. 브랜슨과 웰치는 책을 썼고, 텔레비전 프로그램을 제작했으며, 일류 신문에 정기 칼럼을 기고해서 자신을 홍보했다.

5장에서 높은 성과를 올리는 사람은 일반적으로 남들과 달라질 용기가 있다고 했다. 바로 그러한 용기가 자기 PR에 성공하기 위한 선결 조건이다. 다시 말해 일을 처리하는 기존의 낡은 방식이나 사회적 압력을 과감하게 거부할 줄 아는 용기가 있어야 성공적으로 자기 PR을 할 수 있다.

워런 버핏은 감정에 좌우되지 않는 투자가라는 이미지가 있지만 실제로는 자기 PR에 능한 인물이다. 버핏이 매년 5월 첫째 주에 개최하는 버크셔 해서웨이의 주주총회는 그 어떤 기업의 주주총회보다 거창하다. 수만 명이 주주총회가 열리는 네브래스카주 오마하로 순례 여행을 떠난다. 버핏과 그의 친구이자 동업자이며 2인자인 찰스 멍거의 공연을 보기 위해서다.

버핏은 주주총회를 장신구, 가구, 카펫, 텔레비전, 사탕 등 버크셔 해서웨이 계열사와 제휴사가 취급하는 물건을 판매하는 대형 박람회로 변신시켰다. 방문객들은 그곳에서 원하는 것은 무엇이든 살 수 있다. 버크셔 해서웨이의 주주총회를 다룬 책의 저자 제프 매슈스(Jeff Matthews)는 이렇게 말했다.

"다른 회사의 연차 주주총회와 그처럼 극명한 대비를 이룰 수가 없었다. (버크셔 해서웨이도 세계 50대 기업이긴 하지만) 훨씬 규모가 큰 기업의 주주총회도 회사에 위기가 닥치지 않는 한 주주들이 몇 명 참석하지 않으며, 전국적인 언론의 취재 대상이 되지도 않는다. 그러나 버크셔 해서웨이의 연차 주주총회는 전 세계적으로 주주, 기자, 뉴스 카메라를 끌어모은다."

버핏은 정직과 유머 감각을 반영한 사업 보고서를 회사는 물론 자신을 마케팅하는 수단으로 활용한다. 사업 보고서가 버핏이라는 브랜드 이미지의 핵심인 유능함, 솔직함, 신뢰, 정직, 자기반성 등을 외부에 알리는 수단인 셈이다.

버핏은 자신을 살아 있는 전설로 만드는 데 성공했다. 자서전에 따르면 사업 초반에는 투자해달라고 다른 사람을 설득하러 다니는 것이 일이었지만 불과 몇 년 만에 상황이 바뀌었다. "그가 투자를 받아주는 것을 오히려 고마워했다. 투자자들이 오히려 부탁하게 만들면서 버핏은 심리적으로 우위에 섰다. 그는 이러한 기법을 자주 구사했다."

자신을 포지셔닝할 수 있고 홍보와 언론 매체 보도의 중요성을 아는 사람, 그리고 논란을 두려워하지 않는 사람만이 오늘날의 시장에서 주목받을 수 있다.

자신만의 특출난 재능, 자질, 고유한 장점을 부각하고 홍보함으로써 자신을 마케팅하는 전략을 개발하라. 포지셔닝이 확실할수록 더 좋다. 이제까지 아무도 차지하지 않은 틈새를 찾아 활용하라. 한 가지 일에 주의력을 집중하라.

개인은 물론 기업도 한꺼번에 너무 많은 분야에서 뛰어나려고 한다. 하지만 자신을 효과적으로 홍보하려면 수많은 사람과 비교했을 때 가장 뛰어난 한 가지 분야가 있어야 한다. 그리고 무엇보다 자신만이 가지고 있는 장점이어야 한다.

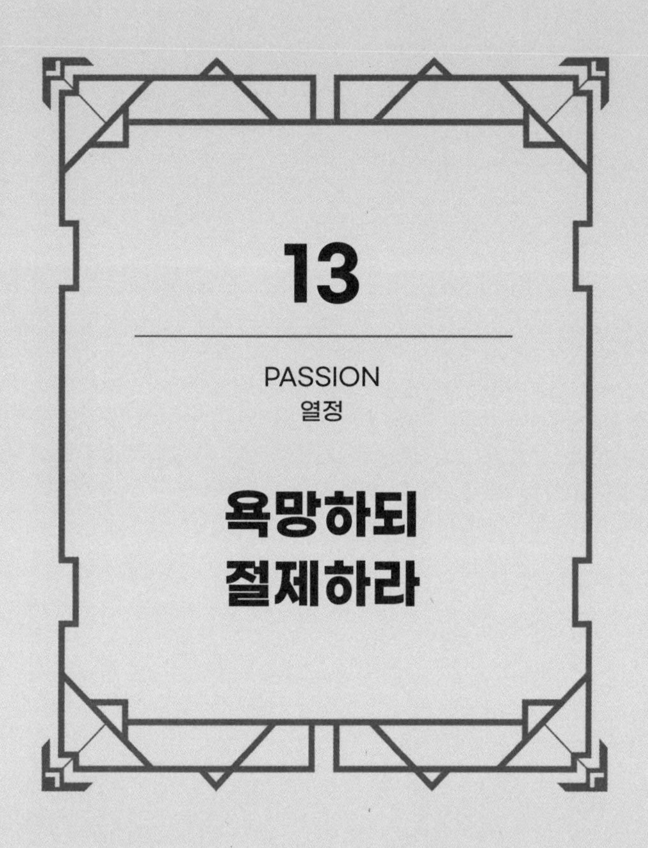

13

PASSION

열정

욕망하되 절제하라

기한을 지키는 데 아낌없이 투자하라

과감한 목표를 달성할 때 가장 중요한 것이 지속적인 열정이다. 어떤 일에 열정적으로 매달리는 사람들은 많다. 하지만 대부분 그러한 열정이 지속되지는 않는다. 어떤 목표를 세울 때는 열정이 자극제가 된다. 하지만 목표를 달성하려면 엄청난 자기 절제도 필요하다.

자기 절제의 중요성을 과소평가하지 마라. 특히 최종 기한을 지키는 데는 극도의 자기 절제가 필요하다. 최종 기한을 지키는 사람은 신뢰할 만하다는 평가를 받는다. 시간 내에 임무를 완수하지 못하는 사람과 한 번도 실망시킨 적이 없는 사람 중 누구에게 일자리를 주겠는가?

최종 기한은 절대 넘겨서는 안 될 시점을 말한다. 의뢰인이나 윗사람에게 인정받으려면 정해진 기한보다 일찍 최고의 완성품을 전달해야 한다. 절대로 기한을 넘겨서 제품이나 서비스를 전달해서는 안 된다.

혼자 일한다면 기한을 넘겨도 문제없다. 하지만 기업에 소속된 직원이 최종 기한을 맞추지 못한다면 사업 전체에 영향을 미친다. 기업은 반드시 신뢰할 수 있는 사람만 고용하는 것이 원칙이다. 신뢰는 기업문화에 가장 중요한 덕목이다. 하지만 회사가 성장할수록 신뢰할 수 없는 직원들이 늘어난다.

다른 사람들보다 머리가 좋은 직원이 있었다. 일도 열심히 하고 업무 수준도 매우 뛰어났다. 그런데 그의 몰락을 재촉한 원인이 단 한 가지 있었다. 그는 번번이 최종 기한을 지키지 못했다. 그의 유일한 결점이었지만, 그것이 그의 경력을 크게 해쳤다.

자신의 업무량도 체계적으로 정리하지 못하는 사람에게는 부서 하나도 맡길 수 없다. 체계적이지 못하고 기한을 지키지 못하는 사람은 절대 리더가 될 수 없다.

광고업계에서 일하는 크리에이티브(creatives, 광고의 아이디어를 책임지는 사람들) 인력은 대체로 시간을 잘 지키지 않는다. 이들은 꽉 짜인 일정보다 기분에 좌우된다. 그렇기 때문에 광고업계에서는 창의력과 상당한 자기 절제를 갖춘 인물이 반드시 정상의 자리에 오른다. 광고업계에서 신화적인 성공을 거둔 데이비드 오길비는 시간 엄수에 광적일 정도로 집착했다.

베스트셀러가 된 회고록《나는 광고로 세상을 움직였다(Confessions of an Advertising Man)》에서 오길비는 이렇게 말했다. "나는 오길비 앤드 매더에서 근무하는 사람이 의뢰인에게 약속한

날짜까지 광고물이나 텔레비전 CF를 제작하지 못하겠다고 말하면 노발대발한다. 최고의 회사는 제아무리 큰 고통이 따르고 초과 근무가 필요하더라도 반드시 약속을 지켜야 한다." 그는 직원들에게 다음과 같은 행동 규칙을 강조했다. "나는 약속한 시간까지 일을 완성하는 체계적인 사람을 존경한다. 웰링턴 공작(나폴레옹을 꺾은 워털루 전투의 영웅)은 책상 위에 놓인 업무를 모두 마칠 때까지 귀가하지 않았다."

예술가도 자기 절제의 화신이라고는 할 수 없다. 하지만 마돈나를 비롯해 엄청난 성공을 거둔 음악가와 배우는 너나 할 것 없이 예외였다. 마돈나가 주연한 영화 〈수잔을 찾아서(Desperately Seeking Susan)〉를 감독한 수잔 세이들먼(Susan Seidelman)은 이렇게 말했다.

"배우들은 아침 6시 30분 정도에 모이기로 되어 있었다. 마돈나가 차를 타고 세트장으로 떠나는 것은 그보다 훨씬 이른 시각이었다. 새벽 4시에 일어나 YMCA 헬스클럽 수영장에서 몇 바퀴를 돌고 세트장에 도착했다. 그녀는 자기 절제가 엄청나게 뛰어난 사람이다."

성공한 투자가 알왈리드도 시간을 엄수하는 것으로 정평이 나 있다. 그가 하루에 4개국 6개 도시를 방문할 때였다. 혹시라도 예기치 못한 상황이 발생해 중요한 약속을 놓칠까 봐 그는 언제라도 갈아탈 수 있는 소형 제트기를 자신이 탄 보잉 자가용 제트기 뒤에 띄웠다. 그는 소형 제트기가 일종의 '보험'이라고 말했다. 문제가 발생하면 핵심 참모들과 소형 제트기로 갈아타면 되었다. 물론 소형 제트기를 빌리는 데 3만 달러였으니, 단 하루의 보험치고는 비쌌지만 말이다.

알왈리드가 미국의 전 대통령 지미 카터를 만나기 위해 애틀랜타에 갔을 때는 그리 큰 비용을 들이지 않고 약속을 지킬 수 있었다. 교통 정체로 발이 묶인 알왈리드는 운전기사에게 회의 장소인 카터 센터에 시간 맞춰 도착하면 주급을 300달러 더 주겠다고 약속했다. 그러자 기사는 기다란 리무진을 자동차 도로 출구 쪽으로 휙 돌리더니 애틀랜타의 뒷길을 관통해 약속 시간보다 몇 분 빨리 데려다주었다.

알왈리드는 빡빡한 일정을 관리하고 조율하는 출장 전담팀을 따로 두었다. 출장 전담팀의 업무는 "시간을 철저하게 지키고, 시간 낭비하는 것을 극도로 싫어하는 왕자가 단 1분이라도 허비하지 않도록" 만전을 기하는 것이다. 출장 일정을 만족스럽게 계획한 직원에게는 3~6개월치 월급은 물론 연봉에 해당하는 후한 보너스를 지급했다.

워런 버핏도 자기 절제를 위해서는 돈을 아끼지 않았다. 체중을 빼야겠다고 생각한 그는 자녀들에게 서명하지 않은 1만 달러짜리 수표를 써 주고는 정해진 날짜에 몇 킬로그램까지 감량하지 못하면 서명하겠다고 약속했다. 그의 아들과 딸이 군것질로 유혹할 때마다 버핏은 거부했다. 그는 수표를 여러 장 썼지만 실제로 서명한 적은 단 한 번도 없었다.

열정적으로 매달릴 수 있는 일을 찾아라

특히 자기 절제는 좋은 습관을 개발하거나 자기 파괴적인 습관을 버리는 데 무엇보다 중요하다. 습관은 가장 무서운 적이자 좋은 친구다. 현대 사회에서는 시간 엄수와 절제가 더 이상 중요하지 않은 케케묵은 덕목이라고 생각하는 사람들이 많다. 그러나 시간 엄수는 신뢰도와 직결되며, 절제는 인간관계를 유지하는 데 필수적이다. 성공에 결정적인 역할을 한다는 것이다. 약속만 하고 지키지 못하는 사람, 말만 하고 실행에 옮기지 않는 사람과 일하고 싶어 하는 사람은 아무도 없다. 신뢰할 수 없는 사람을 신용할 수는 없다.

그런 사람은 자기 자신도 믿지 못한다. 사소한 목표도 달성하지 못하는데 더 큰 목표를 달성할 수 있다는 자신감이 들겠는가? 자신감을 얻으려면 계획을 끝까지 지켜야 한다. 실행하기로 한 일을 마치면 기분이 좋아진다. 하지만 마치지 못하면 마음이 불편해질 수밖에 없다.

시간 엄수는 타인에 대한 존중의 표시이기도 하다. 나는 어떤 주식회사 이사회 의장과 언쟁을 벌인 적이 있다. 그 사람은 약속 시간을 대수롭지 않게 생각했다. 심지어 시간을 정확히 지키는 사람은 자신은 물론 남의 인생까지 피곤하게 만든다고 했다. 나는 그에게 "이 세상 모든 사람 중에서 오늘 밤 저녁 식사를 함께 할 사람을 고른다면 누구를 선택하겠나?"라고 물어봤다. 그는 당시 독일 대통령이던 로만 헤어초크라고 대답했다. "그렇다면 헤어초크와 약속한 시간에 얼마나 늦게 갈 건가? 10분? 20분? 아니면 30분쯤?" 그러자 그는 "무슨 소리야. 당연히 일찍 가야지"라고 대답했다. 자기도 모르게 속마음이 드러난 것이다. 나는 이렇게 반격했다. "나도 헤어초크만큼 중요한 사람이라고 생각하네. 다른 사람을 만날 때도 헤어초크를 만나듯이 예의를 지키고 배려를 잊지 않기를 바라네."

절제 없이는 신뢰를 얻을 수 없다. 신용할 수 없는 사람이라는 평판을 들으면 절대 목표를 이룰 수 없다. 그러나 절제는 목표를 달성하기 위한 수단일 뿐이다. 성공으로 이끄는 원동력은 열정이다. 이것은 절제로도 대체할 수 없는 필수 요소다. 즐기지 않는 일을 하려고 자신을 절제하다 보면 언젠가는 실패하게 마련이다. 그러므로 우리는 오랜 기간 흥미와 열정을 가지고 지속할 수 있는 일을 찾아야 한다.

인생을 한 번 찬찬히, 냉정하게 돌이켜보라. 지금 하고 있는 일에 열정을 가지고 있는지 스스로에게 물어보라. 가장 열정을 느끼는 일을 한 가지 찾아서 그것을 매일 할 수 있는 직업을 가지는 것이 중요하다. 대부분의 사람들이 어린 시절의 꿈을 일찌감치 포기한다. '현실적으로 생각하라'는 말을 너무 자주 들었기 때문이다.

가장 열정을 느낄 수 있는 일을 찾으려면 어떻게 해야 할까? 다음과 같이 가정해볼 것을 제안한다.

1. 살날이 6개월밖에 남지 않았고 생계 걱정을 하지 않아도 될 만큼 경제적으로 넉넉하다면 무엇을 하고 싶은가?
2. 내일 1천만 달러를 상속받아 더 이상 돈 때문에 일할 필요 없다면 어떤 일을 하고 싶은가?

시간 가는 줄 모를 정도로 즐거운 일이 있는가? 취미를 직업으로 바꿀 생각을 진지하게 해본 적이 있는가? 마돈나, 코코 샤넬, 스티브 잡스, 빌 게이츠, 마이클 델을 비롯해 이 책에서 다룬 대부분의 사람들은 취미를 일로 승화시켜 성공했다.

그저 편안하다거나 만족스러운 수준을 넘어 직업에 열정을 느낄 수 있다면 자기 절제는 저절로 따라온다. 그다음에 익혀야 할 것은 삶과 일을 능률적이고 체계적으로 계획하는 법이다. 다음 장에서 제시하는 규칙을 따른다면 삶은 이전보다 훨씬 더 능률적으로 돌아갈 것이다.

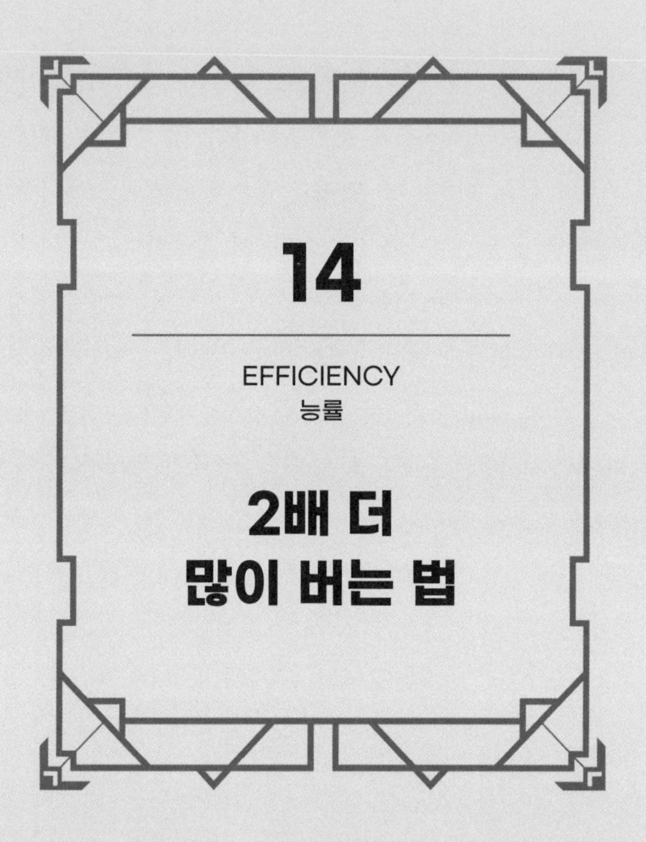

14

EFFICIENCY

능률

2배 더 많이 버는 법

2배 더 많이 벌 수 있는 2가지 원칙

자영업자든 남 밑에서 일하는 사람이든 소득을 획기적으로 끌어올릴 수 있는 방법은 무엇일까? 이때 소득을 결정짓는 2가지 요인은 소득을 끌어올리는 요인과 일치하지 않는다. 현재보다 2배 더 많은 돈을 버는 것이 목표라고 하자. 지금보다 2배 더 똑똑할 수도, 2배 더 일할 수도 없다. 물론 똑똑한 사람이 돈을 더 잘 벌 수는 있지만 반드시 그런 것은 아니다. 일을 2배로 늘리기도 힘들다. 하루에 일할 수 있는 작업량에 한계가 있기 때문이다. 현재 하루에 10시간 일하는 사람이라면 가끔 3~4시간 더 일할 수도 있다. 하지만 업무량을 늘린다고 해서 더 많은 돈을 버는 것은 아니다. 그렇다면 원칙적으로 2가지 방법이 남는다.

1. 지식을 늘린다.
2. 일의 능률을 높인다.

2가지 모두 성공하는 데 큰 도움이 된다. 그러나 더 많은 돈을 벌기 위해 없어서는 안 될 요소인데도 과소평가되는 것이 있다. 바로 능률이다. 대부분의 사람들은 자신이 상당히 능률적으로 일한다고 믿는다. 하지만 실제로 능률적으로 일하는 사람은 극소수에 지나지 않는다. 그나마 자신이 그리 능률적으로 일하지 못한다는 사실을 깨달으면 다행이다. 아직 개발되지 않은 능력이 남아 있다는 뜻이기 때문이다.

능률이란 시간과 에너지를 가급적 적게 들여 가장 좋은 결과를 얻는 것을 말한다. 이탈리아 경제학자 빌프레도 파레토(Vilfredo Pareto)가 100년 전 80 대 20 법칙을 내놓은 이후로 여러 분야에서 나온 후속 연구의 결론은 이렇다. "이 세계는 강력한 영향력을 발휘하는 소수와 전혀 중요하지 않은 다수로 나뉜다. 우리는 상위 20퍼센트의 사람, 자연력, 경제적 자원, 기타 측정 가능한 요인이 일반적으로 80퍼센트 정도의 성과를 낳는다는 사실을 발견했다."

이 법칙에 따라 일단 20퍼센트를 투입해서 80퍼센트의 결과를 얻는 활동에 역점을 두어야 한다. 열심히 일하고 바삐 활동하며 이것저것 시도한다고 해서 성공하는 것은 아니다. 제대로 된 일을 할 때, 다시 말해 성과를 가져다주는 일을 할 때 성공이 찾아온다. 사무실에 오래 눌러앉아 일을 질질 끄는 사람에게 돈을 지불할 사람은 없다.

능률적으로 일하려면 먼저 어떤 일을 해야 성과를 달성할 수 있을지 명확하게 파악해야 한다. 가끔은 20퍼센트를 투입해 80퍼센트의 성과를 얻을 수 있는 활동이 무엇인지 생각해보는 데 시간을 쏟을 필요가 있다. 정말 중요한 일과 그렇지 않은 일을 제대로 구분하지 못하는 사람들이 많다. 이들은 시간과 에너지를 2차적인 활동에 찔끔찔끔 허비해버린다. 2차적인 활동은 얻고자 하는 성과에 사소한 영향을 끼칠 뿐이다. 어떤 사람은 윗사람이나 동료에게 헌신적인 직원이라는 인상을 주려고 매우 바삐 움직인다. 더 중요하고 복잡한 일을 맡게 될까 두려워 사소한 잡일에만 시간을 허비하는 사람도 있다.

당신의 업무 태도를 세계에서 가장 성공한 투자가인 조지 소로스와 비교해보자. 소로스는 친구 바이런 윈에게 이렇게 말했다. "바이런, 자네는 매일같이 사무실에 나가더군. 그렇게 매일같이 나가 뭔가를 해야 한다고 생각하는 것이 바로 자네의 문제라네. 나는 회사에 매일 나가지 않아. 일이 있을 때만 나가면 되는 거야. 그런 날은 반드시 제대로 된 일만 한다네."

근무 시간에 하는 일을 모두 적어보자. 그중에 정말 중요한 일이 무엇인지 찾아내서 거기에 치중하라. 결과의 80퍼센트를 가져다줄 20퍼센트의 일에 집중하라는 얘기다. 그럼 나머지 80퍼센트는 하지 말라는 뜻일까? 일부는 전혀 처리하지 않아도 별 차이가 없는 일이다. 반면 반드시 처리해야 할 일도 있다. 하지만 꼭 당신이 직접 할 필요는 없다.

자신의 강점에만 치중하고 나머지 일은 직원에게 위임하라.

당신이 아니면 처리할 수 없는 일인지, 더 유능한 (또는 거의 같은 수준으로 유능한) 다른 사람이 처리해도 되는 일인지 생각해보라. 연봉 7만 5천 달러를 받는 사람이 3만 달러를 받는 비서가 처리할 법한 일을 한다면 귀중한 자원을 낭비하는 것이다. 직원이 할 수 있는 일을 직접 처리한 적이 있지 않은가? 연봉을 7만 5천 달러 또는 15만 달러를 받는데 비행기를 직접 예약하고 약속도 직접 잡으며 복사도 직접 하는 데다 식료품까지 직접 산다면 뭔가 잘못된 것이다. 그 시간에 성과를 올리는 데 훨씬 도움이 되는 일을 해야 한다.

중요한 상위 10퍼센트의 일을 찾아라

일을 위임하는 것이야말로 능률의 비결이다. 그런데 일을 맡기기가 왜 그토록 어려울까? "해야 할 일을 다른 사람에게 설명하는 시간이나 노력이 너무 많이 든다. 차라리 내가 직접 하는 것이 더 빠르다"고 말한다. 이것은 근시안적인 사고방식이다. 처음에는 해야 할 일을 설명하는 데 시간이 걸린다. 하지만 장기적으로는 오히려 시간이 절약된다. 그 일을 하던 시간을 전문적인 지식을 개발하는 데 투자할 수 있기 때문이다. 상대방이 잘 이해하지 못하고 답답하다고 해서 평생 직접 한다면, 그것이야말로 답답한 노릇이다.

특히 완벽주의자는 남에게 일을 맡기지 않는다. 변호사나 회계사 같은 전문직은 매우 사소한 일도 자기가 직접 하려는 경향이 있다. 앞에서 살펴봤듯이 완벽주의가 긍정적인 측면도 있지만 엄청난 손해를 끼치기도 한다. 95퍼센트만 만족하는 결과를 얻었다고 가정하자. 이때 100퍼센트의 결과를 얻기 위해 50퍼센트의 시간을 투입한다면 시간 낭비이자 에너지 낭비다. 어떤 일은 100퍼센트 완벽하게 처리할 수 없으며, 95퍼센트만 가능하다는 사실을 받아들여야 한다. 95퍼센트에 만족하는 것이 100퍼센트를 고집하는 것보다 훨씬 더 능률적이다.

복잡한 일은 대부분 단순하고 사소한 일들로 이루어진다. 지식이나 창의력이 필요한 일은 10퍼센트밖에 되지 않는다. 그러므로 이 10퍼센트만 직접 하면 된다. 복잡한 업무를 몇 단계로 나누면 90퍼센트는 상대적으로 단순 업무이기 때문에 남에게 위임해도 충분하다. 무엇보다 동시에 2가지 일을 할 수 없다는 점을 명심해야 한다. 어떤 일을 하는 동안에는 다른 일은 하지 못한다. 그렇기 때문에 남에게 업무를 위임하는 기술이야말로 성공의 필수 조건이다.

그러나 위임하는 데도 기술이 필요하다. 처리해야 할 일이 무엇인지, 언제까지 처리해야 하는지 설명하지 않은 채 업무를 넘기는 것은 위임이 아니다. 성과를 확인하지 않는 것도 위임이라고 할 수 없다. 독일의 통신판매 제왕 베르너 오토는 "업무를 위임해놓고 감독하지 않는 것은 자유방임이다"라고 말했다. 감독하지 않으면 기대한 성과를 얻을 수 없으므로, 모든 일을 내가 직접 해야 성과를 얻을 수 있다는 믿음만 확고해질 뿐이다. 둘 다 피해야 할 태도다. 모든 일을 직접 처리하지 마라. 그렇다고 해서 충분한 훈련과 감독 없이 남에게 일을 떠넘겨서도 안 된다.

베르너 오토의 전기에 따르면 그는 임원들이 중요하지 않은 일에 매달리는 것을 싫어했다고 한다. "오토는 위임하는 능력을 가장 중요한 경영 기법으로 평가했다. 사소한 일에 집착하면 회사 발전의 가장 중요한 원동력인 창의력을 저해한다는 사실을 누구보다 잘 알고 있었다."

존 D. 록펠러도 같은 원칙을 신봉했다. 심지어 새로 입사하는 직원을 위해 다음과 같은 규칙을 작성하기도 했다. "다른 사람에게 시킬 수 있는 일은 하지 않는다. 가급적 빨리 믿고 맡길 만한 사람을 찾아내서 그 일을 처리할 수 있도록 훈련하고 여러분은 앉아서 발뒤꿈치를 까딱이며 스탠더드 오일이 돈을 벌어들일 수 있는 방법을 생각하라."

일을 맡기는 것도 능력이다

자신감이 부족한 사람은 남들을 모두 경쟁자로 생각하는 경향이 있다. 자신감이 전혀 없는 사람은 다른 직원들이 지식이나 기술을 익히면 조직 내에서 자신의 위치가 약화된다고 생각한다. 그래서 자신이 조직에 없어서는 안 될 사람이라는 인상을 주는 일에만 치중한다.

데이비드 오길비는 좋은 경영자가 되려면 다른 사람에게 지식과 기술을 전수해야 한다고 강조했다. "여러분보다 뛰어난 사람을 채용하면 오길비 앤드 매더는 거인 회사가 될 것입니다. 하지만 여러분보다 못한 사람을 채용하면 난쟁이 회사를 벗어나지 못할 것입니다." 그는 가장 우수한 직원만 뽑았다. 심지어 자신보다 뛰어난 사람을 찾았다. "필요하다면 나보다 더 많은 연봉을 지급하라."

남들에게 주목받는 것을 좋아하는 사람들도 모든 일을 혼자 처리하지 않는다. CNN 설립자 테드 터너가 대표적인 사례다. "터너가 적임자를 골라내는 재능이 있다는 것을 아는 사람은 많지 않다. 그는 사업 초기부터 자신이 모든 일을 할 수 없다는 사실을 알아차렸다. 하지만 사람들은 그가 자기 혼자 모든 일을 처리한다고 생각한다." 그의 전기 작가의 말이다.

워런 버핏이야말로 업무 위임의 달인이다. 살로몬 브라더스 사태가 진정되자 그는 데릭 모건(Deryck Maughan)을 CEO로 앉혔다. CEO가 된 모건은 "어떤 사람을 임원으로 승진시켜야 할까? 당신만의 인사 전략이나 방향이 있으면 제시해줄 수 있겠는가?"라고 버핏에게 물었다가 비웃음을 샀다. 버핏은 "그런 질문이나 하는 사람을 CEO로 앉혔다니 실수한 것 같군"이라고 퉁명스레 대꾸하고는 자리를 떴다.

"버핏만의 고유한 경영 기법을 한 가지만 말하라면 권한을 기꺼이 위임하는 태도다. 그는 다른 CEO의 수준을 훨씬 넘어서서 권한을 위임한다. 버핏은 다양한 분야에서 88개가 넘는 회사를 소유하고 있는데, 회사 경영을 유능한 CEO급 관리자 88명에게 맡기고 있다." 버핏의 며느리였던 메리 버핏의 회고다.

버핏은 레저용 차량과 화물 트레일러 제조업체 포레스트 리버(Forest River)를 매수했을 때 그 회사의 CEO 피터 리글(Peter Liegl)에게 1년에 한 번만 보고하라고 말했다. 버크셔 해서웨이 자회사의 CEO들에게도 자신에게 이메일을 보내지 말라고 부탁할 정도였다. 어떤 CEO가 자사 전용기를 구매해도 되느냐고 연락했을 때 버핏은 이렇게 대답했다고 한다. "당신이 운영하는 회사 일은 당신이 결정하게."

버핏은 어떻게 거리낌 없이 업무를 위임할 수 있을까? 첫째, 버핏은 업계의 사안에 매우 정통하기 때문에 CEO들과 다른 의견을 내놓을 자질이 충분하지만 자신에게는 의사 결정에 필요한 전문적 지식이 없다는 것을 잘 알고 있다. 지식의 한계를 스스로 인정하는 것이야말로 그의 최대 강점 중 하나다. 그는 자신이 할 일은 의사 결정을 내리는 것이 아니라 CEO들에게 동기부여를 하는 것이라고 판단한다.

또한 버핏은 CEO들의 결정을 하나하나 꼬투리 잡는다면 좋아하지 않는다는 것도 잘 알고 있다. 어떤 연구 결과에 따르면 직원이 의사 결정과 업무량을 자유롭게 조절할 수 있을 때 업무 만족도가 가장 큰 것으로 드러났다. 계속 감시당한다고 느끼면 자기를 신뢰하지 않는다고 생각한다. 물론 직원을 감시하지 않기도 어려운 일이다. 직원의 사소한 것까지 관리하고 모든 사안을 직접 결정해야 하는 마이크로매니저(micromanager)라면 의사 결정권을 남에게 위임하기가 쉽지 않다. 하지만 억지로라도 그런 자질을 익혀야 한다.

기억력에 의존하지 마라

핵심 업무에 치중하려면 사소한 업무를 위임할 줄 알아야 한다. 전체적인 성과에서 가장 중요한 요인이 무엇인지 파악하고 거기에 집중하라. 다른 일에 주의를 분산하지 마라. 중요한 일을 하다 말고 다른 사람과 대화를 나누는 등 시간과 에너지를 낭비하지 마라. 잠깐 들른 옆 부서 동료와 수다를 떨거나 거래처의 전화를 받는 일도 주의를 분산시킨다. 다른 곳에 정신을 팔지 않고 눈앞에 놓인 업무에 집중하는 것이 당신의 임무다. 주의를 분산시킨 사람을 탓하지 마라. 결국 정신이 팔린 사람의 책임이다.

우리 회사를 방문한 의뢰인은 각자의 사무실 문에 붙은 빨간색, 초록색 기호가 어떤 의미인지 물어본다. 이것은 내가 몇 년 전에 도입한 표시다. 초록색은 다른 동료가 말을 건네도 괜찮은 때, 빨간색은 그렇지 않은 때를 표시한다. 이후 데이비드 오길비도 자기 사무실 문에 빨간색과 초록색 전등을 달아서 방문자들을 맞이할 수 있는 상태인지 표시했다고 한다.

일단 시작한 일은 반드시 끝마칠 수 있도록 업무를 기획하고 근무 환경을 설계해야 한다. 프로젝트를 빨리 끝내지 못하면 능률이 크게 저하된다. 물론 애초에 시작하지 말았어야 한다는 판단이 드는 프로젝트도 있다. 그런 경우에는 실수를 인정하고 그 일을 가급적 빨리 끝내는 것이 최선이다. 그 일보다 다른 일에 에너지를 쏟는 편이 더 능률적이다.

프로젝트를 시작하고 나서 재빨리 끝내지 못하면 일이 잘되었을 때 느끼는 만족감도 얻을 수 없다. 탁자와 옷장을 여러 개 완성한 목수가 작업장에 미완성만 가득한 동료 목수보다 만족감이 훨씬 더 큰 것은 당연하다. 프로젝트 하나를 성공적으로 마칠 때마다 만족감은 한층 커진다. 반면 여러 프로젝트를 동시에 시작하더라도 그중 하나도 완성하지 못하면 시간과 자원이 낭비되는 것은 물론 자신에게도 실망한다.

꾸물대는 습관은 여러 사람의 불평을 초래한다. 그리고 지금 당장 처리해야 할 일을 계속 미루면 다음과 같은 심각한 문제가 생기게 마련이다.

첫째, 우리의 잠재의식이 하던 일을 마치라고 계속 잔소리를 해댈 것이다. 그러면 그 일을 떠올리지 않기 위해 많은 에너지를 낭비할 수밖에 없다.

둘째, 윗사람이나 동료, 의뢰인에게 어째서 해당 업무를 아직 끝마치지 못했는지 해명해야 한다.

셋째, 일을 질질 끌수록 그 일 자체가 점점 더 어렵게 느껴진다. 회의 직후에 회의록을 작성하는 것이 일주일 지나서 작성하는 것보다 훨씬 더 쉽다. 마지막으로 일을 미룰수록 마음이 점점 더 불편해진다.

업무를 곧바로 처리할 시간이 없다면 어떻게 해야 할까? 가끔 회사에 한두 시간 일찍 출근하면 어떨까? 다른 동료가 말을 걸어 방해하지도, 전화나 이메일 때문에 집중력이 분산되지도 않으니 놀랄 정도로 일을 빨리 끝마칠 수 있다. 프로젝트를 정해진 기한보다 일찍 끝내면 윗사람이나 의뢰인도 감동할 것이다. 나는 맡은 일을 약속 기한보다 일찍 완성해서 전달하는 습관을 들였다.

물론 현실적으로 가능한 계획을 세워야 한다. 모든 일이 계획대로 착착 진행되리라고 생각해서는 안 된다. 예상치 못한 일이 닥치리라 예상하라. 아무리 잘 세운 계획도 틀어질 수 있다.

어떤 사람은 일정이나 약속은 일일이 기록하면서도 자신과의 약속은 기록하지 않는다. 나는 타인과의 약속은 물론 개인적인 일과 마감 일자도 수첩에 기록해둔다.

가장 귀중한 자원인 시간을 현명하게 써야 한다. 앨리스 슈뢰더가 쓴 워런 버핏의 전기에 따르면, “그는 타당한 일과 하고 싶은 일만 했다. 다른 사람이 자신의 시간을 낭비하지 못하도록 했다. 어떤 일정이 추가되면 그 대신 다른 일정을 취소했다.” 그리고 전화는 친절하게 응대하되 빨리 끊었다고 한다. 버핏이 말을 중단하면 대화 자체가 끝난 것이나 다름없었다.

일을 정확한 순서대로 처리할수록 능률이 올라간다. 어떤 과정이든 다음 단계를 시작하기 전에 이전 단계부터 마쳐야 한다. 사전에 처리 단계를 계획하지 않으면 과정 전체가 며칠 또는 몇 주까지 지연되기도 한다. 하나를 처리한 다음 어떤 일을 해야 할지 생각해두지 않았기 때문이다.

대부분 어떤 일을 잊어버리고 하지 않았을 때 시간 낭비와 비능률이 발생한다. 깜박 잊었다는 것은 변명이 되지 않는다. 제아무리 기억력이 뛰어나다 하더라도 모든 것을 기억할 수는 없다. 그러므로 해야 할 일을 적어두어야 한다. 실제로는 매우 간단한 이 일을 하지 않는 사람들이 많다. 대부분의 사람들이 자신의 기억력에 의존하고 '할 일' 목록을 적어두지 않는다.

할 일을 곧바로 적어놓지 않으면 별 소용이 없다. 의뢰인과 통화한 직후에 처리해야 할 일을 적어라. 곧바로 적어두지 않으면 그것으로 끝이다. 통화하고 나서 당장 적어둬야겠다고 생각하지만 그 전에 다른 의뢰인에게 전화가 오거나 누군가 다른 문제를 들고 사무실로 들어오는 경우가 있다. 그러다 보면 첫 번째 의뢰인이 처리해달라고 한 업무를 잊어버린다.

컴퓨터와 책상에 노란색 포스트잇을 붙이는 것도 능률적이지 않다. '할 일' 목록을 기록하고 하나씩 마칠 때마다 줄을 그어 지워나가는 것이 훨씬 능률적이다. 그렇게 하나씩 지우다 보면 뭔가를 달성했다는 기분을 느낄 수 있다.

결정적인 일부터 하라

경험은 몇몇 사람들이 주장한 것만큼 귀중한 자원이 아니다. 여러 해에 걸쳐 많은 경험을 쌓았다고 해서 반드시 무언가를 배우는 것은 아니다. 경험을 쌓고도 제대로 된 결론을 얻지 못하는 사람들도 있다. 같은 실수를 반복하는 것처럼 말이다. 구체적인 일을 추상적으로 생각하고 일반화할 수 있어야 같은 실수를 되풀이하지 않는다.

뜨거운 난로에 손을 대본 아이는 다시는 뜨거운 난로에 손을 대지 말아야겠다는 결론을 얻을 것이다. 그다음 날 뜨거운 다리미에 손을 대고 나면 다시는 뜨거운 다리미에 손을 대지 말아야겠다는 결론을 얻는다. 2주 후에 뜨거운 토스터에 손을 댄 아이는 이번에도 뜨거운 토스터에 손을 대지 말아야겠다고 깨달을 것이다. 하지만 더 똑똑한 아이라면 첫 번째 사고에서 뜨거운 물건은 위험하다고 일반화하고 다시는 뜨거운 물건에 손을 대지 않는다.

같은 실수를 되풀이하지 말아야겠다는 생각만으로는 부족하다. 그 실수에서 얻을 수 있는 일반적인 교훈이 무엇인지 생각해봐야 한다. 그래야 비슷한 실수를 저지르지 않는다. 능률이란 개별적인 실수를 통해 좀 더 일반적인 교훈을 끌어내고, 비슷한 실수를 저지르지 않음으로써 시간과 에너지를 더 이상 낭비하지 않는 것이다.

"같은 실수를 반복하지 않으려면 어떻게 해야 할까?"와 같은 질문만으로는 부족하다. "같은 실수를 되풀이하지 않을 뿐 아니라 비슷한 실수까지 피하려면 어떻게 해야 할까?"라고 고민해봐야 한다.

조지 소로스는 자신은 실수에서 교훈을 얻는 능력이 다른 사람보다 뛰어난 것이 성공 비결이라고 말했다. 그는 다른 사람보다 실수를 덜 저지르는 것은 아니다. "하지만 나는 실수의 원인이 무엇인지 파악하는 데 탁월하다."

성공뿐 아니라 실수에서도 배울 점이 많다는 사실을 잊지 말자. 유능한 축구팀 감독이라면 누구나 승리뿐 아니라 실패에서도 교훈을 얻는다. 자신이 성공했다는 사실에 도취되면 그 요인을 하나하나 분리해서 생각하지 못한다. 성공 요인을 냉정히 생각해보지 않으면 그다음에는 같은 성공을 거둘 수 없다. 성공, 실패, 비능률, 신속한 목표 달성을 가로막는 요인을 분석하는 데 시간을 투자하라.

능률을 끌어올릴 수 있는 비결은 성과를 얻는 데 결정적인 역할을 하는 활동이 무엇인지 파악하는 것이다. 그러한 활동에 집중하고 지식과 창의력을 덜 요하는 틀에 박힌 업무는 다른 사람에게 위임하라. 무엇보다 지금 맡은 프로젝트와 프로세스를 지식, 경험, 창의력을 요하는 업무와 그렇지 않은 업무로 나눌 필요가 있다. 후자는 팀에서 경험이 부족하고 그리 유능하지 않은 직원에게 맡기면 된다. 그리고 항상 자신에게 이런 질문을 던져라. "내가 이 일을 할 수 있는 유일한 사람일까? 아니면 다른 사람도 나만큼 해낼 수 있을까?"

업무를 위임하지 않고 내가 하는 편이 낫다는 생각을 접지 않는 한 더 큰 목표를 성취할 수 없다. 항상 목표를 달성하는 데 기여하는 업무를 파악하고 그 일부터 먼저 시작하는 습관을 길러야 한다. 물론 시급한 일을 처리하느라 절절매지 않아야 한다. 애초에 맡은 업무를 질질 끌면서 시간을 낭비하는 대신 즉시 끝낸다면 시급하게 처리해야 할 일이 생기지 않을 것이다.

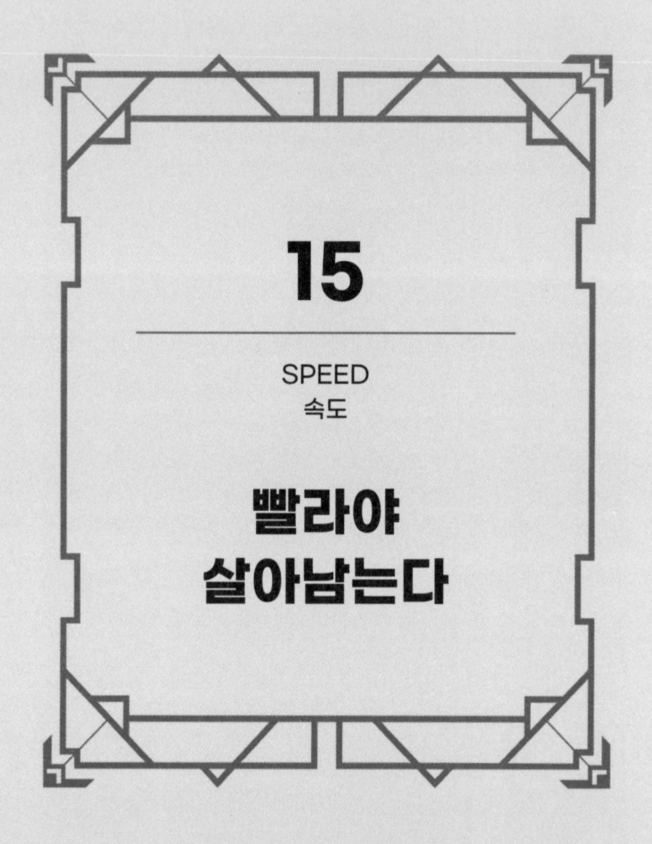

15

SPEED
속도

빨라야
살아남는다

빠를수록 좋다

일단 능률을 높이고 나면 업무 속도가 상당히 빨라진다. 속도는 과감한 목표를 달성하기 위한 필수 조건이다. 컴퓨터, 인터넷, 최첨단 이동통신이 결합되면서 업무 속도는 점점 더 가속화되고 있다. 오늘날 속도는 그 어느 때보다 중요하다. 이처럼 속도가 생명인 시대에는 대기업도 소규모 경쟁사를 쉽게 꺾을 수 없다. 빨라야 살아남는 세상에서는 오히려 작은 회사들이 경쟁우위를 차지하는 경우도 많다.

일반적으로 회사 규모가 커질수록 업무 속도는 둔화된다. 대기업은 갈수록 유연성을 잃고 관료주의와 복잡한 행정 절차에 발목이 잡힌다. 고객의 요구를 처리하기보다 행정적인 업무에 치중하는 것이다. 임원과 중간 관리자들은 신제품 개발이나 고객 지원 못지않게 자리보전을 위한 사내 정치에 매달린다.

대기업은 항공모함처럼 경로를 쉽게 바꿀 수 없다. 잭 웰치는 직원 수가 30만 명가량 되는 다국적기업 GE를 20년간 이끌면서 사내에 팽배한 관료주의와 맞서 싸워야 했다.

1980년 웰치가 CEO로 취임했을 때만 해도 GE는 "관리자층이 너무 두터워 인습적이고 관료적인 기업"이었다. 관리자만 2만 5천 명이 넘었다고 한다. "생산 현장에서 회장실까지 보고하려면 12단계를 거쳐야 했다. 130명이 넘는 부사장이 각각 임원들과 사원들을 거느리고 있었다." GE 공장 한 곳은 "평범한 보일러를 4단계에 걸쳐 있는 조직이 관리"하고 있었으며, "거의 모든 주요 경비 지출 결의서"가 회장의 책상에 쏟아졌다.

"관리자 16명이 이미 서명했고 마지막으로 회장 서명만 기다리는 서류도 있었다. 대체 내가 이 조직에 기여하는 바가 무엇이란 말인가?"라고 잭 웰치는 말했다.

웰치가 세계 최고의 관리자라는 평가를 얻을 정도로 성공한 이유는 그가 혁명을 일으켰기 때문이다. "초기에 GE를 퇴보시키는 전통과 관습을 타파하기 위해 수류탄을 던진 것이나 다름없었다"고 말했다. 웰치는 관리자를 A, B, C 세 유형으로 분류하는 시스템을 고안했다. 그러고는 매년 C에 속한 관리자 중에서 성과가 가장 떨어지는 10퍼센트를 해고했다. 1~2년 후 임원들은 그 시스템을 방해하려 들었다. 몇 달 전 이미 회사를 떠난 직원을 C로 분류하는 편법을 쓴 것이다. 그러나 웰치는 그 시스템만이 GE가 유연성을 되찾을 수 있는 수단이라고 확신했다.

그는 경직된 구조를 허물고 속도를 확보하는 데 주안점을 뒀다. 의사 결정이 빠르기로 유명한 그도 자서전에서 이렇게 말했다. "40년이 지나 GE에서 은퇴하려는 시점에서 가장 후회되는 것 중에 하나는 내가 민첩하게 행동하지 못한 적이 많았다는 사실이다." 웰치는 너무 빨리 조치를 취해서 후회한 적은 없지만 더 신속하게 하지 못해서 후회한 적이 많았다.

업무 처리 속도는 소규모 기업이 더 빠르다. 회사만 탄탄하면 쾌속정처럼 방향을 언제든지 바꿔 시장 변화에 재빨리 적응할 수 있다. 실수가 발생해도 금세 눈에 띈다. 하지만 이런 경우에는 항로를 이탈한 사실을 금세 알아채고 재빨리 돌리거나 흔적도 없이 물속으로 가라앉거나 둘 중 하나다. 따라서 작은 회사는 사소한 실수도 간과해서는 안 된다.

반면 대기업은 크나큰 실수를 저질러도 운신의 폭이 크다. 이미 고객의 신뢰를 얻고 있기 때문이다. 그래서 대기업은 보통 파산하기 전까지 오랜 시간 목숨을 부지한다. 쾌속정과 달리 항공모함은 선체에 심각한 손상을 입어도 금세 가라앉지 않는다.

아이디어는 뒤처져도 속도가 빠르면 이긴다

미국의 소프트웨어 업체 오라클의 CEO 래리 엘리슨의 삶은 오늘날 기업에서 속도가 얼마나 중요한지 생생하게 보여준다. 엘리슨은 서른한 살까지 단 한 번도 주목할 만한 업적을 달성하지 못하던 평범한 사내였다. 그러나 이후에 세계 10대 부호에 이름을 올릴 정도로 걸출한 삶을 살고 있다. 2019년 그의 개인 자산은 660억 달러에 이르렀다. 어떻게 해서 작은 신생 기업이 거대한 IBM을 꺾을 수 있었을까?

엘리슨은 1944년 뉴욕 맨해튼에서 태어났다. 그의 생모는 불과 열아홉 살이었고, 생부는 생모를 버리고 떠난 지 오래였다. 그녀는 아들을 입양 보내야 했다. 엘리슨은 학교에서 그리 우수한 학생이 아니었고 자기가 중요하다고 생각하지 않는 것은 배우지 않으려는 반항아였다. 대학에 다닐 때는 프로그래머로 일하면서 학비를 벌었다. 낮에는 공부하고 밤에는 기업의 의뢰를 받아 IBM 컴퓨터로 작업했다.

결혼 후 아내와 방 한 칸짜리 아파트에 살았다. 그곳에서 그들의 소유라고는 달랑 침대 하나뿐이었다. 파탄 지경에 이른 결혼 생활을 이어보고자 부부는 심리 상담을 받으러 갔는데, 그곳에서 아내는 남편이 한 번도 무언가를 달성한 적이 없는 패자라고 비난했다. 그러자 엘리슨은 이렇게 말했다. "당신이 나를 떠나지 않는다면 나는 백만장자가 돼서 원하는 것은 뭐든 가질 수 있게 해줄게." 그는 결코 패자가 되지 않겠다고 다짐했다. 그때가 바로 그의 인생의 전환점이었다. 하지만 결혼 생활 7년 만에 결국 아내는 엘리슨을 떠났다. 아무리 봐도 엘리슨의 인생이 역전될 기미가 보이지 않았던 것이다.

1974년 엘리슨은 암펙스(Ampex)라는 컴퓨터 회사에서 일하기 시작했다. 그곳에서 훗날 오라클을 함께 설립한 밥 마이너

(Bob Miner)와 에드 오츠(Ed Oates)를 만났다. 그는 얼마 후 암펙스를 떠나 하드웨어를 취급하는 프레시전 인스트루먼트 컴퍼니(Precision Instrument Company)에 입사했다. 그곳에는 소프트웨어 개발에 정통한 사람이 없었으므로 모든 프로그래밍 업무를 외부에 맡겼다. 바로 그때 엘리슨의 뇌리에 인생을 바꿔놓을 아이디어가 떠올랐다.

그는 암펙스에서 함께 일한 동료 마이너와 오츠에게 회사를 설립해 프레시전 인스트루먼트 컴퍼니의 외주 입찰에 참여하는 것이 어떻겠냐고 했다. 자신은 당분간 회사에 남아 연락책을 맡겠다고 했다. 그동안 마이너와 오츠는 다른 직원과 함께 소프트웨어를 개발하기로 했다.

엘리슨은 자신이 기업의 승진 사다리를 올라가지 못하리라는 것을 깨달았다. 기업에서 승진하려면 직급이 높은 사람들에게 굽실거려야 하는데 엘리슨은 학생 때부터 남에게 고개 숙이는 것을 싫어했다. "이치에 닿지 않는 명령은 결코 따를 수 없었다. 다시 학교로 돌아온 기분이 들었다. 그래서 나는 회사를 설립해야겠다고 생각했다."

1977년 엘리슨과 전 직장 동료 둘은 오라클의 전신이 된 회사를 세웠다. 2019년 오라클은 175개국에서 직원 13만 6천 명을 거느린 기업이다. 아이디어를 낸 엘리슨은 지분의 60퍼센트를 확보하고, 두 동업자는 각각 20퍼센트씩 나눠 가졌다. 설립 초기에 이 회사의 구조는 마이크로소프트나 애플과 비슷했다.

모두 기술적인 지식과 선견지명이 있는 사람(빌 게이츠, 스티브 잡스, 래리 엘리슨)이 재능 있는 프로그래머(폴 앨런, 스티브 워즈니악, 밥 마이너)와 공동으로 설립했다는 공통점이 있다.

그 당시 회사들이 맞닥뜨려야 했던 문제점을 자세히 살펴보지 않고서는 오라클이 얼마나 경이로운 성공을 거뒀는지 이해할 수 없을 것이다. 많은 기업들이 컴퓨터 기술을 도입했지만 시장에 출시된 위계형(hierarchical) 데이터베이스 시스템은 기업의 요구 사항을 충족하지 못했다.

전문가들은 관계형(relational) 데이터베이스 시스템 개발을 진행하고 있었다. 1970년 IBM의 연구 개발팀은 〈대규모 공용 데이터뱅크를 위한 데이터 관계형 모델〉이라는 논문을 발표했다. 1970년대 중반 IBM 새너제이 연구소의 프로그래머들이 그 아이디어를 실용화하기 위한 작업을 시작했다.

에드 오츠는 그 논문을 읽고 매혹되었다. "우리 모두 관계형이 묘책이라는 것을 알고 있었다. 특히 위계형 데이터베이스가 비효율적이며 뒤떨어진 기술이라는 것도 알고 있었다." 엘리슨, 오츠, 마이너는 그 기회를 포착했다. 이들은 IBM 연구진이 작업하고 있는 아이디어를 이용해 그들보다 빨리 해결책을 내놓기로 마음먹었다.

오라클 설립자들은 IBM보다 훨씬 늦게 시작했으나 소프트웨어를 5년 일찍 출시했다. IT 업계의 거인 IBM은 한마디로 너무 느렸다. GE처럼 오랜 세월 조직이 층층으로 쌓여 비대해진 것이다. IBM에서 일하던 프로그래머에 따르면 조직이 느리게 돌아가는 이유를 알아내고자 외부에 연구를 의뢰했을 정도라고 한다. "연구 결과 빈 상자 하나를 운송하는 데 9개월이 걸린다는 사실을 발견했다."

IBM이 개발해 상업적으로 크게 성공한 위계형 데이터베이스 시스템(IMS)도 오히려 골칫거리였다. 어째서 신제품을 출시해서 자사 제품끼리 경쟁을 붙이냐며 IMS를 옹호하는 직원들이 많았다. 그들은 새로운 시스템 개발에 필사적으로 항거했다.

어쨌든 관계형 데이터베이스는 원래 IBM의 아이디어였지만 실용화한 것은 엘리슨이었다. 몇 년 후 오라클보다 먼저 IBM은 세계 최대의 컴퓨터 회사로 떠오른 마이크로소프트의 산파 역할을 했다. 1980년까지 대형 메인프레임 컴퓨터(mainframe computer, 다양한 데이터를 처리할 수 있는 범용 컴퓨터로 다수의 단말기를 연결해서 사용할 수 있다.— 옮긴이)를 생산하던 IBM은 퍼스널 컴퓨터(PC) 시장에 뛰어들었다. 1970년대 말에도 마이크로컴퓨터(microcomputer, 마이크로프로세서를 중앙처리장치로 사용하는 소형 컴퓨터— 옮긴이) 5100 시리즈를 출시했으나 대대적인 실패로 끝난 바 있었다.

IBM은 소프트웨어를 직접 개발하느라 시간을 낭비하느니 구매해서 쓰기로 했다. IBM도 자사의 느려터진 개발 속도를 알고 있었던 것 같다. 무엇보다 IBM에 필요한 것은 자사가 출시할 컴퓨터를 작동시킬 운영체제였다. 하지만 디지털 리서치(Digital

Research)라는 회사와의 협상이 수포로 끝났다.

그 당시 IBM은 빌 게이츠에게도 접근했지만 마이크로소프트 역시 아무것도 없는 상태에서 12개월 안에 운영 시스템을 개발할 능력이 없었다. 해결책을 고민하던 게이츠는 시애틀 컴퓨터(Seattle Computer)라는 회사에서 운영체제를 구매하는 데 성공했다. 그리고 1980년 11월 퍼스널 컴퓨터의 소프트웨어와 디스크 운영체제(DOS)를 IBM에 공급하기로 계약을 체결했다. 시애틀 컴퓨터에는 86-DOS 라이선스 사용료로 5만 달러를 지급했다. 이것은 20세기 역사상 가장 유명한 거래다.

IBM은 마이크로소프트에 모든 라이선스를 정해진 가격에 제공해달라고 제안했다. IBM이 시애틀 컴퓨터에 제안한 것과 같은 방식이었다. 그러나 머리가 잘 돌아갔던 게이츠는 운영체제 하나에 대한 일정 비율을 요구했다. 1981년 IBM은 드디어 PC를 출시하여 굉장한 성공을 거두었고, 이것은 마이크로소프트의 토대가 되었다.

오라클의 래리 엘리슨에 따르면 IBM이 PC 운영체제로 MS-DOS를 사용한 것이야말로 세계 기업 역사상 최악의 실수이자 "1천억 달러짜리 실수"였다. 관계형 데이터베이스 시스템에 대한 논문을 펴내고 나서 재빨리 제품을 개발하지 않은 것도 큰 실책이었다. 결과적으로 엘리슨을 세계에서 가장 부유한 사람으로 만들어준 것이다.

시장의 흐름 속에 부의 흐름이 있다

대기업은 직원의 잠재력과 아이디어를 간과하는 실수도 자주 저지른다. 해당 직원이 자신의 능력을 알아주지 않는 회사를 떠나 직접 자기 회사를 차리면 나중에 부메랑이 되어 큰 손해를 입을 수 있다. 1972년 IBM 독일 자회사의 직원 5명이 회사를 떠나 SAP라는 주식회사를 차렸다. 2018년 SAP의 직원 수는 9만 8천 명, 매출은 250억 유로, 영업이익은 57억 유로에 달했다. 이곳은 오늘날 세계 최대의 소프트웨어 기업으로 꼽힌다.

IBM에서 가장 뛰어난 직원 몇 명은 시장 흐름을 읽지 못하는 회사가 답답했다. 그중 시스템 컨설턴트로 일하던 클라우스 벨렌로이터(Claus Wellenreuther) 박사는 경영학 학위를 받았기 때문에 물리학, 수학, 공학과 출신으로 이루어진 IBM에서 이방인이나 다름없었다. 벨렌로이터의 업무는 회계 부서의 소프트웨어를 개발하는 일이었다. "회계 처리와 벨렌로이터는 동의어였다"고 SAP 공동 설립자 디트마르 호프(Dietmar Hopp)는 회고했다.

그때까지 IBM은 주로 하드웨어 판매에 주력했다. 소프트웨어의 중요성을 인식하지 못했다. 1971년 IBM은 마침내 벨렌로이터의 장기인 회계 소프트웨어를 개발하기로 했다. "프로젝트 매니저로 내가 선정될 줄 알았다. 재무회계 시스템을 개발하고 시행한 것은 항상 나였기 때문이다"라고 벨렌로이터는 말했다. 그러나 회사는 그를 선택하지 않았다. IBM에서는 미래가 없다고 판단한 벨렌로이터는 '시스템 분석 및 제품 개발'이라는 모호한 직책을 맡느니 그만두고 직접 회사를 차렸다.

또 한 명은 IBM에서 다이얼로그 프로그래밍을 담당하던 디트마르 호프였다. 원래 고객과 컨설턴트는 IBM의 지원을 받아 소프트웨어 응용 프로그램을 직접 개발했다. IBM은 기본적으로 틀에 박힌 일을 되풀이하면서 대금을 청구한 것이다. 이때 호프는 뭔가를 깨달았다. "IBM이 고객에게 제공하는 서비스는 항상 같기 때문에 얼마든지 표준화할 수 있다." 그는 다양한 기업에서 사용할 수 있는 표준 소프트웨어를 개발하기로 했다.

그들은 속도가 생명이라는 것을 알았다. SAP가 성공하면 다른 회사, 심지어 IBM도 아이디어를 모방할 것이 뻔했다. 표준 소프트웨어를 개발하는 데 필요한 지식만으로는 충분하지 않다는 것도 알았다. 그들은 훌륭한 마케팅 전략을 세울 필요가 있었다.

그러나 대기업의 IT 전문가들은 새로운 소프트웨어를 도입하면 자신들이 회사에 불필요한 존재가 될 수도 있다는 생각에 SAP의 아이디어에 호의적이지 않았다. 게다가 그들은 표준화된 소프트웨어 때문에 회사 시스템의 오류와 결함이 발각될 수 있다는 점도 우려했다. 회사에는 그들 외에 컴퓨터를 잘 아는 사람이 없었기에 문제가 드러날 일도 없었던 것이다.

SAP는 CEO와 CFO(최고재무책임자) 같은 경영진을 공략하기로 했다. SAP의 마케팅 전략은 성공을 거뒀다. 더구나 회사 설립 초기부터 SAP는 대형 감사 회사는 물론 하드웨어 제조업체와 공조하기도 했다. 신용 있는 외부 감사와 컨설턴트의 보증이 CEO

와 CFO에게 영향을 줄 가능성이 훨씬 더 컸다.

이런 전략 덕택에 SAP는 홍보할 시간에 소프트웨어 개발과 최적화에 전념할 수 있었다. "우리는 혁신할 수 있는 능력을 능률의 동의어로 간주한다"고 호프는 말했다. 그는 "경쟁사가 더 나은 기술로 우리를 앞지를지도 모른다"는 끊임없는 불안감을 가장 중요한 원동력으로 꼽았다.

SAP가 경쟁사보다 더 민첩하게 행동할 수 있었던 이유는 표준 소프트웨어 개발에만 자원을 투입했기 때문이다. "반면 경쟁사들은 표준 소프트웨어와 맞춤형 상용 소프트웨어 사이에서 갈팡질팡했고 특수한 분야에 대한 지출이 과도했다." SAP는 독일 주요 기업 대다수를 고객으로 확보할 수 있었고 몇 년 지나지 않아 독일 시장을 독점했다.

2006년 설립 40주년을 맞은 SAP는 여전히 독일 시장 점유율이 50퍼센트 이상이며 세계 시장 점유율은 30퍼센트 정도였다. SAP가 이렇게 성장할 수 있었던 것은 IBM이 미래의 혁신 기술을 예견하지 못했을 뿐 아니라 혁신 기술을 정확히 내다본 직원들에게 기회를 주지 않았기 때문이다.

완벽보다 속도가 먼저다

복사기의 대명사로 불리던 제록스도 근시안적 사고를 가진 기업이었다. 제록스는 팰로앨토에 보안이 극도로 엄격한 연구소를 운영했는데(현재 자회사로 분리), IT 업계에서는 이를 제록스 파크(Xerox PARC)라고 부르며 숭배했다. 애플의 스티브 잡스는 그처럼 비밀스러운 장소에서 대체 무엇이 개발되고 있는지 직접 보고 싶었다. 그는 특유의 설득력을 발휘해 성스러운 내부에 들어갈 기회를 얻었다.

제록스 파크에 들어간 스티브 잡스는 흥분을 억누르지 못했다. 그곳 연구원이던 래리 테슬러(Larry Tessler)는 "그가 여기저기 휘젓고 다니면서 펄쩍펄쩍 뛰고 소리치기도 했다"고 회고했다. 잡스가 그렇게 흥분한 데는 이유가 있었다. 테슬러가 그에게 보여준 것이 퍼스널 컴퓨터(PC)의 미래였기 때문이다.

"그날 본 것은 사용자가 수수께끼 같은 명령어를 입력하는 대신 포인터를 움직여 원하는 대상을 선택할 수 있는 디스플레이였다. 사용하는 문서마다 다른 창이 떴다. 게다가 메뉴가 모니터에 보였다"고 스티브 잡스의 전기에 기록되어 있다. 그곳에는 새롭고 특별한 기기가 있었는데, 바로 마우스였다. 오늘날 마우스 없이 컴퓨터를 이용한다는 것은 상상조차 할 수 없지만 당시에는 완전히 새로운 물건이었다.

테슬러는 자신의 발명품을 잡스와 애플 팀에게 시연했다. 그들이 흥분한 상태로 계속 똑똑한 질문을 던지자 테슬러는 무척 기뻤다. 그는 자신의 팀이 발명한 것이 얼마나 특수하고 중요한 기술인지 잘 알고 있었다. 그리고 자신이 몸담은 기업이 그에 상응하는 보상을 해주지 않으리라는 것도 알았다. 테슬러가 제록스를 떠나 애플에 합류하기로 결심한 것은 기술 시연이 끝날 때쯤이었다. 결국 그는 애플의 부사장이자 수석 연구원이 되었다.

IBM과 오라클, IBM과 SAP, 제록스와 애플 간에 벌어진 일은 모두 비슷한 결과로 이어졌다. 대기업은 기발한 아이디어를 지닌 수재들을 채용하지만 그들이 개발한 세상 어디에도 없는 기발한 아이디어를 상업성 있는 제품으로 만들어내지 못했다. IBM과 제록스는 충분히 검증되지 않은 상태에서 제품을 출시하면 자칫 평판에 금이 갈 수 있다는 두려움을 가지고 있었다.

래리 엘리슨, 빌 게이츠, 스티브 잡스는 그런 두려움이 전혀 없었다. 완벽하기보다는 빨라야 한다는 것이 그들의 좌우명이었다. 그들도 완벽을 지향했으나 제품이 완벽해질 때까지 출시를 미루지는 않았다. 사용자들의 피드백을 받아들여 완벽하게 다듬으면 된다는 생각이었다. 이따금 새로운 버전과 업데이트를 내놓으면 라이선스 사용료도 더 많이 벌 수 있었다. 다른 소프트웨어 제조업체들도 너나 할 것 없이 똑같은 조치를 취했으므로 사용자는 불만스럽더라도 별다른 선택의 여지가 없다.

엘리슨, 잡스, 게이츠는 신속함이 완벽보다 중요하다는 사실을 잘 알고 있었다. 특히 회사 초기에는 속도가 더더욱 중요하다. 더 빨리 점유율을 차지해야 하기 때문이다. 엘리슨은 경쟁사로부터 미완성 제품을 선불리 출시한다는 비난을 받고 이렇게 말했다. "시장이 이미 형성된 마당에 펩시가 코카콜라의 점유율 0.5퍼센트를 뺏어오려면 비용이 어느 정도 들까? 매우 많은 비용이 든다. 가능한 빨리 움직이지 않으면 시장 점유율을 늘리는데 어마어마한 비용이 들 것이다."

빌 게이츠도 시장을 예측하고 신제품을 빨리 출시하는 전략을 추구했다. 하지만 그 때문에 마이크로소프트가 상당한 어려움을 겪은 적도 많다. "게이츠는 신제품 개발 일정을 비현실적으로 잡았다. 그러다 보니 제품 설계가 제대로 되지 않았다. 예상치 못한 장애나 지연으로 계약을 제대로 이행하지 못한 적도 있다."

그러나 게이츠는 기꺼이 대가를 치렀다. 그와 가까운 동료 스티브 우드는 이렇게 말했다. "게이츠의 전략은 항상 표준을 창조하고 시장 점유율을 차지하는 것이었다. 그는 사업을 놓치지 않으려고 안간힘을 썼다. 사업을 따내기 위해서라면 기꺼이 가격을 낮췄다."

자신의 문제 해결 능력을 확신한 게이츠는 제아무리 불가능한 도전도 기꺼이 받아들였다. 마이크로소프트에는 '무엇이든 할 수 있다'는 문화가 팽배했다고 우드는 회고했다. "그 누구도 PC에 이런 시도를 한 적이 없어. 그렇다면 어떻게 해야 할까? 우리가 하면 돼. 대단한 일도 아니야." 실행 가능성에 의문을 품는 사람은 없었다. "우리는 너무 무리한 약속을 남발했다."

처음에는 제품이 제대로 작동하지 않는 경우도 많았다. 하지만 게이츠는 크게 신경 쓰지 않았다. 마이크로소프트 소비자 제품 부문을 총괄한 직원은 이렇게 말했다. "극히 드물게 예외는 있었지만, 최초 버전으로 멀쩡한 제품을 출시한 적이 없다. 하지만 결코 포기하지 않았기에 결과적으로 문제를 바로잡았다."

게이츠는 특히 아시아의 경쟁사에게 추월당하지 않으려고 했다. "마이크로소프트를 세우고 2년 후에 일본이 영업하기에 최적의 장소라고 판단했다. 그곳에 가보니 대단한 연구가 활발히 이루어지고 있었다. 일본은 미국을 제외하고 우리의 경쟁 상대가 나올 가능성이 가장 큰 곳이었다."

성공을 눈앞에 둔 기업가는 신속성과 완벽이라는 2가지 상반된 목표 사이에서 갈등한다. IBM이나 제록스처럼 완벽을 기하기 위해 머뭇거리다가는 손실로 이어진다. 반대로 품질을 무시하고 속도에만 신경 쓰면 평판을 해칠 수 있다.

가장 빨리 모방하라

월마트의 성공은 경쟁업체보다 빠른 것이 왜 중요한지 똑똑히 보여준다. 월마트는 230만 명이 넘는 직원을 거느리고 있고, 2018년 영업이익은 200억 달러가 넘는다. 그야말로 지구상의 그 어떤 기업보다 큰 매출을 올렸다. 월튼 가문의 자산을 모두 합치면 1,500억 달러에 이른다.

월마트의 창립자 샘 월튼은 1945년에 소도시의 체인점을 2만 5천 달러에 사들여서 첫 번째 매장을 열었다. 그가 투자할 수 있었던 돈은 5천 달러였고, 나머지는 장인에게 빌렸다. 첫해에 매출은 10만 5천 달러였는데, 이전의 체인점이 벌어들인 7만 2천 달러의 50퍼센트를 더 많이 번 것이었다.

그 후 2년에 걸쳐 14만 달러에서 17만 2천 달러로 불어났다. 상점 부지 소유자는 월튼이 성공한 것을 보고 계약을 연장해주지 않았다. 그처럼 수익성 좋은 체인점을 자기 아들이 인수하길 바랐던 것이다.

"최악의 시기였다. 나는 몹시 화가 났다"고 월튼은 말했다. 자신이 성공적으로 일군 사업을 포기해야 했던 것이다. 하지만 결국 월튼은 그 경험 때문에 성공할 수 있었다. 그는 인구 3천 명인 소도시 벤튼빌로 옮겨 새로운 매장을 열었다. 이것은 미국 최초로 셀프서비스 모델을 도입한 곳이었다.

월튼은 언제나 새로운 아이디어를 시험했다. 미국의 셀프서비스 시대를 연 매장 2곳에 관한 잡지 기사를 읽고 매료된 나머지 직접 실행에 옮겨보기로 했다. 월튼은 최초로 뭔가를 하는 데는 관심이 없었다. 그는 가장 빨리 매장을 열고 싶었다. 월튼은 "내가 시도한 일은 대부분 다른 사람을 모방한 것이다"라고 고백했다. 자존심 때문에 다른 사람의 아이디어를 모방하지 않으려는 사람도 많다. 이들은 남의 아이디어로 성취하는 것은 의미 없다고 생각한다. 하지만 월튼은 크게 개의치 않았다.

그는 경쟁사의 상점이나 본사에 들어가 궁금한 것이 있으면 뭐든 물어보았다. 직원들에게는 경쟁사의 실수는 신경 쓰지 말고 더 잘하는 것이 무엇인지 살펴보라고 했다. "우리의 경쟁 상대는 모두 조사하라. 그리고 형편없는 점은 신경 쓰지 말고 장점만 눈여겨보라."

곧이어 미국에서 최초로 할인 매장이 문을 열었다. 경쟁업체보다 훨씬 싼 가격에 물건을 판매하는 곳이었다. 월튼은 할인 매장의 미래를 누구보다 빨리 알아차리고 모방했다. "우리에게 남은 것은 2가지 선택뿐이다. 잡화점 사업을 계속한다면 훗날 할인 매장의 열풍에 큰 타격을 입을 것이다. 그러느니 할인 매장을 열면 된다. 나는 가만히 앉아서 먹잇감이 되지는 않을 것이다."

처음에 직원들은 물론 동생 버드까지 의구심을 표했다. "그들은 황당한 아이디어라고 생각했다. 전혀 검증되지 않은 방식이었기 때문이다. 하지만 우리는 실험하고 이것저것 시도해보고 유통업이 어떻게 돌아가는지 공부하고 늘 유행을 앞서 나가려고 하는 과정에서 결국 검증할 수 있었다." 월마트 1호점은 성공적이었다. 그러나 경쟁사들은 재빨리 그 아이디어를 포착했다. "우리는 가급적 빨리 많은 매장을 여는 것이 유리하다고 판단했다.

월튼은 소형 비행기를 사서 일주일 내내 미국 전역을 돌아다니며 새로운 상점 부지를 물색했다. 공중에서 마땅한 부지를 발견하면 착륙해서 소유주를 찾아가 사들였다. 처음에는 경쟁자들이 눈여겨보지 않는 소도시만 집중적으로 찾아다녔다. 1970년 월마트의 매장 수는 32개였고, 2019년에는 1만 1,766개로 늘어났다. 현재 미국에만 4,770개의 매장이 있다.

샘 월튼의 성공 비결은 경쟁자들보다 훨씬 빠른 속도였다. 다른 체인은 월튼이 그렇게 빠른 속도로 연이어 매장을 낸다는 것을 믿을 수 없었다. "대부분 1년에 4~6개 매장을 여는 데 비해 우리는 50개씩 열었다. 그들은 항상 어리둥절해하며, '어떻게 그렇게 빨리 내는 거요? 그럴 수가 없을 텐데'라고 말했다."

물론 월마트의 급성장에는 대가가 따랐다. 상점을 운영할 직원을 구하기가 어려웠다. 월튼은 판매 경험이 전혀 없는 사람을 채용해야 했다. 월마트의 임원이었던 페럴드 아렌드(Ferold Arend)는 이렇게 말했다. "내가 보기에는 대부분 매장을 운영할 준비가 전혀 되어 있지 않은 사람들이었다. 그러나 샘은 내 생각이 틀렸다는 것을 입증했다. 결국 그는 나를 설득했다. 경험과 노하우는 부족하지만 적극적으로 맡은 업무를 해내려는 욕심이 있다면 문제없었다."

월튼은 경쟁사가 왜 월마트의 확장을 저지하지 않는지 이해할 수 없었다. "경쟁사가 우리를 더 빨리 추격하지 않는다는 사실이 놀라울 따름이었다. 어떤 도시에 월마트를 열 때마다 고객들이 우리 매장으로 몰려들었는데도 말이다." 경쟁사들은 높은 이윤을 포기할 준비가 되어 있지 않았던 것이다. 할인 매장에 뛰어든 경쟁사도 사실은 건성으로 추진했다. "그들은 실제로 가격할인을 할 생각이 없었다. 가격인상폭(markup, 제품 원가와 소매가의 차액—옮긴이) 45퍼센트를 결코 포기하지 못했다."

10장에서 논했던 '불만족'의 힘은 월튼의 성공에도 중요한 원동력이었다. "사업이 순조로울수록 좀이 쑤셔서 가만히 있을 수가 없었다. 현재 상황을 끊임없이 조작하고 바꾸는 태도야말로 월마트가 성공하는 데 가장 큰 요인이었다." 그는 또한 경쟁사보다 더 높은 목표를 세워야 한다고 강조했다. "나는 항상 빗장을 상당히 높이 질렀다. 개인적으로 극히 높은 목표를 세웠다."

거대한 기업이 시장에 버티고 있다고 해서 창업을 머뭇거릴 필요 없다. 좋은 아이디어가 있고 시장에서 탄탄한 위치를 다질 수 있다면 관료적인 경쟁사보다 빨리 행동할 수 있다. 그렇다고 대기업을 과소평가해도 된다는 말은 아니다. 대기업의 경험, 오랜 전통, 브랜드 인지도를 절대 간과해서는 안 된다.

기업에 소속된 직원이라 하더라도 속도가 승진을 좌우한다. 마감 기한 전에 프로젝트를 완성해서 의뢰인과 윗사람을 놀라게 하라. 능률을 높이면 업무 처리 속도는 저절로 빨라진다. 관리자는 과연 중요한 프로젝트를 누구에게 맡기겠는가? 이것저것 바쁘다는 핑계로 매번 기한을 지키지 않는 직원이겠는가, 아니면 회사에 입사한 지 얼마 되지 않았지만 업무를 능률적이고 체계적으로 기한 내에 처리하는 직원이겠는가?

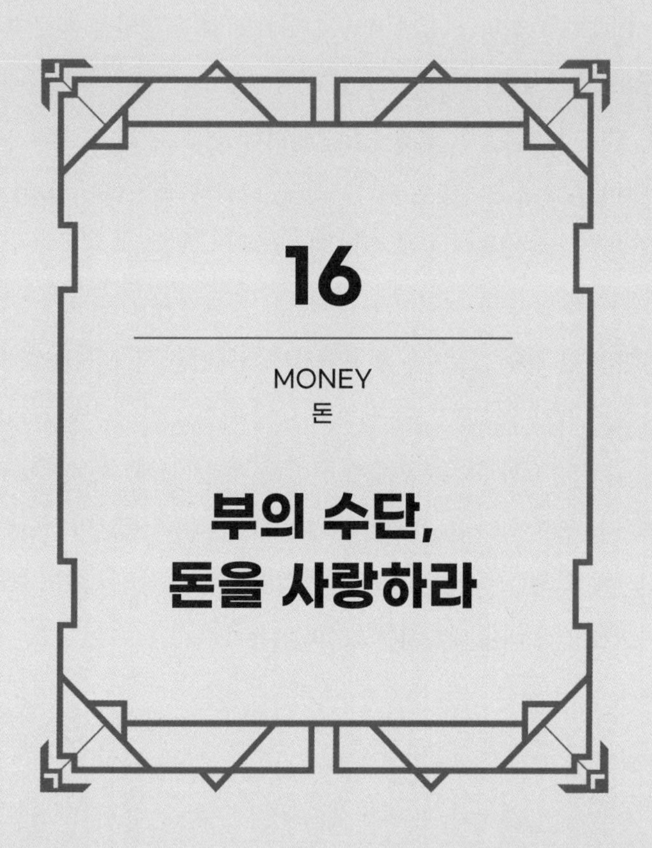

16

MONEY
돈

부의 수단,
돈을 사랑하라

사람들은 왜 부자가 되고 싶을까?

이 책에서 소개한 사람들은 수천만 달러에서 수억 달러, 심지어 수십억 달러에 이르는 재산을 축적한 사람들이다. 그렇다면 돈은 얼마나 큰 동기부여를 할까? 여기에는 2가지 상반된 의견이 있다.

첫째, 돈만으로는 동기부여가 되지 않는다는 것이다. 가장 성공한 사람들은 목표 자체를 달성하기 위해 행동한다. 이들은 자신의 일을 사랑하며 돈은 우연히 얻어지는 부산물에 불과하다고 생각한다. 자기가 좋아하는 일을 잘해 내면 돈은 저절로 따라온다는 것이다.

둘째, 백만장자, 천만장자, 억만장자가 되고자 하는 야심이 동기가 되어 성공한다는 것이다. 또한 진정으로 성공하고 싶은 사람은 수량으로 환산할 수 있는 목표를 세워야 한다고 말한다.

그렇다면 돈은 얼마만큼 성공 욕구를 자극할까? 돈을 추구하는 태도는 사회적으로 받아들여지기 어렵다. 돈을 대수롭지 않게 여기거나 기껏해야 부수적인 목표로 취급하는 것이 인간 사회의 불문율이다. 돈 자체를 추구하며 부자가 되고 싶은 야망을 드러내면 무식하고 탐욕스러운 사람으로 비쳐진다.

하지만 돈은 전혀 신경 쓰지 않는다는 억만장자의 말도 믿지 마라. 역사상 가장 부유한 기업가였던 존 D. 록펠러는 남들의 이목을 신경 쓰면서 돈에 관심이 없는 척했다. 전기에 따르면 록펠러는 "어릴 때부터 돈에 굶주렸고 엄청난 부자가 되려고 했다는 비난에 일생 동안 독설로 맞받아쳤다. 신이나 인류에 봉사하겠다는 겸허한 욕망 대신 탐욕에 가득 차 있다는 비난에 이의를 제기했다. 그는 자신의 재산을 우연히 얻은 행운으로 포장하는 것이 아니라 노고의 대가라고 이야기했다."

그러나 록펠러의 전기를 쓴 론 처노(Ron Chernow)는 그런 주장을 믿지 않는다. 그는 록펠러가 아버지의 영향을 받아 부에 집착했다고 한다. 록펠러 집안의 지인은 록펠러의 아버지에 대해 "광적으로 돈에 집착했다. 그렇게 돈에 환장한 사람을 본 적이 없다"고 말했다. 록펠러는 그런 아버지를 매우 존경했다. "아버지는 언제나 1천 달러 이상을 항상 주머니에 넣고 다니셨다. 자신을 충분히 보호할 수 있었기에 큰돈을 갖고 다니는 것쯤은 두려워하지 않았다."

록펠러는 어릴 때부터 어마어마한 부자를 꿈꿨다. 그는 어릴 때 친구에게 이렇게 말했다. "어른이 되면 10만 달러짜리 남자가 되고 싶어. 그 꿈은 이루어질 거야." 그 당시에 10만 달러는 현재 가치로 환산하면 700만 달러(약 84억 원)나 되는 큰돈이었다. 어린아이의 목표치고는 엄청난 것이었다.

억만장자라고 누구나 일확천금을 1순위 목표로 삼지는 않는다. 하지만 대부분의 억만장자들이 사회적으로 지탄받지 않기 위해 속마음을 숨긴 채 겉으로는 고결한 동기를 내세운다. 백만장자나 억만장자 중에 돈 벌 기회를 거절한 사람은 없다. 그랬다면 애초에 백만장자나 억만장자가 되지 못했을 것이다.

반면 성공하지 못한 사람들은 돈에 대해 반감을 넘어 혐오감을 느끼는 경우가 많다. 최근 동창회에서 학창 시절 무정부주의자를 자처하던 친구를 만났다. 그동안 어떻게 지냈는지, 아직도 신념이 변치 않았느냐고 물었더니 이렇게 대답했다. "아직도 대의명분을 위해 싸우고 있지." 내가 어떤 명분이냐고 묻자 그는 "화폐의 폐지"라고 대답했다. 나는 그의 형편을 대충 짐작할 수 있었다. 돈이 한 푼도 없는 것 아니냐고 조심스럽게 물었더니 그는 그렇다고 대답했다.

매우 총명하고 용감하게 행동하는 어느 언론인은 돈을 혐오한다고 말했다. 재산이 어느 정도 되느냐고 물어보니 연봉은 꽤 괜찮은 편인데 이상하게 무일푼이라고 대답했다. 나는 혐오하는 돈이 없어야 당신 마음도 편할 테니 무일푼일 수밖에 없지 않겠냐고 말했다.

부자가 되지 못한 사람들은 그럴 수 없었던 핑곗거리를 찾는다. 가장 흔한 변명은 이런 것이다. "부자는 도덕적으로 타락한 사람들이다. 그들은 부정한 수단으로 돈을 벌었다." 부자들은 어떻게 해서 부자가 되었다고 생각하느냐는 설문조사에서 "부정직한 수단"이라고 응답한 사람이 52퍼센트였다. 그들은 이렇게 생각할 것이다. "나한테 돈이 없는 이유는 선량하고 도덕적이기 때문이다." 돈을 벌지 못한 사람들은 대부분 이런 거짓말을 한다. 물론 말도 안 되는 얘기다. 어느 계층에나 도덕적인 사람과 그렇지 않은 사람이 있다. 나는 사회 상층부보다 하층부가 더 도덕적이라고 생각하지 않는다.

지금 현재 돈이 없는 이유를 그럴듯하게 늘어놓는 사람도 가난한 삶보다는 부유한 삶을 원할 것이다. 하지만 그런 태도로는 재정 상태를 개선할 수 없다. 큰돈을 번 사람들조차 자신은 돈을 중요하게 생각하지 않는다고 강조하는 사회 분위기도 썩 바람직하지 않다.

"아픈데 돈이 다 무슨 소용인가. 가난해도 건강이 최고다"라는 말을 들어본 적이 있을 것이다. 하지만 기왕이면 건강하고 돈도 많으면 좋을 것이다. "돈으로 사랑을 살 수 없다"는 말도 있다. 하지만 그렇다고 해서 돈의 중요성이 덜한 것은 아니다.

큰돈을 벌고자 하는 동기는 어디에서 비롯될까? 어째서 사람들은 백만장자가 되고 싶어 할까? 그들에게 돈은 무엇을 의미할까? 개인 성향에 따라 3가지 유형으로 나뉜다.

1. 돈은 칭찬과 인정을 받기 위한 수단이다.

2. 돈은 성공이나 뛰어난 두뇌를 입증하는 수단이다.

3. 돈은 꿈을 실현할 자유와 기회를 제공한다.

큰 성공을 거둔 사람들은 대부분 위의 3가지 중 한 가지가 결정적인 요인으로 작용했다.

돈을 버는 행위가 목적인 사람들

먼저 첫 번째 유형에 속하는 인물부터 살펴보자. 오라클의 설립자 래리 엘리슨의 강력한 동기는 다른 사람에게 칭찬과 인정을 받는 것이었다. 엘리슨은 세계에서 여섯 번째로 큰 요트 라이징스타(Rising Star)를 소유하고 있다. 2억 달러 정도 하는 요트다. 그는 플레이보이로도 유명하다. 재력에 따르는 지위를 얻고 사회적으로 인정받는 것이야말로 그에게 가장 중요한 동기임이 분명하다.

워런 버핏과 조지 소로스도 마찬가지인데, 이들은 엘리슨과 전혀 다른 점이 있다. 두 사람 모두 인정받고 싶어 하지만 엘리슨처럼 사치품에는 관심이 없다. 버핏은 60년 넘게 한집에서 살고 있고, 요트는 고사하고 비싼 자동차도 산 적이 없다. 플레이보이와도 거리가 있다. 그의 아내에 따르면 전등과 책만 있어도 행복한 사람이다. 물론 그도 어릴 때부터 돈을 아주 많이 벌고 싶어 했다. 그에게 중요한 것은 결과와 수익이다. 버핏에게 투자 수익이란 자신의 뛰어난 두뇌를 입증하는 잣대이다. 월등한 투자 전략에 자부심을 가지고 있기 때문에 속임수나 편법으로 수익을 올리려 하지 않는다.

버핏은 돈을 많이 버는 것만큼이나 도덕적으로 올바른 삶을 중요하게 여긴다. 유진 파마(Eugene Fama)의 효율적 시장 가설(efficient-market hypothesis)을 뒤집는 데 그 많은 시간과 에너지를 쏟은 까닭도 그 때문이다. 효율적 시장 가설이란 과거 현재 미래의 정보가 시장에 즉각 반영되기 때문에 분석을 통한 투자로는 시장 수익률을 넘어서는 초과 수익을 얻을 수 없다는 것이다. 이 가설로 보면 버핏은 기이한 자연현상이나 다름없다. 계속 따기만 하는 도박사나 복권에 여러 번 당첨된 사람과 비슷하다. 효율적 시장 가설의 신봉자들은 투자자가 시장의 성과를 따라잡기란 불가능하다고 주장한다. 버핏은 그런 모욕을 참을 수 없었을 것이다.

버핏은 돈을 버는 행위 자체가 목적이다. 그에게는 돈과 윤리, 도덕적 원칙이 최우선이다. 그 외에는 모두 부차적일 뿐이다. 그는 이런 원칙을 성공의 필수 조건으로 봤다. 윤리와 도덕적 원칙을 지키면 다른 사람의 신뢰를 얻을 수 있기 때문이다. 버핏은 과시적 소비를 하거나 육체적인 쾌락을 얻으려는 욕구는 없었다. 수많은 일화에서 그의 절약 정신과 금욕적인 생활을 엿볼 수 있다.

1950년대에 버핏의 아내는 이사한 직후 크롬과 가죽으로 된 가구와 커다란 그림을 몇 점 사들였다. 버핏의 골프 친구 밥 빌릭은 이렇게 증언했다. "실내장식 비용 1만 5천 달러는 그 집 가격의 절반 가까이 되었다. 그 때문에 버핏은 몹시 속상해했다. 그는 집 안의 색상이 어떻게 변했는지 알아채지 못했고 아름다운 장식물에도 별 반응을 보이지 않았다. 실내장식으로 집이 어떻게 바뀌었는지도 관심이 없었다. 그의 눈에 들어온 것은 엄청난 대금 청구서뿐이었다."

버핏은 구두를 사거나 머리를 하는 데 수십만 달러씩이나 쓰는 이유가 무엇이냐며 아내에게 따지기도 했다. 물론 구두나 머리 비용이 수십만 달러라는 것은 버핏의 과장이었다. 그는 돈을 구두나 머리에 낭비하는 대신 수십 년에 걸쳐 반복 투자하면 얼마만큼 수익을 얻을 수 있는지를 항상 계산했다. 주방을 바꿀 돈 좀 빌려달라는 딸에게 버핏은 은행에 가서 대출을 받으라고 충고했다.

세계 최고의 부자가 되고 나서 버핏은 벌어들인 돈 대부분을 기부하기로 결심했다. 그러나 다른 억만장자들처럼 자기 이름을 붙인 재단이나 대학, 도서관을 짓고 싶어 하지 않았다. 그는 친구이자 대부호 순위에서 1위 자리를 주거니 받거니 하는 빌 게이츠가 자선사업에 대해 더 잘 안다고 생각했다. 돈을 버는 과정에 큰 공헌을 했던 원칙을 기부에도 적용한 것이다. 버핏은 가장 유능한 사람에게 기부를 위임할 생각이었다.

돈은 마음대로 할 수 있는 자유를 가져다준다

버핏의 동료 투자가인 조지 소로스도 쾌락주의자가 아니다. 그에게 돈이란 그만큼의 돈을 더 가져다주는 재료일 뿐이다. 애초에 그는 단 한 번도 투자가가 되겠다는 생각을 한 적이 없다. 어린 시절 소로스의 꿈은 "프로이트나 아인슈타인처럼 이 세상에 중요한 통찰력을 전달"하는 지식인이 되는 것이었다.

그러나 그는 자신에게 다른 재능이 있다는 것을 깨달았다. 처음에는 철학 논문이나 경제 이론서를 집필하려고 했지만 예상과 달리 좋은 평가를 받지 못했다. 그렇다고 해서 비판을 받은 것은 아니었다. 오늘날 소로스는 실패한 철학자로 불리는 것을 좋아한다. 그는 시장을 예측하고 엄청난 돈을 벌어들이는 데 놀라운 재능을 보였다. 버핏과 마찬가지로 소로스에게도 재산이란 자신의 두뇌와 능력을 입증하는 수단일 뿐이다. 자신이 누구보다 정치적, 사회적 맥락을 정확하게 이해하는 사람이라는 것을 벌어들인 소득으로 보여주고자 했다.

소로스는 사상의 세계를 정복하지 못한 좌절감 때문에 투자가의 길로 들어섰다. "어떻게 보면 투자가가 되기는 쉬웠다. 어쨌든 생계를 꾸려야 했기 때문이다. 게다가 가능한 많은 돈을 벌어서 자신이 그 누구보다 이 세계가 돌아가는 방식을 잘 알고 있다는 사실을 경제학자들에게 보여주자고 했다. 소로스는 돈을 벌면 자신의 의견을 펼칠 수 있는 기반이 마련될 거라고 믿었다."

소로스가 경제적 이익을 얻는 데 과학 이론을 적용한 최초의 인물은 아니다. 카를 마르크스도 그렇게 했다. 하지만 주식시장에서 자꾸만 돈을 잃는 바람에 친구이자 공장주의 아들이었던 프리드리히 엥겔스의 도움을 받아야 했다. 마르크스가 실패한 투자가인 반면 존 메이너드 케인스는 성공한 투자가였다.

소로스는 자신이 세계에서 가장 연봉이 높은 비평가라고 농담했다. "금융시장에서 나는 비평가다. 나는 비판적인 판단력으로 금융 상품을 사고판다."

소로스와 버핏 모두 정치적으로는 좌파에 가깝다(소로스가 좌파 성향이 훨씬 더 강하다). 이것은 자신의 두뇌를 인정받고자 하는 갈망과도 큰 관련이 있다. 학자와 지식인은 미심쩍은 눈초리로 돈을 바라본다. 그러므로 학계에서는 좌파적인 시각과 자본주의에 대한 비판을 펼쳐야 존경받는다. 그렇다고 해서 소로스가 돈에 아무 관심이 없다거나 돈은 아무 의미 없다고 생각하는 것은 아니다. 소로스는 사무실 벽에 자신의 신념을 간결하게 보여주는 표지판을 붙여놓았다. "나는 가난하게 태어났지만 가난하게 죽지는 않을 것이다."

돈이 자유를 가져다준다는 사실도 동기부여가 된다. 대부분의 부자들은 돈이야말로 진정한 자립의 상징이라는 것을 잘 알고 있다. 어머니가 세상을 떠난 이후 이모들은 샤넬의 귀에 못이 박히도록 이런 말을 되풀이했다. "너는 평생 돈 한 푼 없이 살아갈 거야. 너 좋다는 농사꾼이라도 나타나면 그나마 다행이지." 이모들의 말에 화가 난 샤넬은 성공해서 부자가 되겠다고 다짐했다. "나는 아주 어릴 때부터 돈이 없으면 아무것도 아니고, 돈이 있으면 무엇이든 할 수 있다는 것을 깨달았다. 돈이 없는 여자는 남편에게 의존해야 했다. 돈이 없으면 어떤 신사가 나를 발견하기를 기다리는 수밖에 없었다."

열두 살 때도 샤넬은 자유를 가져다주는 것은 다름 아닌 돈이라는 것을 깨달았다. 그녀는 돈이 '자립의 상징일 뿐' 그 이상도 그 이하도 아니라고 주장했다. "나는 애정 이외에는 아무것도 바라지 않았다. 그리고 돈이 얼마가 들든 자유를 사야 했다."

샤넬에게도 부자가 된다는 것은 자신이 얼마나 성공했는지를 객관적으로 나타내는 척도였다. 돈은 관습에서 탈피한 창조물과 디자인이 파장을 몰고 왔음을 입증하는 수단이었다. "우리가 번 돈은 우리가 옳았다는 사실을 입증하는 것에 불과하다. 어떤 사업이나 드레스가 수익을 내지 못한다면 훌륭하지 않은 것이다. 부는 구속이 아니다. 오히려 부는 우리를 자유롭게 한다." 샤넬보다 성공을 거두지 못한 디자이너와 예술가들은 상업적 성공이 현실과 타협하고 신념을 버렸다는 증거라고 이야기하곤 한다. 이것 역시 실패를 합리화하고 정당화하는 것에 불과하다.

돈이 열정을 불러일으킨다

어쨌든 돈이 동기부여가 되는 것은 분명하다. 그러나 돈을 대단하게 여기지 않은 사람도 있다. 맥도날드의 설립자 레이 크록은 두 번째 유형(돈은 자신의 두뇌를 입증하기 위한 수단)에 속한다. "1984년 사망 당시 크록의 자산은 6억 달러로 미국에서 가장 부유한 사람 가운데 하나였다. 그러나 그는 단 한 번도 부를 축적하는 데 관심을 보인 적이 없다. 그는 돈을 많이 벌려고 일을 한 것이 아니다. 그는 단 한 번도 손익보고서로 사업 현황을 분석하지 않았고, 대차대조표를 자세히 본 적도 없다." 이러한 그의 태도 때문에 맥도날드는 파산 직전까지 간 적도 있다.

"맥도날드의 현금 보유력이 뛰어난 까닭은 크록의 영업 전략이나 맥도날드 형제의 아이디어, 심지어 맥도날드 햄버거, 프렌치프라이, 밀크셰이크의 인기 때문이 아니다. 그보다 세간에 거의 알려지지 않은 투자 공식과 부동산으로 그 많은 돈을 벌 수 있었다." 이 공식은 맥도날드의 회장이자 CEO였던 해리 소네본(Harry Sonneborn)이라는 금융 천재가 개발한 것이다. 크록도 "맥도날드가 진짜 돈을 벌 수 있었던 이유는 소네본의 아이디어 때문"이라고 인정했다.

레이 크록처럼 큰 성공을 거둔 사람도 돈에 욕심이 없을 수 있다. 그러나 회사 내의 다른 사람들이 돈을 벌고자 하는 욕구가 있었기 때문에 회사의 자금력이 탄탄해진 것이다.

소로스와 버핏같이 수익을 내는 것이 목적인 투자가들은 돈 자체를 목표로 추구한다. 반면 기업가들은 사업 아이디어에 대한 열의, 일에 대한 열정, 계속 성장하고 배우며 확장하고 싶은 욕구, 새로운 것을 시도해보고 싶은 욕구, 남들보다 뛰어나고자 하는 욕구에 의해 움직이는 경우가 많다.

데이비드 오길비는 광고계를 개혁하고자 열의를 다했다. 오락물에 불과하던 광고를 사실을 토대로 한 정보로 바꾸는 것이 그의 사명이었다. 그렇다고 해서 오길비가 돈에 관심이 없었던 것은 아니다. 그 반대로 돈에 집착했다. 전기에 따르면 "오길비는 애초에 돈을 벌기 위해 광고에 입문했다. 하지만 차츰 사업 그 자체에 흥미를 느끼게 되었다"고 한다.

오길비는 성공한 기업가에 관한 책이라면 무엇이든 탐독했다. 특히 그들이 어떻게 해서 돈을 벌었는지, 그 돈으로 무엇을 했는지 알고 싶었다. "가난하게 자라서인지 아니면 다른 이유가 있었는지는 모르겠지만 어린 시절부터 돈에 대한 관심이 결코 머릿속에서 떠나지 않았다. 실제로 그는 돈에 관해 놀랄 만큼 솔직했다." 처음 만난 전문직 종사자에게도 "얼마나 버세요?", "몸값이 얼마나 되세요?", "돈을 많이 버세요?"라고 취조하듯이 물었다.

돈을 벌고자 하는 마음과 어떤 일을 하고자 하는 열정은 서로 충돌하지 않는다. 오길비는 이렇게 주장했다. "인간이 만든 위대한 창조물은 대부분 돈을 벌고자 하는 욕구에 의해 만들어졌다. 옥스퍼드 대학교에서 성적순으로 돈을 줬다면 나는 장학금을 따내는 기적도 이뤄냈을 것이다. 내가 광고 일을 본격적으로 시작한 것도 매디슨 가(뉴욕에서 광고 대행사가 집중되어 있는 곳—옮긴이)에서 돈맛을 봤기 때문이다."

현재 재정 상황이 좋지 않다면 돈에 대한 태도부터 점검해보자. 잠재의식 속에 돈에 대한 부정적인 감정이 숨어 있다면 현재 무일푼이거나 소득이 낮을 가능성이 크다. 또한 부자를 시기하는 태도를 바꿔야 한다. 정직하게 고생한 대가로 나보다 더 많은 돈을 번 사람을 시기하기보다 교훈을 얻고 롤모델로 삼는 것이 중요하다.

큰돈을 벌고 싶다면 이 책에 다룬 사람들의 이야기에서 영감을 얻어야 한다. 무엇보다 그저 연봉이 높다거나 나중에 이력서에 쓰면 유리하다는 이유로 일자리나 업무 분야를 선택하는 일은 없도록 하라.

"이력서에 쓰면 멋져 보일 거라고 생각해서 좋아하지도 않는 일을 계속하는 것은 미친 짓이다. 노후에 대비해 섹스를 하지 않고 아껴두는 것과 무엇이 다른가." 워런 버핏의 말이다.

나는 이제까지 사학자, 출판사 발행인, 언론인, 부동산 전문가, 홍보 컨설턴트 등 즐겁게 할 수 있는 일만 선택했다. 정말 좋아하고 재능이 있는 일을 하지 않는다면 결코 성공을 이루지 못한다.

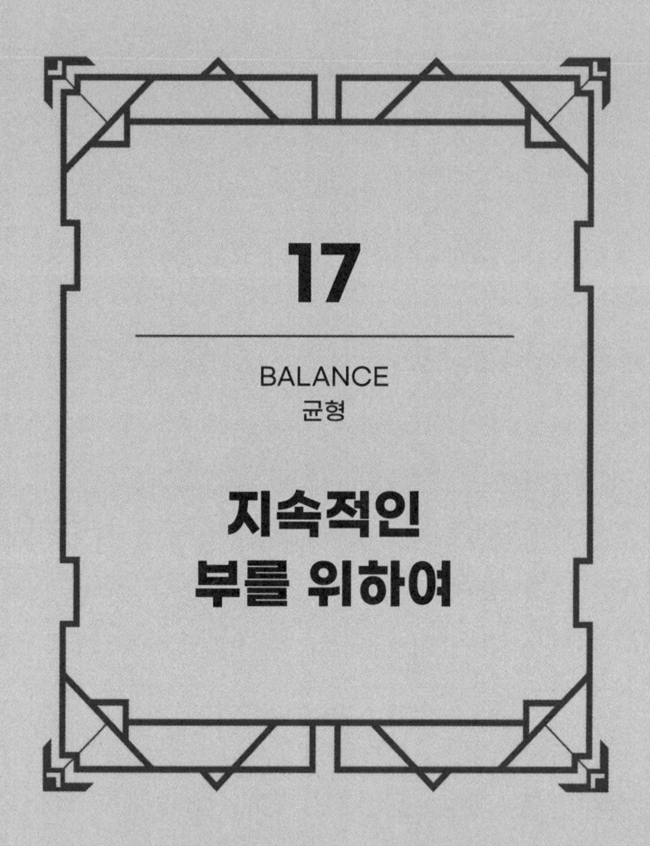

17

BALANCE
균형

지속적인 부를 위하여

오래 성공하려면 가끔 휴식을 취하라

성공한 사람들은 놀랄 만큼 자신의 일에 집중력과 엄청난 시간을 투입하며 업무 속도도 빠르다. 진 M. 레진스키(Jeanne M. Lesinski)는 빌 게이츠의 전기에서 이렇게 말했다.

"마이크로소프트에서 빌 게이츠보다 열심히 일하는 사람은 없었다. 일에 몰두한 나머지 외모에 신경 쓰거나 식사하는 것도 잊었다. 아침에 출근한 비서가 사무실 바닥에 잠들어 있는 게이츠를 발견하기도 했다."

알왈리드도 매일 처리하는 업무량이 믿기 어려울 정도로 많다. 주치의는 이렇게 말했다. "그가 움직이지 않을 때는 없다. 가만히 서 있는 법이 없고 항상 활기가 넘친다. 휴가 때 나는 2~3시간씩 아무것도 하지 않고 늘어져 있다. 하지만 알왈리드 왕자와 휴가를 보낼 때는 그럴 수가 없다. 그와 함께 있으면 잠시도 가만히 있지 않고 움직여야 한다."

알왈리드는 4~5시간 이상 자는 법도 없다. 그는 1년 365일 이동 중이다. 닷새 동안 아프리카 10개 국가를 방문하여 아침부터 밤까지 쉴 새 없이 회의한 적도 있다. "왕자는 무리할 때가 많다. 출장 중 아침 6시에 나가 밤 11시나 자정에 호텔로 돌아와 새벽 4시까지 로비에서 밤을 새울 때도 있다. 그럴 때면 신문이나 잡지를 읽으면서 식사도 한다. 그리고 늘 주위에 사람들이 대기하고 있어야 한다. 알왈리드 왕자는 그렇게 로비에 앉아서 그날 나온 일간지와 잡지 최신호는 물론 금융에 관한 간행물이나 책을 샅샅이 훑는다."

존 D. 록펠러도 일중독자였다. 전기에 따르면 "그는 회사에 대한 걱정이 끊이지 않았으며 항상 신경이 곤두서 있었다"고 한다. 록펠러는 자신의 약한 모습을 드러내지 않는 사람이었지만 이렇게 고백한 적이 있다. "몇 년 동안 사업 걱정을 하느라 단 하루도 밤잠을 푹 잔 적이 없다. 매일 밤 잠자리에 누워서 고민하느라 뒤척였다. 그동안 내가 벌어들인 재산도 그 당시 내 불안함을 달래주지 못했다."

50세쯤에 록펠러는 끊임없이 과로와 우울증에 시달렸다. "록펠러는 수십 년간 스탠더드 오일을 운영하면서 수많은 세부 사항을 챙기느라 초인적인 에너지를 쏟았다. 그동안 제대로 된 휴식을 취하지 못하고 스트레스만 쌓여갔다. 일을 하느라 너무 많은 것을 희생한 사람들이 그렇듯이 록펠러의 얼굴에는 침울함과 비애가 가득했다."

오늘날 같으면 만성피로로 인한 번아웃 증후군으로 진단받았겠지만 당시에 원인을 알 수 없는 질병이 크게 악화되어 몇 개월간 출근하지 못한 적도 있다. 그다음부터 토요일에는 일을 하지 않고 장기간 휴가를 떠나기도 했지만 별 차도가 없었다. 록펠러는 마침내 주치의의 조언에 따라 8개월간 휴식을 취하기로 했다. 직원들에게는 비상 상황에만 연락하라는 엄격한 지시가 내려졌다. 록펠러는 자전거를 많이 탔고 자신의 농장에서 일꾼들과 함께 작업하기도 했다. 1891년 7월 그는 이런 내용의 편지를 썼다. "건강이 호전되고 있어서 기쁘다. 세상이 얼마나 달라 보이는지 말로 표현 못 할 정도다. 어제는 지난 몇 달 중에 가장 기분 좋은 날이었다."

그 후 몇 년 동안 록펠러는 사무실에 거의 나가지 않았다. 그리고 56세에 자선사업에 매진하기 위해 완전히 은퇴했다. 또한 생활 방식에 신경 쓰면서 100세까지 장수하기 위한 식이요법을 고안했다. "그는 음식, 휴식, 운동에 지나칠 정도로 예민했고, 모든 것을 정해진 시간표에 따라 행동했다. 매일 같은 일정을 되풀이했고, 다른 사람에게도 자신의 시간표를 따르라고 강요했다. 아들에게 보내는 편지에서 록펠러는 사회적 요구를 무시하는 것이 장수 비결이라고 말했다." 2년만 더 살았어도 100세라는 목표를 달성할 수 있었다. 그는 98세 생일을 7주 남겨두고 세상을 떠났다.

열심히 일할수록 행복한 사람들

최고경영자들은 처방 약물, 술, 항우울제, 불법 약물에 중독될 위험이 높은 집단이다. 그들은 엄청난 스트레스에 시달린다. 그리고 곧 그 스트레스를 해소할 수 없는 상태가 된다. 번아웃 증후군은 주로 야심만만하고 목표 지향적인 사람에게 나타나는 질환이다. 증세로는 불면증, 잦은 감기, 사소한 병치레, 극도의 초조함, 발작적으로 나타나는 우울증, 정신질환 등이 있는데 모두 긴장과 이완의 균형이 깨졌음을 알리는 신호다.

성공의 대가로 이런 질병을 앓아야 한다면 옳지 못한 성공이다. 항우울제나 다른 약물 없이 일상생활을 영위하지 못할 정도라면 정말 성공한 것이 아니다.

그런 대가를 치르면서까지 성공할 필요는 없다. 실제로 스트레스에 대처하는 법을 배우지 않으면 장기적인 성공을 거둘 수 없다. 아무리 탄탄하고 건강한 몸이라고 해도 영원히 학대를 이기지는 못한다. 앞으로 몇십 년 동안 성공을 지속하고 싶다면 이완 상태로 전환할 수 있는 법을 익혀야 한다.

크게 성공한 사람 가운데 상당수가 자신이 약물을 남용하고 있다는 사실을 깨닫지 못한다. 중독이 위험한 것은 중독을 인정할 수도 없고, 인정하지도 않으려 하기 때문이다. 중독자는 엄청난 고통과 불행을 직접 경험하고 남에게 피해를 끼친 다음에야 그 사실을 인정한다. 실제로 성공한 사람 가운데는 엄청난 스트레스를 더 이상 감당하지 못하고 중독에 빠진 사람들이 많다.

긴장과 이완의 균형을 제대로 맞추는 능력이야말로 성공의 비결 가운데 하나다. 요즘 유행하는 워라밸(work-life balance, 일과 개인 생활의 균형)과 같은 개념은 아니다. 워라밸은 개인 생활과 직장을 분리하는 개념이다. 하지만 성공한 사람들은 일을 사랑한다. 이들에게는 일이 취미이고 취미가 일이다. 그런 사람들은 일을 열심히 오래 하는 것이 전혀 문제되지 않는다. 통상적으로 스트레스는 일을 너무 많이 할 때가 아니라 만족스럽지 않은 일을 할 때 쌓인다.

모든 일이 순조로울 때가 있다. 일도 즐겁고 성과도 좋으며 연이어 성공을 거듭한다. 스스로에게도 만족하고 다른 사람과도 잘 지낸다. 이런 때는 지치지 않고 하루에 16시간씩 일할 수도 있다. 반면 생각대로 돌아가지 않는 날은 직원에게 화내고 자신에게도 짜증이 나며 모든 일이 제대로 풀리지 않는다. 이런 날은 서너 시간만 일해도 지친다. 이와 같이 스트레스와 피로를 유발하는 요인은 일의 양이 아니라 질이다.

일중독으로 유명했던 데이비드 오길비는 직원들도 일중독자가 되기를 바랐다. 그는 이렇게 말했다. "나는 고된 노동으로 죽는 사람은 없다는 스코틀랜드 속담을 믿는다. 인간은 지루함, 심리적 갈등, 질병 때문에 죽는다. 일을 너무 많이 해서 죽는 사람은 없다. 열심히 일할수록 행복하다."

그러나 모든 일이 항상 바라는 대로 순조롭게 돌아가지 않는다. 최고경영자들의 가장 큰 업무는 문제를 해결하는 것이다. 다른 사람이 해결하지 못한 큼지막한 문제가 최고경영자의 책상에 놓인다. 최고경영자가 거액의 연봉을 받는 것도 그 때문이다. 너무 많은 업무량 때문에 스트레스를 받는 것은 아니라고 강조했지만, 한 사람이 처리할 수 있는 업무량에는 한계가 있다.

집중력과 지속 시간은 반비례 관계에 있다. 많은 시간을 일하는 사람일수록 긴장을 풀 수 있는 휴식을 더 자주 가져야 한다. 일에 집중했던 것처럼 오직 휴식에만 집중해야 한다. 매일, 매주, 매년 정해진 일상에서 규칙적으로 휴식을 취하지 않는다면 장기적인 성공을 유지할 수 없다. 긴장 상태만 계속되면 업무에 필요한 집중력을 더 이상 발휘하지 못한다.

자신만의 스트레스 해소 방법을 찾아야 한다. 시간을 낼 수 없다고 변명하지 마라. 지금 시간을 낼 수 없다면 좀 더 나이 들어서 의사의 진료를 받거나 병원에 입원하느라 더 많은 시간을 보낼 것이다.

버진그룹의 설립자 리처드 브랜슨은 이렇게 말했다. "내 두뇌는 잠을 자지 않을 때면 결코 활동을 멈추지 않는다. 계속해서 아이디어를 생산해낸다. 버진은 세계 각국에서 활약하기 때문에 나는 깨어 있어야 할 때가 많다. 다행히 나는 1~2시간씩 짬을 내어 토막잠을 잘 수 있다."

브랜슨은 오랫동안 자기가 습득한 기술 가운데 가장 필수적인 것이 잠깐씩 잠을 잘 수 있는 능력이라고 강조했다. "처칠과 마거릿 대처는 토막잠의 달인이었고 나도 그들의 선례를 따랐다."

윈스턴 처칠은 이렇게 말한 적이 있다. "점심과 저녁 식사 사이에 짬을 내서 잠을 자되 절대 어설프게 자서는 안 된다. 옷을 벗고 침대에 올라가라. 나는 항상 그렇게 한다. 낮잠을 잔다고 해서 일을 덜할 것이라고 생각하지 마라. 상상력이 없는 사람들이나 그런 어리석은 생각을 한다."

그는 규칙적으로 낮잠을 자면 생산성이 향상되어 하루에 이틀치의 일을 할 수 있었다고 한다. "전쟁이 발발했을 때도 나는 낮잠을 자야 했다. 그렇게 해야 내가 맡은 책임을 다할 수 있었기 때문이다."

빌 게이츠는 언제 어디서나 잠을 잘 수 있는 것으로도 유명하다. 그의 전기에 따르면 대학에 다닐 때 "게이츠는 한 번도 침대보를 깔고 잔 적이 없다. 몇 시든, 방에서 누가 돌아다니든 상관없이 항상 침대에 쓰러져 전기담요를 머리까지 뒤집어쓴 채 곧바로 깊은 잠에 빠져들었다." 게이츠는 며칠 동안 1~2시간 이상 잠을 자지 않고 일한 적도 많았다. "너무 지쳐서 더 이상 프로그래밍 작업을 할 수 없을 때면 그는 책상 뒤에 누워 잠깐씩 토막잠을 잤다."

미국 항공우주국 나사(NASA)의 연구 결과에 따르면 하루에 낮잠을 40분간 자면 수행 능력과 집중력이 각각 34퍼센트와 100퍼센트씩 향상된다고 한다. 하버드 대학교의 과학자들은 하루 동안 수행 능력이 50퍼센트 감소한 실험 대상들이 1시간 동안 낮잠을 잔 이후 수행 능력을 100퍼센트 회복했다는 결과를 얻었다.

우리는 주중에 잠시라도 시간을 내서 일을 완전히 잊고 휴식을 취해야 한다. 휴식을 취하기는커녕 문젯거리를 집으로 들고 오는 사람들이 있다. 물론 그래야 할 때도 있다. 중요한 점은 그런 일을 너무 자주 반복하지 말라는 것이다. 밤늦게까지 일하면 하루 동안 부딪혔던 문제들을 생각하느라 뜬눈으로 밤을 지새울 가능성이 크다. 그렇기 때문에 일과 휴식의 균형을 맞출 완충지대를 만들어야 한다. 내게는 운동이 완충지대 역할을 한다.

경이로운 성공을 거둔 사람들은 '신경을 끄고 아무것도 하지 않는 것'을 견디지 못한다. 그럴 경우 죄책감마저 느낀다. 일을 손에서 놓지 못할 뿐 아니라 휴가 때도 일을 싸들고 간다. 기업 이사회 의장 중 한 명은 아내가 휴가를 떠난 지 3일 만에 짐을 싼 적이 있다고 말했다. 그의 아내는 남편이 하루에 몇 시간씩 사무실과 통화하는 모습만 지켜보고 있는데 더 머물러야 할 이유를 모르겠다고 말했다. 그는 이메일에 답장하고 통화하는 데 하루에 1시간 이상은 사용하지 않겠다고 아내와 약속했다.

내 생각에는 1시간도 너무 많다. 휴가 때는 일상 업무를 모두 털어내야 한다. 2주간의 휴가를 떠났는데 몇 분에 한 번씩 직원에게 연락해야 한다면 그 직원을 잘못 뽑은 것이다. 아니면 2주 동안 일을 맡기지 못할 정도로 그 직원을 신뢰하지 않는 것이다. 그렇게 하면 직원이 독자적으로 사고하고 행동할 수 있겠는가? 1년을 꼬박 집중해서 열심히 일하고 나면 다른 일을 생각하고 책을 읽으며 운동하고 일과 전혀 관련 없는 활동을 하면서 시간을 보내야 한다.

배터리를 충전하지 않으면 휴대전화의 전원이 꺼진다. 사람의 정신과 신체도 마찬가지다. 매일, 매주, 매년 우리 자신의 배터리를 충전할 필요가 있다. 저명한 스포츠 심리학자에 따르면 정상급 운동선수들은 이따금씩 자신의 전문 분야 외에 낚시, 양궁, 골프 등 다른 신체적 활동을 즐기면서 전원을 끈다고 한다. 그는 직업과 상관없이 몰입할 수 있는 분야를 만들어 재충전하라고 조언했다.

일에서 벗어나야 할 때

최고경영자와 기업가도 비슷한 육체적, 정신적 스트레스에 시달리기 쉬우므로 세계적인 운동선수의 식단과 생활 방식을 참고하는 것이 좋다. 건강에 나쁜 식습관과 흡연, 휴식과 재충전 없는 삶으로 자신의 몸을 학대하면 몇십 년 동안 최고의 성과를 기대할 수 없다.

가끔은 앓아누울 필요도 있다. 최고경영자들은 자기가 없으면 회사가 돌아가지 않는다며 몸이 아파도 일주일 동안 침대에 누워 있지 못한다. 사소한 감염을 무시하다가 심근막염으로 세상을 떠난 최고경영자도 있다.

나는 질병을 이겨낼 시간조차 허용하지 않는 사람은 의지가 약하고 자제력이 부족하다고 생각한다. 질병을 회복하기 위해 며칠 또는 2주 정도 집에서 휴식을 취하면 많은 것을 달성할 수 없으리라 생각하는가? 절대 그렇지 않다. 충분한 시간을 들여 사소한 질병을 이기고 나면 심각하고 만성적인 질병을 피할 수 있다.

업무와 관련된 문제에서 거리를 둘 수 있는 마음가짐도 중요하다. 스트레스를 더 이상 감당하지 못하고 회사를 떠나는 사람들이 있다. 나는 그들에게 다음번에도 계속 책임을 떠맡는다면 지금과 같은 상태가 지속될 거라고 말했다. 마음가짐을 바꾸지 않는 한 변하지 않는다. 환경을 바꾸는 것은 태도를 바꾸는 것에 비해 그리 도움이 되지 않는다.

업무와 어느 정도 거리를 두는 것이 중요하다. 야심이 큰 사람일수록 완전히 신경을 끄기가 어렵다. 하지만 그렇게 하지 않으면 최고의 성과를 얻을 수 없다는 점을 명심해야 한다.

이 책에서 나는 인생의 목표를 높이 세우라고 강조했다. 그러나 높은 목표를 세우고 달성하려면 긴장과 이완 사이에서 적절한 균형을 찾아야 한다. 그렇지 않으면 목표 자체가 삶을 파괴할 것이다.

나 없이도 돌아가는 시스템을 만들어라

가끔은 일을 놓고 자신을 없어도 되는 존재로 만들 줄 알아야 크게 성공할 수 있다. 임원 승진을 목표로 하든, 직접 회사를 운영하든 모든 일을 직접 처리하려 든다면 결코 성공을 거둘 수 없다.

세계 최대의 통신판매업체 오토를 창립한 베르너 오토는 관리자에게 가장 중요한 임무는 뛰어난 능력을 갖춘 사람들로 이루어진 팀을 구성하는 것이라고 말했다. 오토는 '일류급 토대' 없이는 그 어떤 회사도 성장할 수 없다고 굳게 믿었다. "좋은 팀을 구성하라. 유능한 동료들이 거둔 성과를 토대로 최고의 위치에 오를 수 있다."

오토는 임원들이 일에서 벗어나려고 노력해야 한다고 말했다. "일에서 벗어나야 회사의 성장에 필수적인 과제를 창의적으로 해결할 수 있다." 오토는 유능한 경영진을 구성하고 나서 자신의 사무실을 회사 밖으로 옮겼다. 가까이 지내던 각 부서의 담당자들과 완전히 단절하기 위해서였다.

부서장들은 새로운 경영진을 건너뛰고 오토에게 결정을 내려달라고 요청했다. "나와 회사 사이에 거리를 둠으로써 일상 업무에서 벗어날 수 있었다. 그 대신 나는 더 큰 문제에 전념하고, 회사를 성장시키는 데 필요한 해결책을 강구할 수 있었다."

직접 회사를 설립한 사람은 자신을 기업가라고 생각할 것이다. 그러나 실제로도 기업가에 걸맞은 업무를 하고 있는가? 기업가의 업무는 전략을 개발하고 회사의 가치를 창출하는 것이다. 기업가는 장기적으로 자신이 없어도 회사가 돌아갈 수 있는 시스템을 만들어야 한다.

그러나 중소기업의 상황은 전혀 다르다. 회사 설립자가 임직원이 해야 할 일을 직접 하는 경우가 많다. 자신을 기업가라고 부르는 사람들 대다수가 개업 의사나 변호사처럼 모든 업무를 직접 전담하는 전문직 종사자처럼 일한다.

모든 일을 설립자가 직접 처리한다면 그 회사는 가치를 창출하지 못한다. 설립자가 회사를 매각하려고 할 때 상대편에서는 그 회사에 제대로 작동하는 프로세스가 갖춰져 있는지, 유능한 경영진이 포진되어 있는지, 아니면 회사의 성과가 순전히 설립자에 의해 좌우되는지 파악하려고 할 것이다.

이 책을 다 읽고 나면 무엇을 해야 할까? 2주 동안 휴가를 떠나라고 제안하고 싶다. 그동안 회사와 단 한 번도 통화하지 말고 이메일도 절대 열어보지 마라. 그 대신 이 책을 한 번 더 읽고 자신이 생각하는 목표를 종이에 적어보라. 너무 거창하거나 너무 비현실적이라서 꿈도 꿀 수 없었던 아이디어를 실행에 옮기는 데 필요한 것들이 떠오를 것이다.

이제 용기를 내어 자신만의 길로 나아갈 때다.

그리고 다른 사람과 달라져야 할 때다.

남과 다르게 생각하라.

그리고 대세를 거슬러 행동하는 것을 두려워하지 마라.

체력과 실험 정신을 결합하는 법을 배워라.

항상 정직하고 신뢰할 수 있는 사람이 되어라.

다른 사람의 신뢰 없이는 결코 목표를 이룰 수 없다.

무엇보다 절호의 순간이 올 때까지 포기해서는 안 된다.

바로 오늘이야말로 꿈을 시작할 절호의 순간이다.

참고문헌

Aldenrath, Peter, *Die Coca-Cola Story,* Nuremburg, 1999.

Andrews, Nigel, *True Myths. The Life and Times of Arnold Schwarzenegger,* New York/London, 1995.

Avantario, Vito, *Die Agnellis. Die heimlichen Herrscher Italiens,* Frankfurt/New York, 2002.

Becker, Boris, *The Player. The Autobiography,* London, 2004.

Behar, Howard/Goldstein, Janet, *It's Not About the Coffee, Lessons on Putting People First from a Life at Starbucks,* New York, 2007.

Bettger, Frank, *How I Raised Myself From Failure to Success in Selling,* New York, 1949.

Bibb, Porter, Ted Turner. *It Ain't As Easy As It Looks,* Boulder, 1993.

Bloomberg, Michael, *Bloomberg by Bloomberg,* New York, 1997.

Brandes, Dieter, *Konsequent einfach. Die Aldi-Erfolgsstory,* Munich, 1999.

Branson, Richard, *Screw It, Let's Do It. Lessons in Life and Business.* Expanded, London, 2007.

Branson, Richard, *Losing My Virginity. The Autobiography,* London, 1998.

Branson, Richard, *Business Stripped Bare. Adventures of a Global Entrepreneur,* London, 2008.

Buffett, Mary, Clark, David, *The Tao of Warren Buffett: Warren Buffett's Words of Wisdom: Quotations and Interpretations to Help Guide You to Billionaire Wealth and Enlightened Business Management,* New York, 2006.

Carnegie, Dale, *How to Win Friends and Influence People,* London, 1936.

Charles-Roux, Edmonde, *Chanel. Her Life, Her World, the Woman Behind the Legend,* New York, 1975.

Chernow, Ron, *Titan. The Life of John D. Rockefeller, Sr.,* New York, 1998.

Clark, Duncan, *Alibaba. The House that Jack Ma Built,* New York, 2016.

Collins, Jim, *Good to Great. Why Some Companies Make the Leap and Others Don't,* New York, 2001.

Colvin, Geoff, *Talent is Overrated. What Really Separates World-Class Performers from Everybody Else,* London/Boston, 2008.

Covey, Stephen M.R., with Rebecca R. Merrill, *The Speed of Trust. The One Thing That Changes Everything,* New York, 2006.

Csikszentmihalyi, Mihaly, *Flow. The Psychology of Optimal Experience,* New York, 1990.

Doubek, Katja, *Blue Jeans. Levi Strauss und die Geschichte einer Legende,* Munich/Zurich, 2003.

Exler, Andrea, *Coca-Cola. Vom selbstgebrauten Aufputschmittel zur amerikanischen Ikone,* Hamburg, 2006.

Furweger, Wolfgang, *Die Red-Bull-Story. Der unglaubliche Erfolg des Dietrich Mateschitz,* Vienna, 2008.

Gerber, Robin, *Barbie and Ruth. The Story of the World's Most Famous Doll and the Woman Who Created Her,* New York, 2009.

Glatzer, Wolfgang et al., *Reichtum im Urteil der Bevolkerung. Legitimationsprobleme und Spannungspotentiale in Deutschland,* Opladen & Farmington, 2009.

Hill, Napoleon, *Think and Grow Rich. Revised and Expanded by Arthur R. Pell,* London, 2003.

Hujer, Marc, *Arnold Schwarzenegger. Die Biographie,* Munich, 2009.

Israel, Lee, *Estee Lauder. Beyond the Magic. An Unauthorized Biography,* New York, 1985.

Jungbluth, Rudiger, *Die 11 Geheimnisse des Ikea-Erfolgs, Frankfurt,* 2008.

Jungbluth, Rudiger, *Die Oetkers. Geschafte und Geheimnisse der bekanntesten Wirtschaftsdynastie Deutschlands,* Frankfurt/New York, 2004.

Kahn, Oliver, *Ich. Erfolg kommt von innen,* Munich, 2008.

Kasparov, Garry, *How Life Imitates Chess,* London, 2007.

Khan, Riz, *Alwaleed. Businessman, Billionaire, Prince,* London, 2006.

Klum, Heidi, with Alexandra Postman. *Heidi Klum's Body of Knowledge. 8 Rules of Model Behavior,* New York, 2004.

Koch, Richard, *Living the 80/20 Way. Work Less, Worry Less, Succeed More, Enjoy More,* London, 2004.

Lanfranconi, Claudia/Meiners, Antonia, *Kluge Geschaftsfrauen. Maria Bogner, Aenne Burda, Coco Chanel,* u.v.a., Munich, 2010.

Leamer, Laurence, *Fantastic. The Life of Arnold Schwarzenegger,* New York, 2005.

Lee, Suk; Song, Bob, *Never Give Up. Jack Ma In His Own Words,* Chicago, 2016.

Lesinski, Jeanne M., *Bill Gates,* Minneapolis, 2007.

Lindemann, Dr. Hannes, *Autogenes Training. Der bewahrte Weg zur Entspannung,* Munich, 2004.

Locke, Edwin A.; Latham, Gary P. (editors), *A Theory of Goal Setting & Task Performance, Englewood Cliffs,* New Jersey, 1990.

Locke, Edwin A.; Latham, Gary P. (editors), *New Developments in Goal Setting and Task Performance,* New York/London, 2013.

Lommel, Cookie, *Schwarzenegger. A Man with a Plan,* Munich/Zurich, 2004.

Love, John F., *McDonald's. Behind the Arches.* Revised Edition, New York, 1995.

Matthews, Jeff, *Warren Buffett. Pilgrimage to Warren Buffett's Omaha. A Hedge Fund Manager's Dispatches from Inside the Berkshire Hathaway Annual Meeting,* New York, 2009.

Meissner, Gerd, *SAP. Inside the Secret Software Power,* New York, 2000.

Mensen, Herbert, *Das Autogene Training. Entspannung, Gesundheit, Stressbewaltigung,* Munich, 1999.

Mezrich, Ben, *The Accidental Billionaires. The Founding of Facebook, a Tale of Sex, Money, Genius and Betrayal,* New York, 2009.

Morand, Paul, *The Allure of Chanel,* London, 2008.

Murphy, Joseph, *The Power of Your Subconscious Mind,* Englewood Cliffs, 1963.

O'Brien, Lucy, *Madonna. Like an Icon. The Definitive Biography,* London, 2007.

Ogilvy, David, *Confessions of an Advertising Man,* London, 1963.

Ogilvy, David, *An Autobiography,* New York, 1997.

Otto, Werner, *Die Otto Gruppe. Der Weg zum Grosunternehmen,* Dusseldorf/Vienna, 1983.

Peters, Rolf-Herbert, *Die Puma-Story,* Munich, 2007.

Platthaus, Andreas, *Von Mann & Maus, Die Welt des Walt Disney,* Berlin, 2001.

Rogak, Lisa/Gates, *Bill, Impatient Optimist: Bill Gates in His Own Words,* London, 2012.

Ries, Al/Ries, Laura, *The Fall of Advertising & the Rise of PR,* Frankfurt, 2003.

Roman, Kenneth, *The King of Madison Avenue. David Ogilvy And the Making of Modern Advertising,* New York, 2009.

Schmoock, Matthias, *Werner Otto. Der Jahrhundert-Mann,* Frankfurt, 2009.

Schroeder, Alice, *The Snowball. Warren Buffett and the Business Of Life,* London, 2008.

Schultz, Howard/Yang, Dori Jones, *Pour Your Heart Into It. How Starbucks Built a Company One Cup at a Time,* New York, 2007.

Schultz, Johannes H/Luthe, Wolfgang, *Autogenic training: a psychophysiologic approach in psychotherapy,* New York, 1959.

Schwarzenegger, Arnold (with Peter Petre), *Total Recall. My Unbelievably True Life Story, Simon & Schuster,* New York, 2012.

Schwartz, Tony/Loehr, Jim, *The Power of Full Engagement: Managing Energy, Not Time, Is the Key to High Performance and Personal Renewal,* New York, 2003.

Slater, Robert, Soros, *The World's Most Influential Investor,* New York, 2009.

Snow, Richard, *I Invented the Modern Age. The Rise of Henry Ford,* New York, 2013.

Sturm, Karin, *Michael Schumacher, Ein Leben fur die Formel 1,* Munich, 2010.

Timmdorf, Jonas (editor), *Die Aldi-Bruder. Warum Karl und Theo Albrecht mit ihrem Discounter die reichsten Deutschen sind,* Mauritius, 2009.

Tracy, Brian, *Goals! How to Get Everything You Want–Faster Than You Ever Thought Possible,* San Francisco, 2003.

Tracy, Brian, *Time Power. A Proven System for Getting More Done in Less Time Than You Ever Thought Possible,* New York, 2007.

Uhse, Beate, *"Ich will Freiheit fur die Liebe." Die Autobiographie,* Munich, 2001.

Vise, David A./Malseed, *Mark, The Google Story,* New York, 2005.

Wallace, James/Erickson, *Jim, Hard Drive. Bill Gates and the Making of the Microsoft Empire,* Chichester, 1992.

Walton, Sam, *Made in America. My Story,* New York, 1993.

Welch, Jack/Byrne, John A., *Jack. Straight from the Gut,* London, 2001.

Welch, Jack/Welch, Suzy, *Winning: The Answers. Confronting 74 Of the Toughest Questions in Business Today,* London, 2006.

Wilson, Mike, *The Difference between God and Larry Ellison. Inside Oracle Corporation,* New York, 2002.

Wolff, Michael, *The Man Who Owns the News. Inside the Secret World of Rupert Murdoch,* London, 2008.

Young, Jeffrey S./Simon, William, L., *iCon Steve Jobs. The Greatest Second Act in the History of Business,* Frankfurt, 2006.

Zitelmann, Rainer, *The Wealth Elite. A Groundbreaking Study of the Psychology of the Super Rich,* London, 2018.

Zitelmann, Rainer, *The Power of Capitalism. A Journey Through Recent History Across Five Continents,* London, 2018.

Zuckerman, Gregory, *The Greatest Trade Ever. How John Paulson Bet Against the Markets and Made $20 Billion,* London/New York, 2009.

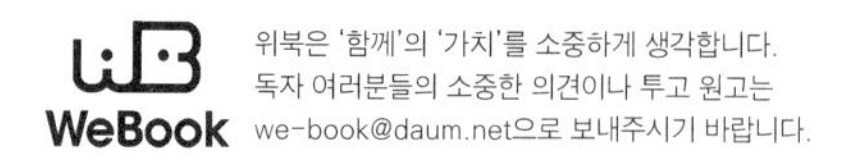

부의 선택

초판 1쇄 발행 2020년 5월 15일
초판 4쇄 발행 2020년 7월 3일

지은이 라이너 지텔만
옮긴이 서정아
펴낸이 강용구
펴낸곳 위북
등록 2019. 10. 2 제2019-000271호
주소 서울시 마포구 양화로 127(서교동) 첨단빌딩 4층 432호
전화 02-6010-2580 **팩스** 02-6937-0953 **전자우편** we-book@naver.com

ISBN 979-11-969867-0-4 (03190)
정가 15,000원

책을 만든 사람들
편집주간·기획 추지영 **책임 디자인** 디자인O2 **마케팅** PAGE ONE **홍보** 김범식
물류 북앤더 **지원** 정현주 최영완 정명은 이경종 **제작총괄** 안종태 **제작처** (주)한길프린테크

이 도서의 국립중앙도서관 출판예정도서목록(CIP)은 서지정보유통지원시스템 홈페이지(http://seoji.nl.go.kr)와 국가자료종합목록 구축시스템(http://kolis-net.nl.go.kr)에서 이용하실 수 있습니다.
(CIP제어번호 : CIP2020015542)

"인간이 만든 위대한 창조물은 대부분
돈을 벌고자 하는 욕구에 의해 만들어졌다."
– 데이비드 오길비(David Ogilvy)

돈을 벌고자 하는 마음과 어떤 일을
하고자 하는 열정은 서로 충돌하지 않는다.

"부는 구속이 아니다.
오히려 부는 우리를 자유롭게 한다."
– 코코 샤넬(Gabrielle "Coco" Chanel)